KB059299

홀로서기
영어 어원 · 어휘 특강

편저 김명진

대한민국 법률지식의 중심

머 리 말

의사전달의 수단으로 언어보다 더 주요한 것은 없을 것이다. 언어는 한 마디의 간단한 단어에서 복잡한 문장까지 다양한 형태가 있지만 궁극적으로는 어디까지나 단어(word)로 구성되어 있다. 따라서 단어공부는 결코 문법이나 문장해석에 부수된 하찮은 것이 아니라 언어 습득에 있어서 가장 기본이 되는 학습방법인 것이다.

우리는 자국어에 관한 한 어려서부터의 오랜 반복 연습과 사용으로, 특별한 의식적인 노력이 없어도 자연스럽게 터득하게 된다. 영어는 어떤가? 10여년의 시간을 투자하여 공부해도 실제 사용에는 한계를 느끼게 된다. 본인은 그 원인을 바로 '어휘력 부족'에 두고 싶다. 사실 영어를 공부하겠다고 단단히 벼르고 시작하였다가도 단어의 수많은 의미와 용법때문에 좌절하거나 포기해 버리는 경우가 많이 있다.

이 책은 바로 단어의 어원에서 출발, 중심개념과 거기서 파생된 단어들을 체계적이고도 재미있게 기술하여 단어자체의 이해속도가 빠르고 한 번 익힌 것은 쉽게 잊혀지지 않도록 하였다. 즉 '최소의 노력으로 최대의 효과'를 올릴 수 있도록 한 것이다. 이 방법은 Word Power 로 널리 알려진 방식으로서, 기존의 책이 서구인을 위해 쓰여진 것을 그대로 번역하거나 모방한 것임에 반해 1,2000개 이상의 필수단어를 초보자가 이해하기 쉽고, 간결하게 설명하여 영어를 배우고자 하는 많은 어들이 흥미를 잃지 않고, 자연스럽게 학습할 수 있도록 이끌어 가는데 중점을 두었다. 특히 실생활에서 많이 사용되는 단어를 빠짐없이 수록하였기 때문에 혼자서 영어 회화를 공부하려는 분에게는 다양한 어휘 구사력을 위해 꼭 필요한 책이 될 것이라 생각한다.

아무쪼록 이 책이 여러분의 어휘력 향상에 많은 도움이 되기를 바라며 아울러 이미 많은 독자들로부터 호평을 받고 있는 졸저 Word Origins and Vocabulary 77,000의 자매편으로 내어 놓게 됨을 밝혀둔다.

끝으로 이 책의 출판을 적극적으로 도와주신 김현호 사장님과 편집부 직원들에게 깊은 감사의 뜻을 표한다.

본인의 서재에서

저자 적음

일 러 두 기

1. 이 책은 영어단어의 word origins에 따른 생성과정을 인류문화와 역사에 재미있게 연관시켜 서술하여, 억지로 단어를 암기하지 않고도 정독하는 것만으로도 머리 속에 체계적으로 정리되도록 하였다.
2. 각 chapter의 title은 되도록 사용빈도가 높고 많은 어군을 거느린 단어를 채택하였다. 따라서 현대에 와서 폐어(廢語)로 되었거나 잘 쓰이지 않는 단어들은 다른 chapter 안에 흡수시켜 간단한 설명에 그치게 하였다.
3. 새로운 chapter가 시작될 때마다 그 단어의 word origins, basic ideas 그리고 연상의 모티브(motive of association)를 함께 box처리하고, 특히 basic idea를 본문에서 전개되는 순서대로 배열하여 어근 이해의 도식화가 쉽게 하였다.
4. 본문 각 항에서 어근으로부터 파생된 대표적인 단어들을 눈에 띄기 쉽게 발췌하고, 그 품사와 뜻을 달아 이 단어들만 일견하더라도 제목과의 연결이 자연스럽게 이루어지도록 하였다. 또한 이 대표단어들과 본문 중 단어의 어근에 해당하는 spelling을 별도인쇄하여 이해에 도움이 되게 하였다.
5. 한국인 특유의 사고방식에서 어근을 파악하고 철자식별·어의(語義) 변화 등을 상술하였으므로 전혀 모르고 있었던 단어를 접하더라도 생소하지 않게 그 뜻을 유추할 수 있을 것이다.
6. 문법교재나 사전류에서 일반적으로 다루어지는 접두어와 접미어는 중복을 피하여 생략하고, 설명을 간명하게 하기 위하여 약호사용은 *int*(강의어), *dim*(지소사)에 한정하기로 하고 약어표(略語表)는 생략한다.

차 례

【A】

【B】

【C】

【D】

【E】

【F】

【G】

【H · J】

【L】

【M】

【N】

【O】

【P·Q】

【R】

【S】

【T】

【U · V】

【W · Y】

A

1 Accept

어원 분석	***cept, ceive, capt, head=to be come a head***(머리가 되다), ***to hold or take***(쥐다), ***to be able***(할 수 있다)

leading words

accepted
a.용인된
unacceptable
a.마음에 안드는
capable
a.유능한

1) 능력이 있어야 원하는 것을 소유할 수 있게 되며, 소유의 대상은 뭐니뭐니해도 대가축이고 그 중에도 소(cattle)일 것이며, 소를 비롯한 가축의 수는 머리수로 헤아리게 되는 이러한 우리네 인류의 조상들이 걸어왔던 소박한 발자취를 말해주는 accept(hold)는 accepted(용인된), unacceptable(마음에 안드는)처럼 되고, 손에 쥘 능력이 있어야 머리수로 헤아리는 재산(가축)을 소유할 수 있으므로 capable(capt=take in one's hand 유능한), capacious(널찍한), capacitate(능력을 주다)처럼 되고, 이제 머리 자체를 가리키거나 소유(hold)한다는 쪽으로 되돌아 오면 caption(표제), captious(헐뜯는), captivate (hold 매혹하다), captor(체포자), capture (사로잡다)처럼 된다.

cap
n.모자
capital

2) 주로 머리를 가리키는 데서 cap(모자), cape (곶), capful(모자가득), capital(수도), capitalist(돈 있는 우두머리인 "자본가"),

scribble

n.수도
capstone
n.갓돌

cable
n.굵은 밧줄
cabin
n.오두막
cave
n.동굴

capitate(두상의), capitol(주 의회 의사당), capstone(갓돌), captain(우두머리), caprice (머리가 온통 덮인 것 같은 숫염소의 "변덕"), capriole(숫염소처럼 "뛰어오르다"), caper(염소처럼 "뛰어다니다"), cab(염소 같이 방정맞게 뛰고 달리는 "택시"), cabbie(택시 운전사), cabstand(택시 주차장), cabbage(양배추), caddie(캐디), carrot(당근) 등이 온다.

3) 내부에 빈자리가 있어야 받아들일 수 있으므로 cable(holdin rope 굵은 밧줄), cable car (케이블카), cablegram(해저전신), cableway(삭도), cabin(오두막), cabinet(진열장), cage(contain or hold 새장), cajole(아첨하다), jail(투옥하다), cave(텅 빈 "동굴"), cavity(빈곳), concave(con=with 오목한)처럼 되며, 거머쥐는 것은 catch(붙잡다), catchall(잡동사니 주머니), catcher(잡는 사람), catching(매력있는), catchword (표어), chase(뒤쫓다), purchase(pur=int 사다), purchasing power(구매력), heave(들어 올리다), haft(손잡이), hawk(매), heavy(잡아서 들어 올릴 때 "무거운"), heft (무게), case(take or hold 상자), cash(box holding money 현금), cashbook(출납원), cashier(현금출납계), casino(오락관), cask

scribble

(통), sash(창틀), chassis(차대), encash(현금화하다)처럼 받아 들이거나 거머쥔다는 뜻이 된다.

have
vi.가지다
behave
vi.처신하다
apt
a.적당한

4) heavy에서 보듯이 c가 h로 되어도 마찬가지이고 have(hold 가지다), haven(배를 hold하는 "항구"), have=nots(무산자), behave(처신하다), behavior(행동), hasp(잠그는 고리), has-been(옛날의 일), apt(hasp, asp apte로 됨 ; fasten or hold "적당한"), aptness(fitness or taking hold of 재능), aptitude(소질), attitude(apt의 t탈락 "태도"), inept(in=not 부적당한), adapt(ad=to 적합시키다), adaptation(적합), adept(숙달한), copula(co=together 연결어), coupling(연결), opt(선택하다), option(선택), hook(갈고리), hockey(갈고리 모양의 타구봉 "하키"), hug(팔을 갈고리 모양 구부려 "포옹하다"), huckle(엉덩이)처럼 쓰이며 위의 hook, opt, apt 등은 어원만으로는 반드시 동족이라고 확인하기는 어려우나 철자와 의미의 유사성에서 catch, hold, contain, fit, have 등에 연결되는 말이다.

coping
n.갓돌
cob

5) capt(catch or hold or receive ; or become a head)의 변형인 cope(덮는 물건), coping(갓돌), cobra(몸이 온통 머리뿐인 모양의

scribble

n.옥수수속대
achieve
vt.성취하다
cattle
n.소떼
hat
n.모자

뱀 "코브라"), cob(모자 쓴 모양의 "옥수수 속대"), cobweb(거미줄), cephalic(머리의), cephalous(머리가 있는), cocoon(고치), chapiter(기둥머리), chaplain(전속목사), coif(두건), escape(es=out ; slip out of the cape 머리 모양의 망토만 남기고 살짝 빠져 "달아나다"), escapism(현실도피), chief(우두머리), chef(주방장), cuff(소맷부리), encephalitis(뇌염), biceps(bi=two 이두근), precept(pre=before 교훈), precipice(pre=before 머리가 먼저 떨어지는 "절벽"), mischief(mis=badly reach head or end badly 못된 장난), mischievous(해로운), achieve(a=to 머리 끝까지 가는 것이 목적달성이므로 "성취하다"), achievement(달성), cattle(소떼), heed(머리가 안다치게 "주의하다"), hat(모자), hattrick(cricketgame에서 한 game에 3득점하는 선수의 묘기를 표창하여 상으로 hat을 준 데서 "혼자 3점 얻기"), head(머리), headache(두통), head count (인구조사), headfirst(곤두박질로), heading (제목, 머리로 받기), headline(표제), headlong(거꾸로), headmaster(교장), headnote(두주), headquarters(본부), headstrong(완고한), headway(전진), ahead(전

scribble

방에), hood(두건), woodenhead(얼뜨기), hitch(머리를 끄덕이듯), hike(하이킹) 등은 주로 머리라는 뜻에서 온다.

6) 이제 주로 hold or take or contain 쪽으로 눈을 돌려 보면 anticipate(anti=before ; take before the usual time 예기하다), anticipation(예상), occupy(oc=to 점령하다), occupation(직업), preoccupied(여념이 없는), recuperation(re=again 회복), recover(되찾다), conceive(con=together ; take tagether ; woman gathers the male seed 임신하다), concept(개념), preconceive(예상하다), deceive(de=down from ; take by causing game to fall 속이다), deception(사기), except(ex=out ; take separately out of the general 빼다), exception(예외), incept(take or begin 시작하다), intercept(inter=between 가로채다), perceive(per=through ; take something through something else 지각하다), receive(re=again ; take something offered 받다), susceptible(sus=under 허용하는), cupid(hold 탐나서 붙잡고 <hold> 사랑하고 싶은 "미소년"), covetous(욕심많은), vapid(cupid의 변형 "김빠진"), fade(시들다), forceps(form or

anticipate
vt.예기하다
occupation
n.직업
incept
vt.시작하다
perceive
vt.지각하다
receive
vt.받다

scribble

therm or warm=hot 뜨거운 것을 「쥐는」 "족집게"), manciple(manu=hand ; take something in one's hand 조달인), emancipate(e=out ; transfer a slave by selling "석방하다"), municipal(muni=give or exchange 일반대중이 세금을 부담하는 〈주는〉 "자치도시의"), participation(part=share ; cip=take 관여), principle(prin=before 무엇보다 먼저 간직하고 지켜야 하는 "원리"), principal(주요한), govern(steer 다스리다) 등이 있으며 vapid, fade는 「손아귀에 넣을 수」 없는 상태이다.

habit
n.습관
habiliment
n.복장
exhibition
n.전람회

7) 위의 c가 h로 되어도 habit(take or keep 습관), habitual(습관적인), habilitate(take on one's body …에 옷을 입히다), habiliment(복장), habitation(keep or dwell 주소), inhabit(거주하다), hectic(열광적인), cohabit(dwell with another in marriage 같이 살다), exhibition(ex=out ; hold out 전람회), prohibit(pro=forward ; hold out of the way 손에 안잡히게 치워서 "금하다")처럼 대동소이한 내용이고, 능력이 있어야 원하는 것을 손에 넣을 수 있으므로 capable(유능한), able(cap, ap, ab, able 유능한), lovable(사랑스러운), disable(dis=not 무능

scribble

하게 하다), enable(할 수 있게 하다)처럼 된다.

keep
vt.보유하다

8) 위의 cipt, capt, cept(take or hold)는 keep(보유하다), keeping(유지), housekeeping(살림살이), upkeep(유지), gatekeeper(문지기)가 되기도 하고, 다른 사람으로부터 가져온다면 빚을 안게 되므로 의당 이를 갚기 위한 임무수행이 있어야 하기에 debt(de=from ; bt or have=take ; have, ave, be, bt 빚), debtor(채무자), debenture(사채권), debit(차변), devoir(의무), indebted(빚이 있는), due(debt의 변형 "…하기로 되어 있는"), duly(당연히), unduly(과도히), duty-free(면세의), endeavor(make it one's duty 노력), overdue(지연된), bad debt(대손금)처럼 된다.

hair
n.머리털
terror
n.공포

9) 머리털이 곤두선 무서운 염소의 모습에서 caprine, prine, hrine, herrse로 되면 hearse(영구차), rehearsal(예행연습), horrendous(bristling with fear 무서운), horrible(무시무시한), horror(공포), abhorrence(ab=from 증오), urchin(고슴도치), heron(왜가리), hair(머리가죽에 난 "머리털"), hair-splitting(사소한 일을 따지는), terror(horrer의 변형 "공포"), terrible(무서운), deter(de

scribble

=away 방해하다), tremble(terror에서 r의 위치 이동 "떨리다"), tremendous(무서운), turmoil(혼란), intrepid(in=not 용기 있는) 처럼 쓰인다.

corporal
a.육체의
corporation
n.협회, 주식회사

10) 머리에서 몸둥이 전체라는 뜻으로 확대되면 corporal(capt or corp=head or body 육체의), corporate(단체의), corporation(협회, 주식회사), corps(군단, 단체), corpse(시체), corpus(몸, 원금), corpuscle(혈소구), corpulent(살찐), corset(코르셋), incorporate(…을 법인조직으로 하라), incorporeal(무형의)처럼 된다.

2 Act

어원분석	***Act, agr, agog, axle, work, erg, organ, ig, eg=to do***(하다), ***to drive***(다그치다), ***to perform***(행하다).

leading words
acting
a.대리의
active
a.활동적인

1) 말보다 행동으로 표시하는 act(행하다)는 acting(대리의), action(행동), action film(활극), activate(활동적으로 하다), active(활동적인), activity(활동), inactive(in=not 게으른), actor(남자배우), actual(현실의), actualization(현실화), actuate(작용하

scribble

enact
vt.상연하다

agony
n.심한 고통

antagonism
n.반대

axiom
n.원리

다), coact(co=with 협력하다)처럼 쓰인다.

2) enact(상연하다), enactive(법률제정의), exact(e=out ; act=drive 원하는 방향으로 다그쳐 몰고가는 "정확한"), exacting(강요적인), examine(e=out ; am=drive …을 검사하다, …을 시험하다), examination(검사, 시험), react(반동하다), reactionism(반동주의), transaction(trans=across 처리·거래), agenda(things to be done 해야할 일인 "의제"), agency(대리점), agent(대리인), agitate(선동하다), cogitate(co=int ; g or ag=drive 숙고하다), cogent(남을 수긍시키는), coagulant(응고제), agile(민첩한) 등도 do or perform or drive의 뜻이다.

3) 몸둘 바를 모르게 다그치면 고통스러우므로 agony(심한 고통), agonize(번민하다)처럼 되고, antagonism(anti=against ; ag=lead or drive 반대), protagonist(pro=first ; agon=lead against 주인공), agog(a=on ; gog=drive 홍분하여), demagogic(demos=people ; agog=lead 선동적인), pedagogic (ped=child ; agog=lead 교육학의) 등도 drive or lead의 뜻이다.

4) 올바른 행동지침으로 이끌어 가는 것은(lead) axiom(ax or act=lead or drive 원리)이고,

scribble

마차 따위를 몰때(drive) 구르는 바퀴 축의 중요성은 말할나위가 없으므로 axial(ax= lead or drive 축의), aisle("복도의 측면"은 마치 바퀴축처럼 양쪽으로 퍼짐), ala(몸뚱이를 축으로 하여 양쪽에 붙는 "날개")처럼 된다.

agriculture
n.농업
acorn
n.도토리

5) 넓은 들판에서 가축을 몰거나(drive or lead) 농사를 짓기도 하는 데서(cultivate) agriculture(agri = lead or cultivate 농업), agronomics(농학), agrarian(토지의), acorn (들에 자생하는 "도토리"), oak(참나무)처럼 되며, 들에 나가서 농사일을 하므로 act, agri, acre(do or drive or perform)에서 wacr, warc, wark의 형태로 되면 work(do or perform 일하다), workaday(평일의), workbook(연습장), worker(일벌, 노동자), workless(실직한), workout(예비시합), workroom(작업실)처럼 철자가 변형되기도 하고, 들판을 건너서 여행하는 peregrinate (per=through ; agri or egri=driving or field 여행하다), pilgrim(pil or per= through 순례자), pilgrimize(순례하다)이다.

surgeon
n.외과의사
wright

6) surgeon(sur or chiro=hand ; geon=do ; work with hand 외과의사), wright(제조공), erg(work, ork, erg로 됨 "dyne의 힘

scribble

*n.*제조공

으로 1cm이동시키는 일의 양"), ergometer(축력계), energy(en or ex=out 밖으로 발산되는 "힘"), energycrisis(에너지 위기), allergy(al=other ; erg=do or work 다르게 작용하는 "반감"), allergic(아주 싫은), synergy(syn=same 합동작용), wreak(work의 철자 변형으로, 원한을 "풀다"), wreck(난파선), wretch(철면피), urge(몰다), urgent(절박한), orchestra(orch or erg or act=dance or perform or move swiftly 오케스트라)에서 보듯이 철자가 상당히 다양화되지만 work or erg에서 변화된 것임을 알 수 있다.

organ

*n.*기관

practical

*a.*실용적인

7) 짜임새 있게 조직적으로 각각의 맡은 일을 하는 orchestra와 마찬가지로 organ(기관), organic(유기체의), organic food(무공해 음식), organism(생체론), organization(조직), orgie(떠들썩한 술자리, 북새통)처럼 되며, prodigal(pro=before ; ig=do ; al=liberty 마음대로 "낭비하는"), practical(pre=through 실용적인), practice(실행), practise(실천하다), pragmatic(실제적인), strategy(stra=scatter ; eg or ag=do or perform 전략), navigation(nav=ship ; ig or act=drive 항해), litigate(소송하다) 등도 act의

scribble

일족이다.

aggregate
a.집합한

8) agog(lead or grive) 또는 agri(lead or field)에서, 돌관(agri)에서 소 떼(양 떼)를 몰고 다니는 데 greg(agri, gri, grig, greg =herd or flock or assemble 떼)라는 철자로 되면서, aggregate(집합한), aggregative (ag=to 집합적인), congregate(con= together 집합하다), congregation(모임), segregate(se=away 분리하다), segregated (분리된), allegory(al=other ; eg=assemble or speak 풍유) 등은 "무리, 모임"이라는 말로 발전한 경우이다.

3 Acute

어원 분석	***Acute*, *acrid*, *oxid*, *acid*=*a sharp point***(날카로운 끝), ***a cutting edge***(자른 모서리), ***bitterness***(쓴맛, 쓰라림), ***a javelin***(던지는 창)

leading words

acrid
a.매운
acrimony
n.신랄함

1) 뾰족한 끝으로 찔러서 아픈 또는 날카롭고 영리하고 매서운 acute(예리한)는 acupressure (지압술), acupuncture(침술), acutely(날카롭게), acrid(매운), acrimony(신랄함), cute(acute의 a 탈락 "예쁜"), acid(sharp or sour 신맛의), acidify(시게하다), acerb

scribble

(신), acetic(초의), exacerbate(…을 악화시키다), acme(극치, 절청), acasia(아카시아), ache(아프다), stomachache(위통), boneache(골통)처럼 쓰인다.

acrobat
*n.*곡예사
edge
*n.*가장자리

2) acrobat(bat=go or move「날카롭고 아슬아슬한」 재주를 부리는 "곡예사"), acrogen (gen=produce 정생식물), acronym(「날카로운」 꼭대기 〈머리〉 이름을 딴 "頭字語"), edge(가장자리), edgeless(날이 없는), edgewise(가장자리를 따라), egg(give edge to 「뾰족한」 끝으로 찔러 "선동하다"), ax(도끼), hatchet(손도끼), eager(열심인), oxidant(acid, ocid, oxid=sharp or sour 산화물체), oxide(산화물), oxygen(산소), hammer(망치), awn(까끄라기), awe(두려움), awful(무서운) 등도 일족이다.

night
*n.*밤
nocturnal
*a.*밤의

3) 캄캄한 밤은 night(밤), nightfall(땅거미), nightgown(잠옷), nightingle(나이팅게일), nightmare(악몽), nocturnal(밤의), nocturne(야상곡), nyctophobia(야간공포증)처럼 되고 night에서 ikt, act로 되면 어둠 속에서 「날카로운」 화살같이 쏟아지는 광선인 actinic(morning twilight or ray 화학선의), actiniform(방사형의), actinotherapy(방사선치료)처럼 된다.

scribble

4 Adamant

어원분석	**Dam, dom, don, diam, dung, tame, timb=to oppress**(억누르다), ***to tame***(길들이다), ***to subdue***(진압하다).

leading words

diamond
*n.*금강석
dame
*n.*귀부인

1) 너무 단단한 고집통이라서 어쩔 수 없는 경우가 adamant(a=not ; dam=oppress 금강석)으로서 어떤 한 방법으로도 깰 수 없이 단단한 금속이고, diamond(a 탈락 "금강석"), dame(가정을 길들이는 "귀부인"), damsel(소녀), madam(my+dam 마님), donkey(집에서 기르는 "나귀"), tame(길든), domestic(가정의), dome(둥근지붕), domicile(주거), dominant(권력), dominate(지배하다), domineer(뻐기다), predominate(pre=before 주권을 잡다), condominium(con=together 공동주권) 등의 예문에서 보듯이 가정의 따스한 훈육과 엄격한 다스림이 결합된 내용이다.

doom
*n.*운명

2) 가정에서의 다스림(rule)은 운명을 결정하는데로 확대되어 doom(운명), deem(…이라고 생각하다), danger(위험), daunt(기를 죽이다), endanger(위태롭게 하다) 등으로 된다.

family

3) 위의 dom은 fam으로도 철자되어 family(가

scribble

n.가족

족), familiar(친한), unfamiliar(잘모르는) 처럼 되기도 하고, 위의 tame에서 timber(집 짓는 "재목"), timberland(삼림지), timber mill(제재소)처럼 되기도 한다.

5 Adipose

어원 분석	**Pose, poise, pend, pan, pawn, spin, spide= to weigh**(저울에 달다), **to hang**(매달리다), **to pay**(지급하다), **to suspend**(매달다), **to stretch**(쭉뻗다).

leading words

pend

vi.매달리다

append

vt.덧붙이다

1) 격세지감을 느끼겠지만 옛날에는 머리가 벗겨지고 장구통배가 불룩해야 소위 사장족으로 대우 받았고, 이러한 외양만 가지고도 웬지 신뢰성 있고 주머니가 두둑할 것으로 보아도 좋은 때문이었는데 이런 것을 말해 주는 adipose(pose or pend=weigh hang 지방질의)는 비계덩어리처럼 꽤 무게가 나간다는 말이고, 저울에 달듯 매다는 데서 pend(매달리다), pending(미결정의), pendulum(추), perpendicular(per = completely 수직의), pensile(매달리는), append(ap=to 덧붙이다), appendicitis(itis=inflamation 맹장염), penthouse(덧붙여 매달린 "옥상, 창고"),

scribble

impend(hang over 매달리다, 임박하다), appendix(불필요하게 매달린 "맹장"), depend(de=from ; pend=hang 의지하다), independent(in=not 독립), suspend(sus=under 매달다), suspense(미결, 불안), suspension(매달기)처럼 주로 hang의 뜻이 된다.

pension
n.연금

2) 태고적 조상들은 당연히 물물교환의 상거래에서 시작되었지만 암소(cow) 한 마리를 가진 사람이 돼지 두 마리와 비단 옷감 한 벌을 한꺼번에 교환할 수 있는 상대를 만나지 못하는 불편함을 느끼고는 금속화폐를 사용하게 되었고 가짜가 아니라는 전제하에 돈의 「무게를 달어서」셈을 치룬데 연유하여 hang에서 pay out의 뜻으로 되며, pension(연금), spend(s or es=out ; pay out 소비하다), spendthrift(방탕아), expenditure(지출), expensive(값비싼), stipend(소액급료의 "월급")에서 보듯 주로 pay out의 뜻이 된다.

pensive
a.생각에 잠긴
ponder
vt.숙고하다

3) 어느 쪽도 기울지 않게 매달리면 poise(균형, 자세)이며, 무게를 단다는 것은 신중히 판단하기 위한 준비행위이므로 pensive(생각에 잠긴), ponder(숙고하다), compendious(com=together 간결한), preponderant(pre=forward 우세한), propensity(pro=in front of

scribble

경 향), compensate(com = with or together ; weigh together or balance together 보상하다)처럼 형평에 맞게 조정하거나 사전에 신중히(무겁게) 생각한다는 말이다.

pane
n.창살

4) 역시 돈의 무게를 다는 데서 pound(파운드), poundage(파운드의 중량), pan(접시), pane (hang or weigh 창살), panel(장식판자), vane(풍향계), pawn(…을 걸다), pawnbroker(전당포 주인), pawnshop(전당포)처럼 무게 또는 저울에 매달리듯 매달리는 모양(pane or panel=hang)을 말해준다.

span
n.한 뼘

5) 무거운 것이 밑에 매달리면 축 늘어지게 되므로 pull or stretch or attach의 뜻이 되면서 span(stretch 한 뼘), spin(잣다), spindle(물렛가락), spider(stretch 실을 뽑는 "거미"), spasm(stretch 경련), spasmodically(발작적으로)와 같이 된다.

6 Aesthete

어원분석 ***Aesth, ethi caut, show, aud, ed, auri, scout, ear, hear, acoust, otic=to feel***(느끼다), ***to sense***(느끼다), ***to perceive***(감지하다), ***to hear***(듣다).

scribble

leading words

aesthetic

a.미학의

ethic

n.윤리

1) 감각으로 판단하는 aesthete(심미가)는 매우 민감한 sense를 가져야 할 것이고, 일족으로 aesthetic(미학의), anesthesia(an=without 감각이 없는 "마취"), ethic(감지하고 판단하는 기준 "윤리"), ethics(윤리학)처럼 비교적 철자변형이 없는 경우와, caution(eth, ceth, cath, caueo, feel or be on one's guard 조심), cautious(조심하는), cautionary(경계의), precaution(pre=before 예방조치), incautious(경솔한)처럼 주의를 요하는 철자도 있다.

show

vt.보이다

2) 위의 caution에서 keu, kou, shou, show처럼 철자되면, 쉽게 보고 「알 수 있도록」보여주는 show(display 보이다), showcase(진열장), showily(화려하게), showing(전시), showpiece(전시물), showroom(진열실), showup(폭로)처럼 되며, 이와 달리 귀로 듣고 느낀다면 audience(청취자), audio(음성의), audio-visual(시청각의), audit(듣고 감사하는 "회계감사"), auditorium(관람석)처럼 된다.

obey

vt.복종하다

3) ob(toward)와 결합하면 obedient(말 잘 듣고 "순종하는"), obey(복종하다), disobey(dis=not 따르지 않다)처럼 되며, aural(귀의), auriform(귀 모양의), auscultate(청진하다),

scribble

scout(s or es=out ; cout=hear 척후), scouter(정찰자), ear(귀), earful(잔소리), earpick(귀이개), earplug(귀마개), rabbit ears(토끼 귀 모양의 "실내용 TV안테나")처럼 되기도 한다.

hear
vt.듣다
ache
vi.아프다

4) ear에 h가 추가된 hear(듣다), hearing(듣기), hearken(경청하다), overhear(엿듣다), harken(경청하다)에서 arken, ak, ache(아프다)로 변하는 모습에서 보듯이 너무 주의를 기울여 들으면 통증이 온다는 말이나 ache는 acute에서 따로 다루었고, acoustic(귀의), acoustician(음향학자), acoustics(음향학), otic(귀의), otology(이과학)처럼 되기도 한다.

7 Affair

어원분석 ***Fair, fic, fac, fig, fit, feat, fec, fy, faint=to make***(만들다), ***to do***(행하다), ***to perform***(수행하다).

leading words
fact
n.사실

1) 실제 행하였거나 만들어(꾸며)낸 affair(일, 사건)는 다양한 모습으로 철자되면서 주로 make or do의 뜻을 가지는데 fact(things done 사실), artifact(art=fit ; fact=make

scribble

인공물), fact-finder(실정조사원), faction (도당), factorial(대리상의), factory(공장), manufacture(manu=hand 원래 손으로 만들던 "제조공업"), fashion(유행, 생김새), fashion-conscious(유행에 민감한), factual (사실상의), factotum(total=all 무슨 일이나 하는 "잡역꾼"), facile(만들기 "쉬운"), facilitate(촉진하다), faculty(능력), feature (특징) 등으로 쓰인다.

difficult
a.어려운
affect
vt.영향을 미치다

2) 만들기가 어려운 것은 difficult(dif=apart or not 어려운), difficulty(어려움)이고 의도된 방향으로 추진해 나가는 것은(make or do) affect(af=to 영향을 미치다), affectation (허식), affection(애정)처럼 의중에 두고 공격적으로 나아간다는 말이고, 여러 가지를 섞어 만드는 confect(con=together 조제하다), confectionery(과자류)가 있으며, 구성요소가 이탈해나가서 만들기 어렵게 되면 deficient (de=apart 부족한), defect(결함), defection(탈당), defeat(fail to make 쳐부수다) 이다.

effect
n.효과

3) 실제로 만들어져서 나온 것은 effect(ef=out ; make or bring about 결과), effective (유효한)이며, 병균 따위를 집어 넣는 infect (in=into ; fect=put or make 감염시키다),

scribble

disinfect(dis=apart 소독하다)나 완전하게 만들어내는(성취하는) perfect(per=through things done thoroughly 완전한)이나, 나아가 성취하는 proficient(pro=forward ; make for or advance 능숙한)이나, 부족함을 밑에서 보충해주는 suffice(suf=under ; put under for substitution 만족시키다), insufficient(in=not 불충분한)이나 모두 일족이다.

counterfeit
vt.위조하다

4) 법률과 관습 등을 무시하고 위조지폐 따위를 만드는 데서 counterfeit(counter=against 위조하다)이며, 지나치게 집어넣는 것은 surfeit (sur=suber 과식)이고, 성취하여 나아가는 profit(pro=forward 이익), proficient(능숙한)이나, 인공으로 만드는 artificial(art=fit 인조의), 남에게 유리하고 이익되게 만드는 benefaction(bene=good 자선), benefit(이익)이 있다.

face
n.얼굴
fabrication
n.구성
surface
n.표면

5) 일정한 모습으로 외양이 만들어진 것이 face (얼굴), face-saving(체면유지), efface(ef=out 지우다), surface(sur or super=over 표면)), superficial(표면상의)이며, feasible(실행할 수 있는)도 여기서 오며 고어체 철자인 facbrer에서 fabric(구조), fabrication(구성), prefabrication(미리 만들어내기)도 일족으로 볼 수 있고, 억지로 날조하는 feign

scribble

(가장하다), feint(시늉), faint(희미한), fiction(꾸민 이야기)다. fig(복장), figure(초상), configuration(지형), transfigure(변형하다)도 마찬가지이고, fy, fic 등의 접비어로 되면 uglify(흉하게 하다), amplify(확대하다), ossify(골화하다) 등 대단히 많다.

8 Age

어원분석	**Age, ever, eternal, each, like=duration**(기간), **eternal**(영원한), **always**(늘).

leading words

aging
n.노화

1) 상당히 긴 시간을 나타내는 age(나이)는 ageism(노인차별), aging(노화), ageless(불로의), agelong(영속하는), overage(노후한)처럼 쓰이며, ev로 되면 coeval(co=together, ev or age=duration 같은 연대의), medieval(medi=middle 중세의), primeval(prime=first 원시시대의)처럼 쓰인다.

ever
ad.언제나

2) ever(always 언제나), ever-changing(늘 변화하는), everglade(습지), evergreen(상록의), everlasting(불후의), eternal(영원한), eternally(영원히), never(not+ever 결코 …않다), never-ending(끝없는), nevermore(두번 다시 …않다), never-never(공상의 나라)

scribble

each
a.각자의
like
a.같은

등도 일족이다.

3) aye(늘)에서 each(각자의)로 되면 「언제나」 변치 않는 저마다의 개성이 있다는 말이고, 고어체인 agelic에서 뒷 부분인 lic가 남아서 like(같은)으로 되면 각자(each) 변하지 않는 개성으로 인하여 같은 것끼리 어울려 지내면서 서로 이해하고 좋아하게 되어 childlike(어린애 같은), womanlike(여자 같은), likelihood(가망), likely(있을 법한), like-minded(같은 마음의), likewise(마찬가지로), unlike(같지 않은), liken(비유하다), alike(한결 같은), like(좋아하다), liking(취미), likable(마음에 드는), dislike(싫어하다)처럼 「같은 것끼리 좋아하게 된다」는 뜻이 되며, recently(요즈음), rarely(rare＝thin 드물게), slyly(교활하게)처럼 ly형태의 부사(형용사) 어미가 되더라도 like(같은)의 변형이다.

4) 이와 같이 「언제나」 개성이 다른 각각(각자)을 빠짐없이 망라하면 every(모든, 온갖), everybody(사람마다), everyday(매일의), everything(뭐든지, 모두), everyway(어느모로 보나), everywhere(도처에)처럼 된다.

9 Alter

scribble

어원 분석	**Alt, alt, utter, out, al=to change**(변경하다), **to be otehrwise**(다르게 되다).

leading words

alternation

n.변경

1) 극단으로 흐르다가 끝내는 제 모습을 찾지 못하고 아주 딴 판으로 변해버리는 alter(고치다)에서 alteration(변경), alternative(양자택일), altercate(언쟁하다), adulterate(ad=to 혼합하다), altruism(이타주의), alibi(ali=other ; bi or be=exist 다른데 있었다는 변명인 "현장 부재증명"), else(그밖에), allegory(speaking otherwise 풍유), allergic(아주싫은), alien(외국의), alienate(따돌리다), parallel(para=beside each other 평행선)처럼 된다.

ultrahigh

a.최고도의

2) 남의 (다른) 영역에 가까이 접근하면 ultracold(극저온의), ultrahigh(최고도의), ultraist(극단론자), ultramodern(초현대의), ultrared(적외선의), ultrashort(초단파의), ultimate(최후의), ultimatum(최후통첩), all(모두), also(역시), although(…에도 불구하고), all-time(전대미문의), utter(완전한), utter(입밖에 내다), utmost(최대의)에서 보듯이 다른 영역을 범할 정도의 극단 또는 이미 넘어서 버린(입밖으로 나가버린) utter처럼 되기도 한다.

scribble

out
ad.밖으로
outlook
n.조망

3) utmost의 ut에서 o가 추가된 out(밖으로)는 이미 다른 곳으로 넘어가버린 상태이며 about(ab=around …의 주위에), out-and-out(순전한), outargue(논파하다), outboard(배 밖의), outbreak(돌발), outcome(결과), outer(밖의), outskirt(주변), outlook(조망), outlying(밖에 있는), outmoded(유행에 뒤진), without(…밖으로)처럼 쓰인다.

10 Amalgam

어원 분석	***mal, mall, mel, mol, mill, mul, mut, mild, mar, melt=to soften***(부드럽게 하다), ***to grind***(빻다).

leading words
amalgamate
vt.합병하다

1) 물에 축이고 잘게 부수어 부드럽게 하는 amalgam(수은의 합금)은 amalgamate(합병하다), meal(빻은 가루), mealy(가루모양의), malm(백악토), muller(분쇄기), mould(옥토), mold(곰팡이), mellow(부드러운), mellifluous(유창한)처럼 쓰인다.

mill
n.제분소

2) 빻아서 부드러운 가루로 만드는 mill(제분소), miller(제분업자), millhouse(제분소), milling(제분), millstone(맷돌), millwright

scribble

(물방아 목수), windmill(풍차), multure(제분료) 등도 마찬가지며, 빻은 가루처럼 작은 millet(기장), miliary(좁쌀모양의)도 일족이고, 맷돌모양으로 음식을 부드럽게 갈아 바수는(씹는) molar(어금니)나, 거센파도를 부드럽게 막아주는 mole(방파제), molest(물방아 찧기처럼 힘들게 "괴롭히다"), demolish(de =down 분쇄하다)도 일족이다.

mollify
vt.달래다

3) mollify(달래다), mollusk(연체동물), molly(여자 같은 소년), mulch(부드러운 흙으로 "뿌리를 덮어주다"), mild(온화한), mildew(곰팡이), mildly(온화하게), melt(녹이다), molten(녹은), malt(맥아, 맥주), malty(엿기름의), mutton(양고기), mutt(바보), caramel(캐러멜) 등도 soft의 뜻이다.

malleable
a.유순한
march
vi.행진하다

4) 땅을 반반하고 부드럽게 고르는 hammer는 mall(펠멜놀이), malleable(유순한), maul(큰 나무 망치)처럼 되며, 망치로 내려치듯 힘있게 땅바닥을 구르며 행진하는 march(mol, mal, march 행진하다), mare(암컷), martial(호전적인)처럼 되며, 잘게 바수어 아주 나쁘게 만드는 small(작은), mal(나쁜)과의 연결은 원래 큰 것(major ; macro)에서 쪼개져 작아졌다는 뜻이므로 major와 mill 모두에 관련된다.

scribble

11 Ambidextrous

어원 분석	**Ambi, both, epi, after, off, of, upon, super, huper, hyper, sub, sum, post=to be underside**(밑으로 가다), ***to be upperside***(위로 가다), ***to be forthside***(앞으로 가다).

leading words

ambitious

*a.*패기만만한

1) 원래 있던 곳에서 옆으로 양쪽으로 위로 아래로 벗어나 떨어져나가는 모습을 보여주는 ambi(around or both)는 ambidextrous (dexter=right hand 양수잡이), ambitious (it=go 양쪽으로 가려고 하는 욕심많은 "패기만만한"), ambition(대망), ambiguous(ig or act=drive 애매한 표현의), amble(le=go 측대보로 걷다), ambulance(앰블런스), amphibian(양서류의), amphitheater(원형경기장), amputation(pute=clear or cut 절단), both(ambi, bi, both 양쪽의), nearby (가까이의), by(…의 옆에서), bygone(과거의), by-lane(옆길), byname(별명), by-stander(방관자), byword(속담), but(by+out 그러나), byway(옆길), embassy(ambi or emb=around or both 자국과 상대국 양쪽을 왔다 갔다 하는 "대사관"), ambassador (대사)처럼 쓰인다.

scribble

epicarp
n.외과피

2) ambi는 어느 한 쪽 방향이 아닌 양쪽 또는 사방으로 벗어났다는 말이고 ambi에서 ebi, epi로 되면 epicarp(외과피), epicenter(진원지), epicycle(주전원), epidemic(epi = upon ; demos=people 유행성의), epidermal (derm=skin 표피의), episcope(scope=see 실물환등기), bishop(episcope에서 biscope, bishop으로 됨. 위에서 내려다 보며 감시하는 "주교"), epigram(경구), episode(epi=in addition ; ode=go or way 삽화), epitome (tome=cut 대요)처럼 쓰인다.

after
prep.…뒤에
off
prep.…에서 떨어져서
ebb
n.썰물

3) 이탈되어 뒤에 처지면 after(ambi, epi에서 abi, afi, after 뒤에), afterbrain(후뇌), aftercare(산후조섭), aftercrop(그루갈이), afterimage(잔상), after-sales service(애프터 써비스), evening(저녁), ivy(담쟁이), ebb(썰물), of(…의), off(…에서 떨어져서), offduty(비번의), off-limits(출입금지의), offence(of=apart or against ; fend=strike 위반), offend(성나게 하다), offensive(불쾌한)처럼 되며, of도 벗어났지만 소속은 남아 있는 상태이고 off는 아주 이탈된 경우이며 ebb는 바닷물이 이탈되어 나가 버리기 때문이다.

apology

4) of, off, epi 등은 ab, abs, ap, apo, a

scribble

n.변명, 사과
apostle
n.사도

(without or not), ana, an 등 다양한 접두어가 되는데 여기서는 그 중 극히 일부만 추려보면 apology(apo=from ; log=speak 누명이나 오해를 벗기 위한 "변명, 사과"), bound(범위), boundary(경계), apostle(stle=send 사도), apostrophe(strophe=turn 생략부호), abnormal(away from rule 비정상의), abort(ort=rise 유산하다), absorb(sorb=suck 흡수하다), abstruse(truse=push 알기 어려운), absurd(surd=sound ; make no sense 어리석은), about(…에 대하여), above(…보다 위에), upon(…위에), on(…위에), up(일어나다), up-and-down(기복있는), update(새롭게 하다), upkeep(유지), upper(보다 위의), upset(뒤엎다), posterior(뒤쪽의), posthumous(사후의), postscript(추신) 등 대단히 많으나 모두 벗어나거나 없어진다는 말이며, 나머지는 사전을 참고하기 바란다.

over
prep.…의 위에

5) 위의 above와 마찬가지로 위로 벗어난 over(…의 위에)도 overage(연령초과의), overarch(…위에 아치를 걸치다), overawe(위협하다), overbuy(너무 많이 사다), overcautious(소심한), overcome(이겨내다), overcooked(너무익힌), overcrop(너무 많이

scribble

경작하다), overgovern(지나치게 통제하다), overhang(돌출하다), overhaul(haul=pull 분해검사), overjump(뛰어넘다), overlook(내려다 보다), overnight(밤샘의), overpraise(과찬), overseas(해외의), oversmoke(담배를 너무 피우다), overtake(만회하다), overthrow(타도하다)처럼 되고, 보통 이상으로(벗어나게) 나쁜 것은 evil(나쁜), evil-looking(험상맞게 생긴)이다

superb
a.훌륭한
summit
n.정상

6) 역시 밑으로 옆으로 위로 「벗어나는」 데서 sum, super, hyper, sub, suc, sur 등이 되는데 몇 가지 용례를 간추려 보면 superable(이길 수 있는), supergiant(초거성), superb(훌륭한), superbomb(초강력 폭탄), super-ego(초자아), superior(훌륭한), super-market(대규모시장), superstition(stit = stand 머리 속에서 떠나지 않는 "미신"), supreme(최고의), surcoat(겉옷), surface(표면), sum(밑에서 위로 셈하던 Greece인들의 전통에서 super의 변형인 sum "합계"), summary(요약), summit(정상), consum-mate(완성하다), hybrid(brid = strong 잡종), hypocrite(위선자), hypothesis(thesis= put 밑에다 놓는 "가정") 등이 있다.

sublime

7) 이와 같은 super(over), hyper(over), hypo

scribble

a.고상한

suffer

vi.고통을 받다

(under), sublime(고상한), submarine(sub=under 잠수함), substitute(stitute=set 보충하려고 밑에 두는 "대리인"), subway(지하도), suffer(fer=endure or carry 고통을 받다), surname(성), surplus(잉여) 등의 「이탈」은 자칫 눈에 보이는 사물만으로 판단하기 쉽지만 모든 일에 대칭적 쌍이 있는 것이 보통이므로(남여, 음양, 표리 등) 위로 벗어난 hyper나 super는 안보이는 것 반을 제외한 반(half)에 불과하다는 뜻으로 되면 super, sum, semi(half 이쪽 반이나 저쪽 반은 똑같으므로 same에서 semi로 영향 줌), semiarid(가뭄이 심한), semifinal(준결승), hemisphere(반구체), hemicycle(반원), summer("여름"이면 한해의 반〈half〉임), summery(여름의), semester(half 학기)처럼 되기도 한다.

open

vt.열다

8) 위가 열려야(open) 벗어날 수 있으므로 super, over, up, upon에서 변화된 open(열다, 열린), open-air(야외의), openly(공공연히), opening(공지, 공석, 개시), reopen(재개하다)처럼 된다.

12 Announce

scribble

어원 분석	**Nounce, nunce=to notice**(알리다), **to make known**(알리다).

leading words

denounce
vt.고발하다

pronounce
vt.발음하다

angel
n.천사

1) 남에게 소식을 알린다는 단순한 내용의 announce(an=to 알리다), denounce(de=int 고발하다), denunciation(탄핵), enunciation (e=out 언명) 등은 추가설명을 요하지 않는 것 같다.

2) 공공연하게 대중 앞에서 말하는 것은 pronounce(pro=forward 발음하다), pronounced(명백한), pronunciation(발음)이며, 처음의 의사표시는 지원(application)의 표시이고 두 번째는 사임(resignation)의 표시이므로 renounce(기권하다)가 된다.

3) 神의 기쁜 소식을 전해주는 angel(천사), evangel(ev or eu=good 복음), evangelistic (복음전도의)은 주로 종교와 관련되는 말이다.

13 Annual

어원 분석	***An, en, year, hour, err, it, is, earn, ier, et =to go***(가다), ***to pass***(지나가다), ***to walk***(걷다).

scribble

leading words

annuity

n.연금

1) 한 해 두 해 가는 세월이 annual(an=go 1년의)이고, annuity(연금), per annum(해마다), superannuate(super=over …을 연금주어 퇴직시키다), annals(연대기), annalist(연대기 작가), biennial(bi=two 2년마다의), triennial(3년마다의), millennial(mill=thousand 지복천년의), centennial(cent=hundred 백년간의), semiannual(반년마다의), perennial(per=through 사철 그치지 않는), anniversary(vers=turn 기념일)처럼 쓰인다.

year

n.해

hour

n.시간

2) 역시 1년의 세월이 흐름(going)을 나타내는 year(an or year=go 해), yearbook(연감), yearround(연중 계속되는), yore(옛날)이 있고, 비교적 짧은 시간의 흐름을 재는 단위는 hour(시간), hourly(한시간 마다의), horary(시간의), horology(시계학), horoscope(scope=see 점성), encore(core or hour=time 앙콜), hire(hour의 변형. 시간 단위로 대여〈고용〉하는 …을 세내다, 고용하다), hired(고용된), hireling(고용인)처럼 된다.

issue

vt.발행하다

3) 이제 간다는(pass or go) 뜻을 구체화하면 issuance(발행), issue(발행하다), itinerant(순회하는), itineration(편력), ambit(amb=both or around 영역), ambition(양쪽 또는

scribble

사방으로 가고 싶어하는 "대망"), ambient(둘러싸는), gambit(초판의 수<moving or going>), circuit(cire = around ; it = go 순회), circuitous(간접적인), commence(com =together ; ence=go or begin 시작하다), recommencement(재개), enema(en=into ; em=go or send 관장), concomitant(con= int ; com=with ; it=go 부수하는), count (coun or co=with ; it or t=go 황제와 어깨를 나란히 하여 같이 갈 정도의 귀족인 "백작"), viscount(자작), county(백작의 권한 또는 재산인 "郡"), exit(ex=out ; it=go 출구), eyre(순회), err(wander 그르치다), errand(심부름), error(잘못), aberrant(ab= from 정도를 벗어난) 등이 있다.

initial
a.처음의
obit
n.추도식

4) initial(it=go or begin 처음의), initiate(시작하다), initiative(솔선), initiator(창시자), janitor(문지기), obituary(ob=from 사망기사), obit(it=go or die 추도식), perish(per =completelyish=go 멸망하다), sedition(se =separate ; it=go 딴 데로 끌고가는 "선동"), transience(trans=across ; go across 일시적임), transient(덧없는), transit(통과), transition(변천), transitive(타동의), trance(황홀경), sudden(sud=under 뱀처럼

scribble

발 밑에서 놀라게 지나가는 "갑작스러운"), enter(ent=into ; er=go …에 들어가다), entrance(들어감), entry(입장), hierarch (hier=go 갈길을 바로 인도하는 "교주"), earn(hour, earn=go 시간급으로 "벌다"), unearned(일하지 않고 번) 등도 앞의 year, hour, it 등과 같은 경우이다.

quiet
a.조용한
quit
vt.그만두다

5) 조용히 양보하고 아주 떠나가버리는 데서 quiet(co or qui=int ; it=go 조용한), quiescent(잠잠한), quietness(정적), coyness(수줍음), quit(그만두다), quits(피장파장으로), quite(아주), requite(갚다), acquit (ac=to ; give oneself to 사면하다), acquiescent(면제해 주는), disquiet(dis=apart 사회적 불안), requiem(안식), tranquil(tran=across 조용한), while(잠시), awhile(잠깐) 처럼 된다.

orb
n.천체

6) 위의 err, error에서 or로 되면 「지나간 자국」(rut or track)이 되어 orb(천체), orbit (궤도), orbital(궤도의), exorbitant(ex=out 궤도 벗어난 "엄청난")으로 된 것으로 볼 수 있다.

14 Approach

scribble

어원 분석	**Pro, priv=to come nearer**(더 가까이 가다), **to make private**(착복하다).

leading words

approach
vt.접근하다

1) 손에 쥔 새(bird)와 숲속에 있는 새가 같을 수 없듯이 가까이 다가가서 손에 넣어야 내것으로 된다는 approach(접근하다)에서 reproach(re=again 재차 다가서서 "꾸짖다"), reproachful(꾸짖는), approximate(ap=to 접근하다), proximal(가까운 쪽의), proximo(다음 달의) 등이 된다.

private
a.개인의

2) 가까이 다가서야 손에 넣을 수 있으므로 far, ferry, port, prime(최초의) 등으로 이어져서 private(near at hand, one's own 개인의), privacy(사생활), private coach(가정교사), private enterprise(민간기업), privation(결핍), privilege(특권), privy(숨은), deprive (de=apart from 가진 것을 빼앗아 알몸만 남기는 "빼앗다")처럼 개인의 소유라는 말이 된다.

proper
a.고유의

3) 이러한 one's own 은 proper(고유의), properly(적당히), propertied(재산이 있는), property tax(재산세), proprietary(재산 있는), proprietor(소유자), propriety(예의 바름), appropriate(ap = to ; make things private 적당한), appropriate(전용하다),

scribble

improper(부적당한) 등으로 발전한다.

pride
n.자랑

4) 가까이 다가오거나(come near) 앞으로 나아가는 것은(advance) 대단히 유리한 일이나, 일단 유리한 고지를 선점하면 모두 자기능력으로 된 것으로만 돌려서 거만해지기가 일쑤여서 pride(pri or pro=forward ; de or es or et=useful 자랑), proud(자랑하는), improve(개량하다), unimproved(개량되지 않은)처럼 앞으로 나아간 발전과 이에 따른 교만이 함께 하게 된다.

prove
vt.증명하다
proof
n.증명

5) 위의 improve(개량하다)에서 pro(forward)+ve or be(come or exist)=prove로 되면 떳떳이 앞으로 향상 발전해 나아가는 모습을 말해 주면서 prove(증명하다), proof(증명), proofread(교정보다), proof stress(내력), waterproof(방수의), probe(탐침), probable(있음직한), probably(아마), improbable(정말같지 않은)처럼 되는데 발전성이 있다는 것은 시험에 합격했다는 뜻이기도 하므로 prove, probable, probation(검정) 등이 오게 되는 것이다.

approve
vt.승인하다

6) ap(to or int)가 추가 되면 approve(승인하다), approver(승인자), approbation(면허), disapproval(dis=not 불만)처럼 위의 prove 등과 큰 차이가 없으며, 재차 시험을 거쳐야

scribble

한다면 신뢰성이 떨어졌기 때문이므로 reprobate(re=again 절개 없는), reprobation(반대), reprove(꾸짖다)처럼 된다.

prow
a.용감한

7) 앞서 나아간다는 것이 유리함은 틀림 없으나 그만큼 용기도 있어야 하므로 prow(용감한), prowess(용맹), prowl(기웃거리다)가 되고, proud에서 o가 빠진 prude(정숙한 체하는 여자)도 여기서 온다.

15 Arch

어원분석 ***Arch, arach, arc, ark, arrow, erc=to contain*** (억제하다, 포함하다), ***to keep***(지키다), ***to snare***(올가미로 잡다), ***to weave***(짜다).

leading words

arch
n.홍예문

1) 올가미를 짜서 사냥을 하거나 활을 쏘아서 사냥을 하는데 올가미나 활처럼 둥글거나 굽은(round or bent) 것이고, 이러한 굽은 모습의 arch(홍예문)에서 arbalest(큰 활), arcaded(아케이드 있는), arcade(아케이드), arched(활 모양의), archer(궁술가), arciform(활모양의), overarch(…위에 아치 모양으로 걸치다), arrow(화살) 등이 온다.

arcane
a.비밀의

2) 굽은(둥근) 고리모양의 올가미로 묶듯이 꼼짝 못하게 채워넣고 묶어두는 데서 arcane(비밀

scribble

의), ark(방주), coerce(co=together ; erk or arc=ward off or keep 위협하다), exercise(ex=out 구속〈keeping〉에서 벗어난 "운동"), exerciser(운동가)처럼 되며, 참고로 또 다른 arch(chief or primary)는 archaic(고대의), archeology(고고학), monarch(군주), anarchist(무정부주의자)처럼 쓰이는 다른 어족이다.

16 Arm

어원분석 **Arm, art, arit, ord, reas, rate, rite, ready, ride, raid road=to fit**(맞추다), **to put something right**(제자리에 바로 맞추다), **to fight**(싸우다).

leading words

armed

a.무장한

1) 팔(arm)은 뼈마디 관절로 끼워 맞추어져 있고, 팔은 사람에게 가장 중요한 무기이고 더구나 주먹(fist)은 끼워 맞춘 관절 투성이이기 때문에 arm(팔), armada(함대), armed(무장한), armistice(stice=stand or stay 휴전), armor(갑옷), armrest(팔걸이), army(육군), disarm(dis=aparfrom 무기를 빼앗다), alarm(to arms 놀람, 경보)처럼 팔과 무기 그리고 갑옷이란 뜻이 된다.

scribble

art
n.예술

2) 관절(joint)은 이어 맞추는 것이고 이러한 뼈마디의 결합은 질서와 조화 그리고 "기술"을 요하므로 art(예술), artefact(fact=make 가공물), artful(기교를 부리는), article(신문에 끼워 맞추는 "기사"), articular(관절의), artifice(기술), artificial(인조의), artillery(포병대), artisan(직공), inert(in=not 둔한), beauty art(미용술), attire(art, atr, attire 차려입다), arithmetic(산수의), rite(의식), ritual(의식의)처럼 조화와 기술이 가미된 것을 말한다.

harmonic
a.조화된
order
n.질서, 순서

3) arm의 앞에 h가 추가 되면 harmonic(fit togehter 조화된), harmonica(하모니카), harmony(조화), disharmony(불협화음)처럼 되고, art, ard, ord의 형태가 되면 order(질서, 순서), ordain(규정하다), orderly(순서바른), extraordinary(extra out 비상한), ornament(질서와 맵시있게 정돈하는 "장식"), ornamentally(수식하여), disorder(dis=away 무질서), adorn(ad=to 꾸미다), primordial(prime=first 원시의), inordinate(in=not 과도한), subordinate(sub=under 하위의), coordinate(co=together 동등의), readorn(다시 장식하다)에서 보듯이 순서와 위계질서 그리고 조화있는 모습을 보여준다.

scribble

read
vt.읽다
riddle
n.수수께끼

4) 머리 속의 생각을(thought) 합리성 있고 조화롭게 정리하는 것은 art, ard, rad를 거친 read(읽다), reader(독자), reading desk(독서대), readout(정보취득), riddle(수수께끼), half-read(얼치기로 읽은)처럼 되며, 특히 합리성 있는 근거 아래 올바른 계산과 판단이 이루어지는 reason(이성), reasonable(사리를 아는), rate(비율), ratio(비), rational(이성 있는), derate(de=down 감세하다) 등이 온다.

ready
a.준비된

5) 끼워 맞추고 정리 정돈하는 것은 실제 행동으로 옮기기 위한 준비이며, 이러한 준비가 완료되면 ready(준비된), ready-furnished(가구를 갖춘), ready-made(기성품의), ready-money(현금의), already(이미), unready(준비가 없는)처럼 된다.

ride
vi.타고가다

6) 준비가 완료되면 공격을 개시하거나 여행을 떠나게 되어 ride(타고 가다), raid(travel or attack 습격), road(길), roadblock(방책), road metal(도로 포장용 자갈), road sign(도로표지), roadwork(뛰기 연습)처럼 쓰여진다.

17 Associate

scribble

어원분석	**Soc, secu, sue=to follow**(따라가다), **to ally**(동맹하다), **to link**(연결하다).

leading words

association
n.합동

1) 인간들이 뒤엉켜 서로 연관성을 가지면서 살아가는 모습을 말해주는 associate(as=to ; soc=link 교제하다, 제휴하다)에서 associated(연합한), association(합동), sociable(사교적인), social(사회적인), socialist(사회주의자), socially(사회적으로)처럼 된다.

soccer
n.축구

2) 열한명의 선수로 결속된 soccer(축구)나, consociate(연합하다), dissociate(dis=apart 분리하다)에서는 soc(link)와의 결합이므로 위와 같고, 이제 묶여진 끈에 딸려가는 데서 follow라는 basic idea가 오고 sequel(속편), sequent(다음에 오는), sequential(계속되는), sue(끝까지 따라다니며 시비를 묻기 위해 "…을 고소하다"), suite(수행원), suit(소송), suitable(적당한), ensue(잇달아 일어나다), pursue(pur=forward 추적하다), pursuer(추적자)처럼 된다.

consequence
n.결과

3) 끝까지 따라가서 얻어지는 결과는 consequence(con=together 결과), consequently (따라서)이며, 끝내 따라가는 것은 일을 수행하는 것이므로(carry out) execute(ex=out 달성하다), execution(집행)이고, 남이 하자

scribble

는 대로 따르는 것은 obsequious(ob=towards 아첨하는)이고, 끈질기게 따라다니며 박해를 가하는 데서 prosecute(pro=forward 수행하다), prosecution(집행), persecute(per=thoroughly 박해하다)이고, 밑에서 뒤따라 오면 subsequent(sub=under 다음의)이다.

scribble

B

18 Bake

어원분석	**Bake=to roast**(굽다), **to smoke**(연기피우다), **to burn**(타다, 태우다)

leading words

bakery
n.빵집

fuel
n.연료

focal
a.초점의

frost
n.서리

1) 따끈하게 불을 피워 빵을 굽는 bake(빵을 굽다)는 bakery(빵집), batch(한 가마), bask(햇빛을 쬐다), balth(목욕), bathe(멱감다), beacon(봉화), beckon(신호하다)처럼 따뜻한 햇빛, 더운물, 봉화불이 되기도 한다.

2) bake의 b가 f나 p로 되는 fuel(연료), pyre(화장용 장작더미), bureau(불꽃 같은 붉은 융단의 "서랍달린 큰 책상"), focal(초점의), fog(안개), smog(smoke+fog 스모그), fungus(곰팡이나 해면을 불쏘시개로 사용한 데서 "균류"), sponge(해면), fire(불), pyromania(mania=mind 방화광), prurient(r의 위치 변동, 항상 몸에 열이 난 "호색의") 처럼 된다.

3) 몸에 열이 나면 뾰루지가 나고, 이어서 가려움증이 생겨 긁게 되므로 prurient의 변형인 frost(서리), freeze(얼다), freezer(냉동장치), refrigeration(냉각), frigid(혹한의), rigor(frigid에서 f탈락 "엄격함"), rigorous(엄격한)에서 보듯이 뜨거운 열기가 갑자기

scribble

식어서 차가운 얼음으로 되는 것은, 열이 났을 때의 가려움이나 동상(frostbite)이 걸렸을 때의 가려움이나 매한가지이기 때문이다.

19 Baptism

어원분석	***Bapt=to dip in water***(물에 담그다), ***to drink***(마시다), ***to soak***(물에 담그다)

leading words

imbibe

vt.흡수하다

poison

n.독약

1) 물에 적시는 종교의식인 baptism(침례)에서 bib(홀짝홀짝 마시다), imbibe(흡수하다), beverage(음료) 등이 온다.

2) 물은 마시는 것이므로 potables(음료), potation(마시기), potion(한 첩), poison(마시는 "독약"), poisonous(유독한), pot(단지), pottery(도기류), porrige(오트밀죽), bitumen(역청), basin(유역), bucket(물통), bubble(거품), beaker(아가리 넓은 유리컵), beach(해안), bikini(비키니), Bacchus(주신), peg(수위표시용 "못"), pail(양동이), pitcher(물주전자)처럼 된다.

20 Bat

어원	***Bat, beat, fute, bar=to cudgel***(…을 곤봉으로

scribble

분석	때리다), ***to hit or strike***(때리다), ***to beat repeatedly***(계속해서 때리다).

leading words

bat
n.타격, 타봉

1) 때리는 데 쓰이는 bat(타격, 타봉)는 baton(경찰봉), batter(타자, 때려 부수다), batting(타격), battery(포대, 전지), battle(전쟁, 싸움), battle fatigue(전투 피로증), battle front(전선), embattle(진용을 갖추다), combat(com=together 싸우다), combatant(전투원), battalion(대대)처럼 쓰인다.

abate
vt.감소시키다

2) 때려 넘어 뜨려 기세를 꺾는 것은 bate(억제하다, 줄이다), abate(beat down 감소시키다)이며, 심히 깎아내리는 것은 debate(de=down from 논쟁하다), debater(논쟁자), rebate(beat down again 환불하다)이다.

beat
vt.두들기다

3) 몽둥이로 쉴새 없이 계속 때리는 데서 beat(두들기다), beaten(얻어맞은), beat-up(지쳐빠진), baste(세게 치다), unbeaten(매맞지 않은), refute(re=again ; fute or bat=strike 논박하다), confute(논박하다), butt(머리로 받다)처럼 된다.

bar
n.막대기

4) 때리는 나무 몽둥이에서 bar(막대기), embarrass(em=into 막대기를 집어 넣어 "방해하다"), debar(…을 제외하다), barrage

scribble

(탄막), barrier(방책, 방벽), barring(…이 외에는), barrister(법정 변호사), barricade(방책, 장애물), embargo(em=against 출항 금지, 통상정지) 등이 된다.

21 Better

어원 분석 **Bet, best, bene, bon, bell, beam, boon=to grow fat**(살찌다), **to grow better**(좋아지다).

leading words
betterment
*n.*개량

1) 점점 좋아진다는 better(보다 좋은)는 betterment(개량), bettermost(최상의), best(가장 좋은), boot(이익), booty(전리품), beauty(미인), beautiful(아름다운), beautification(미화), beautician(미용사)처럼 쓰인다.

boon
*a.*유쾌한

2) 역시 좋다는 뜻으로 boon(은혜, 유쾌한), bonnie(귀여운), bananza(노다지), bounty(박애), bonus(상여금), belle(미녀), benediction(dict=speak 축복), benefit(fit=make 이익), benevolence(vol=wish 자비심), benign(자애로운)처럼 되며, 잘 먹고 튼튼히 자란 beam(석재들보), beamy(밝게 빛나는), boom(인기) 등이 있다.

scribble

22 Blow

어원 분석	**Blow=to bloom**(꽃이 피다), **to puff**(부풀다), **to flourish**(번창하다), **to throw**(던지다).

leading words

blow

vi.불다

1) 볼을 불룩하게 숨을 들이 쉰다음 확 부는 blow(불다)는 blow(꽃이 피다), blow-fish(몸을 부풀리는 물고기), blown(부푼), blowup(폭발)처럼 되며, 겨우내 웅크리고 있다가 봄에 피어나는 bade(풀잎), razor-edge(면도날)도 일족이다.

bluster

vi.고함치다

2) 의성어에 가까운 bluster(고함치다), bladder(허풍선이), blain(농조), blab(수다장이), blare(큰 소리로 외치다), blast(돌풍), blat(울다), blatant(시끄러운), bleat(매애매애 울다), chilblain(동상), blister(물집), bloat(부풀다), blob(얼룩), bludgeon(곤봉), blustering(호통치는) 등도 swell or wind의 뜻이다.

blot

n.얼룩

bloom

n.개화

3) blot(얼룩), blotch(부스럼), blotter(압지), bloom(개화), blossom(개화), devil(de=across ; vil or ball=throw 없는 말을 만들어 던져 남을 중상모략하는 "악마"), devilish(악마 같은), devilry(마법) 등도 마찬가지이며 부풀어 오른 공(ball)은 던지기 위하여 만

scribble

floral
a.꽃의

faun
n.반인반양

flatulent
a.허풍떠는

든 놀이 도구이다.

4) 갓피어 오르는 꽃봉오리나 묘령의 아가씨나 부풀어 오르는 아름다운 모습의 전형이며 Flora(flower에서 딴 여자 이름), floral(꽃의), florescence(개화), florid(찬란한), florist(꽃상), fleuret(작은 꽃모양), flower(꽃), flowerchild(히피족), flour(꽃 같이 흰 "밀가루"), defloration(de=awayfrom 처녀강간), deflower(욕보이다), effloresce(ef=out 꽃이 피다), floosy(방종한 여자), fleer(조롱), flirt(move from flower to flower 사랑 장난을 하다), flirty(시시덕거리는)에서 보듯이 비유적으로 확대된다.

5) 또한 flower에서 fown, faun으로 되는 faun(반인 반양), faunal(한 지방의 동물의)의 경우 꽃핀 후의 수확이 저절로 자란 야생동물의 사냥으로 변한 것이며, 수확의 풍요로움은 푸근한 인정과 호의를 가져와서 favor(호의), favorable(호의적인), favorite(마음에 드는), unfavorable(평판이 나쁜) 등을 낳는다.

6) 속에 gas만 가득찬 바람 주머니들을 모아보면 flatulent(허풍떠는), flaw(돌풍), deflate(de=down from 공기를 빼다), inflation(팽창), reflate(다시 팽창시키다), surf(breath of wind 파도를 타다), flute(피리), flavor

scribble

(맛), flout(모욕하다), flabby(축 늘어진), bellows(풀무), follicle(소낭), fool(헛배부른 "바보"), fooling(바보짓), folly(어리석음) 등이 있다.

ball
n.공
ballet
n.발레

7) ball은 부풀려서 던지므로 bale(가마니), ball(공), ballad(공기 구르듯 빙글빙글 돌며 춤추고 노래하는 "민요"), ballet(발레), ball-game(야구시합), bullet(throw 탄환), ballistic(ball=throw 탄도의), balloon(풍선), balloonfish(복어), ballot(흰 공 검은 공을 그릇에 던져 투표하던 "무기명 투표"), ballroom(무도실), bole(swell 나무의 줄기), bolster(베개), bolt(throw 굵은 화살), bold(swell 용감한), boldfaced(철면피의), bawd(매춘부), boil(끓다), fulcrum(지렛대 받침), balk(방해, 장애), flock(떼), follow(folk=swelling people 남 따라 투자하는 "따르다"), folk(사람들)처럼 된다.

block
n.덩어리
bulge
n.부풀음

8) 마찬가지로 부풀어 오른 덩어리인 bloc(진영), block(덩어리), belly(배), belch(트림하다), bulge(부풀음), bulk(부피), bull(황소), baluster(난간), bill(seal 계산서), bullet(ball=throw 소총탄), billiards(당구), billow(큰 물결), bullock(황소), budge(boil의 변형 "조금 움직이다"), pillow(a piece

scribble

of wood 베개), bulb(구근), budget(bulg or budget=swell 예산), garbage(bage=swell or confuse 찌꺼기), bell(종), bowl(사발), boulevard(boul=swollen tree 넓은 가로수 길), bill(부리), bilge(굽은 부분), pearl(진주), pill(알약), bag(bulk, buk, bag 가방), baggage(수하물), purse(지갑), foliate(잎이 있는), phylloid(잎 모양의), blouse(블라우스), bull(「불룩하게 밀봉하여」 지니던 문서 "교서"), bill(bull에서 "계산서") 등도 마찬가지다.

blood
*n.*피

9) 좀 지나친 표현이지만 붉은 꽃이 피는 것을 붉은 피가 나는 것과 같은 것으로 보며 특히 성스러운 피로 인류를 죄악의 구렁텅이에서 구원하였다고 믿는 Christian들의 입장이라면 Jesus Christ의 보혈이야말로 인류역사의 꽃으로 중히 여기는 것이 당연하므로 flower나 bloom에서 blush(얼굴을 붉히다), blood(피), bleed(피가 나다), bless(신성하게 하다), blessing(축복)처럼 되며, 불룩한 머리(head)에서 poll(swell 머리), tadpole(올챙이), polled(뿔이 없는) 등이 온다.

parole
*n.*가석방

10) parable(para=besides)은 옆에 던져진 "비유"라고 했거니와 여기서 parole(서약의 말을 입밖으로 던진 후의 "가석방"), parley(토

scribble

의), parliament(국회), parlor(응접실) 등은 b나 p(f)가 탈락된 모습이며, 눈앞에 던져진 problem(pro=before ; blem=throw 문제), emblem(던져 넣어 끼운 "상징"), symbol (sym=same 상징)도 일족이고, 퉁퉁붓도록 (swell) 울기만하는 뱅충맞은 울보는 feeble (연약한), foible(약점), enfeeble(허약하게 하다)에 연결된다.

deplore
vt. 애통해하다

11) 울고 불고(blow) 소리치는 데서 implore(탄원하다), deplorable(슬픈), deplore(애통해하다) 등의 의성어가 온다.

23 Bow

어원분석	**Bow=to bend**(굽다), **to swell**(부풀다), **to be tubbish**(통 모양의), **to grow**(자라다).

leading words
bow
n. 뱃머리

1) 부풀어 오르고 굽은 모양의 bow(활)은 elbow(팔꿈치), bow(허리를 꾸부리다), bow(뱃머리), bowel(창자), bough(큰 가지), bout(한바탕 시합), bight(강의 만곡부), buxom(토실 토실하고 예쁜), bosom(가슴), boss(돌기), big(큰), bug(마귀같이 불룩하고 큰 "벌레"), bogy(도깨비), bud(싹), buccal(구강의)처럼 쓰인다.

scribble

bottle
n.병

pod
n.깍지

poke
n.작은 주머니

2) bottle(병), butt(큰 술통), button(단추), buttress(버팀벽), body(몸), boudoir(부인의 입술이 삐죽나와 토라진 채 틀어박히는 "부인의 내실"), booze(제 세상인양 간이 부풀게 "술을 고래로 마시다"), boast(실속없이 헛배 불러서 "자랑하다"), boost(헛배부른 허풍에 장단맞추는 "후원") 등도 마찬가지이다.

3) b가 p로 되어도 pod(깍지), poodle(푸들), pudding(푸딩), puddle(웅덩이), pout(뾰루퉁하다)처럼 되며, 부푸는 모양 또는 뻥 튀기는 소리의 의성어인 puff(훅불기), buff(타격), buffer(완충기), buffoon(광대), rebuff(거절)도 유사한 말이다.

4) 간이 부풀어 큰 소리치면서 남의 영역으로 침범해 들어가는 것은 poach(침입하다)이며, poke(작은 주머니), pocket(주머니), pouch(작은 주머니), pooka(도깨비), puck(장난꾸러기 아이), pug(반죽한 흙), Peter(돌이라는 뜻의 "남자 이름"), pier(돌로 쌓은 "부두"), pile(더미), compile(com=together …을 모으다), compilation(편집), petroleum(석유), parrot(Peter라는 애칭의 "앵무새")에서 보듯이 원 뜻을 유지한다.

scribble

24 Break

어원분석

***Break*, *breach*, *broken*, *frag*, *frail*, *brook*, *brim*, *broker*, *brick*, *fract*, *brace*, *branch*, *brief*, *breast*, *broom*, *bristle*, *bur*, *brow*, *bridge*, *front*=*to hug*(껴안다), *to change*(변하다), *to separate*(분리시키다), *to swell*(부풀다), *to break*(부수다, 부서지다), *to prick*(찌르다).**

leading words

breakable

a.깨지기 쉬운

broken

a.부서진

brick

1) 한 껏 부풀어 오르고 나면 터지는 것이 당연한 데, 우선 부서진다는 break(깨어지다, 부수다)의 일족들을 추려보면 breakable(깨지기 쉬운), breakdown(붕괴), break-even(이익도 손해도 없는), breakfast(fast=not eat 아침밥), breakthrough(돌파), broken(부서진), broken-hearted(실연한), stone-broke (막판에 몰려 석수장이가 된 "빈털터리의"), unbroken(깨어지지 않은), bruise(멍), brim (가장자리), brink(위기), breach(갈라진 틈), breech(허리 부근에서 양다리가 갈라지는 〈break〉 "엉덩이"), breechloader(후장총), bracket(허리띠 졸라맨 꼴의"괄호"), brake(제동기, 덤불), brittle(깨지기 쉬운), burst(폭발하다), busted(파멸한) 등이 있다.

2) 산산히 쪼개진 것을 조각조각 이어 맞추는

scribble

n.벽돌

brick(벽돌), bricklaying(벽돌쌓기)도 깨어졌다는 말이고, 강둑이 파손되면(break) 늪으로 변하는 brook(실개천)이나, 아무 실속없이 야단스럽게 떠벌이는 breaking noise인 brag(자랑하다), bragger(허풍선이)이다.

brag
vi.자랑하다

3) 허리에서 갈라지면 breech이고, 어깨에서 갈라지면(break) 팔인데, 팔은 꽉 끌어 안고 꼼짝못하게 하는데 쓰이므로 brace(거멀못), bracelet(arm 팔찌), branch(양팔처럼 뻗은 "가지"), branchy(가지가 우거진), embrace(포옹하다)처럼 되고, brief(짧게 끊은 "단시간의"), briefly(간단히), brevity(간결함), abridge(요약하다), brine(소금물)도 연관된다고 할 수 있다.

fraction
n.분수

4) break의 b가 f로 되면 fraction(분수), fracture(부수다), fragile(부서지기 쉬운), fragment(파편), frail(약한), infraction(위반), refraction(re=again 굴절), suffrage (suf=under ; support with one's vote 투표), friction(마찰)처럼 된다.

breast
n.가슴
browse
n.새싹

5) 뾰족한 바늘 따위로 부풀어 오른데를 찌른다면 당연히 터질 것이고, 부풀어 오른 어린 눈(bud)에서 싹이 튼 잔가지들을 모아서 만든 솔(brush) 또는 빗자루(broom)는 그러니까 「뾰족한」 잔가지와 「부푼」 눈(bud)이라는 상

scribble

반된 뜻을 동시에 갖게 되는데 breast(swell 가슴), breastbone(가슴뼈), abreast(…와 나란히), brisket(가슴고기), browse(새싹), brow(이마), eyebrow(눈썹), highbrow(지식인), brigade(swell or eminent or fight 툭 튀어나와 싸움을 벌이는 "여단"), brigandage(약탈), bridge(swell 다리), bridgehead(교두보), front(swell 정면), frontier(국경), affront(af=to or against 모욕), confront(con = together 맞서게 하다), effrontery(ef=out ; without forehead to blush with 뻔뻔스러움), embryo(swell 태아), brain(front part of the head 뇌), broad(넓은), abroad(해외에) 등은 부푼다는 뜻에서 온다.

brush
*n.*솔
broom
*n.*비

6) 불룩한 싹(bud)에서 난 뾰족한(sharp) 나뭇가지들을 모아서 만든 brush(솔)에서 brush-up(닦음), brushy(솔같은), brier(pointed or sharp 찔레), bristle(강모), bristly(털이 빳빳한), broom(비), broomstick(빗자루), brisk(활발한), brusk(무뚝뚝한), prick(찌르다), brocade(prick or stitch 능라), broach(꼬챙이), brochure(소책자), broker(원래 〈뾰족한〉 병마개를 따서 술 시중들던 소매상인에서 "중매인"으로 승격), brokerage(중매

scribble

인), bur(가시), broidery(자수), embroider (…에 수놓다) 등은 뾰족하다는 뜻이다.

25 Buck

어원 분석	**Buck, bov, buff, cow, bac, vac, butter, butch = beast**(짐승), **he-goat**(수염소), **wild animal**(야생동물), **cow**(암소).

leading words

buck-passing
n.책임전가

1) 사람과 더불어 고락을 같이 하면서 살아온 소와 그리고 역시 뿔이 난 초식동물인 buck(수사슴)은 buckhorn(사슴뿔), buck-passing(책임전가), buck up(기운을 내다)이다.

buff
n.무두질한 가죽

2) 이제 소(cow) 쪽으로 되돌아 오면 buff(무두질한 가죽), buffy(들소 가죽같은), cow (buff, cuff, cov, cow 암소), cowboy(목동), kine(암소들), bull(수소), bulldozer(불도저), bully(깡패)처럼 된다.

beef
n.쇠고기

3) beef(쇠고기), beefy(둔한), butter(버터), butterfingered(서투른), butterfly(멋장이, 나비), butcher(정육업자), bugle(군대나팔) 등도 소에서 온다.

beech
n.너도밤나무

4) 소뿔이나 사슴뿔이 나뭇가지 모양으로 생겼으므로 beech(너도밤나무)가 되고, 나무를 잘라 문자를 새겼던 데서 book(beech의 변형

scribble

"책"), bookmaking(출판업), bookstore(서점) 등이 되고, 나무로 만든 box(상자), boxer(나무로 만든 사각의 링 위에서 싸우는 "권투선수"), police box(파출소), pyx(보석상자) 등이 있다.

fugal
*n.*둔주곡

5) 초식 동물들은 원래가 겁이 많아서 걸핏하면 도망가기 바쁘므로 위의 buck에서 fug처럼 b가 f로 되면 fugacious(잘 달아나는), fugal(둔주곡), fugitive(도망자), centrifugal(center=middle 중앙에서 바깥쪽으로 도망가는 "원심성의"), refuge(피난), febrifuge(febr=beat 해열제) 등이 있으며 fug에서 phobe의 형태로 되어 hydrophobia(hydro=water ; phobe=fear or flight 공수병)처럼 되기도 한다.

bachelor
*n.*미혼남자
bacteria
*n.*세균

6) 소몰이하는 데 필요한 것이 막대기(staff)이며, 여기서 bachelor(bach=cow, staff, shepherd, young man ; cheval=knigh 미혼남자), bachelor mother(미혼모), bacillary(간상균의), imbecile(im=not ; bec=staff 바보), bacteria(staff 막대기 모양의 "세균") 등이 오며, presbyter(pre=before ; bu=cow ; old enough to lead the way 제대로 길을 이끌어 갈만큼 나이 먹은 소라는 뜻의 "장로"), presbytery(장로회), vaccinal(종두

scribble

의), vaccination(예방주사) 등도 소라는 데서 온다.

peculiar
a.개인 소유의

7) 태고 때의 가장 중요한 재산목록의 하나가 가축이었고, 지금까지 보아 온 buck, beef 등의 b가 p나 f로 되면 peculiar(money or property in livestock, cattle forme the earliest assessible wealth 개인 소유의), peculate(횡령하다), pecuniary(금전의), impecunious(im=not 가난한), fee(보수), feoff(봉토), feudally(봉건적으로)처럼 쓰인다.

bush
n.관목

8) buck, bull, beef 등은 뿔이 있는 짐승이고 뿔은 마치 나무(tree)의 모양이고, 나무와 풀이 무성한 곳에서 초식동물이 사육되므로 bush(pasture or graze 관목), bushbuck(부시벅), bushman(총림지 주민), bosk(덤불), botanical(식물의), ambush(am = into 매복), rebuke(bush or buke=strike or stick 나무라다), bay(월계수)처럼 되기도 한다.

scribble

C

26 Can

어원분석	**Can, know, cunning, gnos, nat, nar, gen, gon, gin, germ, gun=to know**(알다), **to make known**(알리다), **to be able**(능력이 생기다), **to beget or produce**(생산하다).

leading words

con
vt.암기하다
kin
n.친척

1) 아는 것이 힘이라는 말이(knowledge is power) 말해 주듯 알아야 할 수 있고, 사람이(모든 동물이) 태어나서 제일 먼저 알게 되는 사람은 어머니일 것이며 이어서 가족 친척 등을 알게 되는데 폐쇄된 혈통사회에서는 혈연이 있는 사람끼리만 알고 지내는 터이라 "족보, 면식, 지식, 능력" 등으로 넓어져가는 can(able 할 수 있다)의 일족을 보면 con(know), uncouth(couth=know 미지의), kin(produce or know 친척), cunning(교활한), keen(예민한), ken(시야)처럼 되며, 흔히 학생들간에 "컨닝"이라고 불리워지는 cunning(컨닝 "교활한")은 꽤 아는(유능한) 녀석이 꾀를 부리는 교활하다는 뜻이고 실제 우리가 말하는 cunning의 뜻으로는 cheating(커닝)이 옳다.

know
vt.알다

2) 알아야 능력이 있다는 can(knowledge or power or ability)에서 cna, cnow로 되어

scribble

agnostic
n. 불가지론의

note
vt. 주의하다

know(알다), know-all(아는체 하는), know-how(지식), knowledgeable(지력이 있는), knowledge industry(지식산업), known(알려진), acknowledge(ac=to 인정하다), acknowledgement(승인, 감사), unknowing(모르는), acquaint(ac=to ; gnos, knos, quaint=know 알리다), acquainted(정통한), acquaintance(친지)처럼 쓰인다.

3) 위의 know는 gnos의 형태로 되어 agnostic (a=without or not 불가지론의), gnome(모르는 게 없는 "난쟁이, 격언"), gnostic(지식에 관한), incognito(in=not 익명으로), incognizant(인식하지 못하는), diagnose(dia =through 진단하다), prognosis(pro=before 예지), cognition(co=int or together 인식), cognizant(인식한), connoisseur(감정가), recognize(re=again 인정하다), reconnaissance(답사), ignoramous(i=not 무식한), ignorant(무식한), narrate(g탈락 ; 아는 바를 "이야기 하다"), narration(서술)처럼 된다.

4) narrate에서와 같이 g 또는 k가 탈락하면 note(노트, 주의하다), notable(현저한), notation(표시), notecase(지갑), noteworthy(현저한), notice(통지), notification(통지), notion(관념), notorious(나쁘게 "유명

scribble

king
n.왕
kind
n.종류
general
a.전반의
genealogy
n.가계

한"), annotation(an=to 주석), connotation(con=with 함축), denotation(de=down 표시), noble(well-known 귀족의)처럼 되며 물론 know의 일족이다.

5) 아는 사람은 kin(친척), akin(혈족의)이며 씨족사회의 관념으로 본다면 자신의 일족(one's own kind)이 형성되는 것은 자식을 봄으로서(beget) 나뭇가지 모양의 족보가 이루어진다는 말이므로 kin의 족장인 king(head of a kin 왕), kingdom(왕국), kinglike(왕자답게), kingsized(특대의), kind(종류), kindred(혈연), kind(자기 혈족에게 "친절한"), kindly(친절히), kindergarten(kin=child ; garten=garden 유치원), knight(kind, kni, kind=produce or beget 태어나게 해준 조상에 대한 충성을 바치는 "기사"), knight-errant(무술수행자), knavery(못된 짓)처럼 자신의 혈연만 알고 남을 생각하지 않는 배타적인 발상에서 생겨난 말이 온다.

6) 위의 kin은 gin, gen, gon(produce)처럼 철자되기도 하여 general(전반의), generalist(종합의사), generalization(일반화), begin(gin=produce or start 시작하다), genealogy(가계), genealogically(계통적으로), homogeneous(homo=same 동종의), hydro-

scribble

gen(hydro=water 수소), oxygen(oxy or acid=sour 산소), eugenic(eu=good ; well-born 우생학적인), acrogen(acro=sharp 정생식물), gender(성), gene(유전자), generation(발생), genetics(유전학), genial(상냥한), heterogeneous(hetero=other 이질의), genus(속), generation(세대), generation gap(세대차), generous(good stock or race 인심좋은), genre(유형), gens(씨족), gentle(of good birth 온순한), gentleman(신사), genuine(of the true stock or native 진짜의), engender(발생시키다), degeneration(de=down 퇴보), regenerate(재생시키다), congeneric(con=together ; of the same race 같은 종의), congenital(선천적인), endogenous(endo=within 내생의), ingenious(inborn quality 솜씨 좋은), queen(produce 아이 「낳는」 여자인 "여왕"), gynie(여자의)에서의 general은 태어난(생겨난) 모든 것을 가리키고, generous는 좋은 가문에서 「태어나」 후덕한 양육을 받았다는 말이며, 그밖에 다른 것도 좋은 형질(재주)을 타고 났다는 말이거나 혈통을 발생(출생)시킨다는 말에서 온다.

germ

7) gonad(생식선), gonorrhoea(rrhea or river

scribble

n.세균
ginger
n.원기, 생강

=flow 임질의), germ(세균), germen(씨방), germiculture(세균배양), germ warfare(세균전), engine(힘을 발생시키는 "엔진"), engineer(공학자), ginger(생강, 원기), gingerly(조심스럽게) 등도 발생(출생)과 생산에 관련된 말이고 engine은 물론 사람에 의하여 태어난(생산된 또는 만들어진) 작품이지만 이 engine은 또 다른 제품을 생산하는 원동력이 되고 있으며, engine과 마찬가지로 조립식 기계류인 gun(총, 대포), gin(씨아), ginhouse(조면공장), guncotton(면화약), gundrill(조포훈련), gunfight(총질), gunman(총기로 무장한 사람), gunner(포수, 총사냥꾼), gunpowder(화약) 등이 온다.

nation
n.국민

8) gen, gna(produce)에서 g가 떨어지면 nation(종족의 후손인 "국민"), national(국민의), national park(국립공원), nation=state(단일민족국가), nationwide(전국에 걸친), international(inter=between 국제간의), native(출생지의), nature(본질), good-natured(사람이 좋은), agnate(ag=to 부계의), naive(태어난 대로 "순진한, 고지식한"), cognation(동족), pregnant(preg=before ; nant=produce 태어나기 이전인 "임신한"), impregnation(수태), supernatural(초자연적

scribble

nude
a.알몸의
naked
a.나체의

인), Renaissance(re=again 다시 태어나는 "르네상스")처럼 된다.

9) 동족인지 여부는 확인하기 어려우나 식물의 씨앗이(자식이) 꼬투리에서 빠져나올 때는 발가벗고 태어나며, 날 때부터 털이 난 동물을 제외한다면 발가벗고 태어나서, 차츰 털이 나거나 옷을 입고 외양을 갖추면서 자라나는 과정을 거치게 되므로 nature(produce or beget)의 nat에서 nude(알몸의), nudity(벌거숭이), naked(나체의), nakedness(솔직성, 빈곤, 벌거숭이), gym(gin, gen, gym=produce 태어날 때의 알몸이 되어 운동하는 "체조, 체육관"), gymnasium(체육관), gymnast(체육가), gymnastic(체조의, 지적 훈련의), gymnastics(체육), gymnosophist (soph=wisdom 나체주의자), gymnosperm (裸子식물), gym shoe(운동화)처럼 된 것으로 볼 수 있다.

glory
n.영광
glamour
n.마법

10) 이제 know, gnos로 되돌아가서, 학덕으로 이름을 날리게 되면 이보다 더한 영광(매력)이 없으므로 gnos(know or learn)에서 glor로 변화되는 glory(영광, 찬송), glorification(찬송, 미화), gloriole(후광), glorious (장엄한), glamorous(매력적인), glamour (마법, 신비로운 매력), loud(glor의 g탈락

scribble

"시끄러운, 강한"), loudly(큰 목소리로), loudness(큰 소리), loudspeaker(확성기), list(듣다), listen(듣다), listener(듣는 사람), listening(경청, 경청하는), umlaut(움라우트), client(to be called 고객, 피보호자)처럼 쓰이나, 이 부분을(client) clear, call 등으로 확대되므로 여기서는 끝내고 별도로 분리해서 연구하기로 한다.

27 Candle

어원분석 ***Cand, Chand, cence, cind, kind=to glow white***(하얗게 불타다), ***to shine white***(하얗게 빛나다).

leading words

candle-end
n.촛동강

candescent
a.백열의

1) 희고 밝게 불타서 밝은 candle(양초)에서 candle-end(촛동강), candlepower(촉광), candlestick(촛대), candid(숨김없는), candor(정직), candidly(솔직히)처럼 되며, 옛날 Rome에서 공직입후보자에게 청렴의 표시로 흰 옷을 입었던 데서 candidate(후보자), candidature(입후보)처럼 된다.

2) candescent(백열의), incandesce(백열하다), chandelier(샹들리에), chandlery(양초상에서 "잡화점"으로 변모), incense(향내), incendi-

scribble

ary(방화의), sandal(태워서 벌레를 쫓던 나무로 만든 "샌들"), shine(빛나다), cinder(탄재), cinderella(잿더미 속에서 나온 "숨은 미인"), cindery(석탄재의), cinerarium(납골당), cinerator(화장로), cinereous(회색의) 등도 태워서 재가 된다는 말이다.

kindle
vt.태우다

3) kindle(태우다), enkindle (…을 태우다), koniology(대기오염학), khaki(dust 다갈색의), ink(잿빛의 "잉크")처럼 되기도 한다.

alkali
n.알칼리

4) 같은 계보인지는 확실치 않으나 역시 유사한 것으로 al(the)+kali(burn)=alkali(태워서 만든 "알칼리"), calorie(burn, heat 칼로리), nonchalant(냉담한), caldron(큰 냄비), chafe(따뜻하게 하다), chaff(놀림), coal(석탄), alcohol(마시면 열이 나고 얼굴이「타는 것 같이 붉어지는 "알콜"), scald(데게 하다), caustic(부식성의), cautery(소작물), calmly(더울 때 짐승들이 "조용히" 쉰다), calm(고요한) 등이 있다.

28 Car

어원분석 ***Car***, ***curse***, ***course***, ***cur***, ***cargo***, ***carry***, ***horse***, ***cart***=***dray***(화물자동차), ***sledge***(썰매), ***run***(달리기).

scribble

leading words

carman

n.전차 승무원

course

n.코스

discourse

n.이야기

1) 짐마차, 썰매에 짐을 싣고 달리는 car(차)는 career(직업, 경력), carman(전차 승무원), carsick(차멀미 난), carry(운반하다), carry-over(이월), carriage(탈것), carriage folk(자가용족), carrier(운반인), carriageway(차도), chariot(전차), charge(명령하다, 싣다), discharge(dis=apart 제대시키다, 하역하다), carpenter(carriage maker 목수)처럼 쓰인다.

2) 짐을 싣고 달리는 것은 course(코스), concourse(con=together 집합), discourse(dis=apart ; run to and fro 이야기), recourse(re=again 의지), cursive(달리거나 흐르는 물같이 휘갈겨 쓴 "초서체"), cursory(서두르는), cursor(골자<滑子>), currency(flow or run 통화), current(흐름), currently(오늘날), concurrent(con=together 병발하는), excursive(ex=out 지엽적인), excursion(소풍), incur(초래하다), occur(oc=in front of 발생하다), precursor(pre=forward 선구자), recur(re=again 재발하다), succour(suc=under ; run under to help of 원조), undercurrent(저류), scare(s or es=out 질겁하여 달아나게 한다고 볼 수 있는 "깜짝 놀라게 하다")처럼 되기도 한다.

scribble

horse
n. 말

3) 달리는 동물의 champion은 horse(말), horsebreaker(조마사), horse opera(서부극), horseplay(북새통)이며, 달리기 전에 짐을 싣는 데서 cargo(화물), caricature(너무 짐을 실어 우스꽝스러운 모습의 "풍자만화"), cart(짐수레), cradle(요람), crate(나무상자), hurdle(운반용 바구니 엮듯이 엮어 만든 "사립짝")처럼 쓰인다.

29 Cask

어원분석	***Cask, quake, cuss, squeeze, quelch, kill, jog, scue=to move***(움직이다), ***to annul***(취소하다, 제거하다), ***to crush***(박살내다), ***to render devoid***(비게 하다), ***to stir***(흔들다).

leading words
cask
n. 통

1) 흔들고 깨어서 박살난 사금파리만큼 작은 cask(shake or break 통)에서 quash(파기하다), squat(strike down 땅바닥에 내동댕이쳐 "웅크리다"), squatty(땅딸막한), squeeze(압착하다), squelch(눌러찌그러뜨리다), squid(먹주머니를 눌러 〈squeeze〉먹물을 퍼뜨리는 "오징어"), squib(뿜어내다), squeak(찍찍울다), squall(질풍), squabble(말다툼), quaver(stir or move 진동하다), kill

scribble

(죽이다)처럼 쓰인다.

shake
vt.흔들다
quake
vi.떨다

2) 의성어이지만 역시 strike or stir(move)라는 데서 shake(흔들다), shakeout(재편성), shaky(떠는), shock(충격), quake(떨다), earthquake(지진), quagmire(습지), discuss (dis=apart ; cuss or quake=strike or move 논의하다), discussion(토의), percuss (per=thorough ; cuss=strike 두드리다), percussion(충격), rescue(run back 구조), seismograph(지진계), chain(쇠사슬이 쩔그렁거리며 마구 흔들리는 데서<shake=stir> "쇠사슬"), catena(연쇄), concatenation(연결) 등이 온다.

jiggle
vt.가볍게 흔들다

3) quake의 q가 j 또는 g로 되면 jog(쿡 찌르다), jogging(조깅), jig(지그), jiggle(가볍게 흔들다), goggle(눈을 부라리기), jink(날쌔게 몸을 비킴)처럼 된다.

30 Cast

어원분석	***Cast*=*to carry***(운반하다), ***to take***(수행하다), ***on oneself***(책임을 떠맡다), ***to take***(책임지다), ***charge of*, *to porform or accomplish***(수행하다).

scribble

leading words

casting
n.던지기

1) 무거운 짐을 메고 목표하는 바를 이루어 나아가는 cast(내던지다)는 casting(던지기), broadcast(방송하다), forecast(fore=before 예보하다)로 되며, 움직임을 나타내는 gerund(ger or cast=carry or move 동명사), geste(무용담)이고, 역시 웃기는 행위는 jest(익살), jesting(익살)이다.

gestate
vt.창안하다

2) carry or bear에서 bearin of child in womb으로 끌고 가면 gestate(창안하다)로 되고, 이어서 way of carrying으로 되면 gesticulation(몸짓으로 하기), gesture(몸짓)이 되고, 많은 짐을 싣고 다니면 혼잡해지므로 congest(con=together ; gest=carry 혼잡하게 하다)가 되고, 영양소를 분해하여 적소로 가져가는(공급되는) 데서 digest(di=apart 소화하다), ingestion(음식물 섭취)이다.

register
n.등기

3) 장부(book) 있는 데로 가져와서(carry back) 기록으로 남기는 것은 register(carry back to a list 등기), register(기록계)이며, 눈에 잘 안보이게 슬며시 밑으로 가져와 놓는 것은 suggest(sug=under 암시하다), suggestion(암시)이며, 짐을 너무 많이 실어 꼴불견인 것은 exaggerate(ex=out "과장하다")이다.

scribble

31 Cause

어원분석	***Cause***, ***code=cut***(***to*** 베다), ***to give rise to***(일으키다), ***to sue***(고소하다).

leading words
causation
n.원인

1) 무슨일이나 원인 없는 결과가 없겠지만 이런 것을 지나치게 따지다 보면 시끄러운 분쟁에 말려들어 서로 치고 받고 때리고 칼로 찌르겠다고 대드는 살벌한 모습이 되어가는 이 조그만 꼬투리 cause(원인)에서 cause-and-effect(인과관계의), causation(원인), because(왜냐하면), accuse(ac=to or against 고발하다), excuse(ex=out 용서하다)처럼 쓰여진다.

hew
vt.자르다

2) 잘못된 탓을 따지다 약이 오르고 보니 이제는 흉기를 들게까지 되는 데서 hew(cut 자르다), hack(마구자르다), haggle(입씨름하다), hatchet(손도끼), hash(음식, 저미다), hay(cut 건초), higgle(값을 깎다), hoe(괭이), hog(cut or dig 식용돼지), hog-wild(몹시 흥분한), hoggish(돼지같은)처럼 철자가 약간 변하지만 cut or dig이라는 basic idea를 유지한다.

code
n.법전

3) 나무를 베어서 wax먹인 서판에 글을 쓰는 데서 code(법전), codex(사본), encode(암호를

scribble

쓰다), decode(암호를 풀다)처럼 되고, 나무가 베어지는 부위는 기부(基部)이고 이 기부는 꼬리에 해당하는데 겁먹고 꼬리를 양다리 사이에 감추고 슬금슬금 도망가는 데서 code의 일족인 cow(으르다), coward(겁쟁이)가 된다.

castigate
vt.응징하다

4) 혈통의 순수성을 고집하는 caste(인도의 계급제)나, chaste(정숙한), castigate(응징하다), castle(cut or dig 성〈城〉), chasm(깊은 구멍), gas(개스), chaos(혼돈)처럼 연결하면 약간의 무리가 있기는 하나 cut or dig에서 크게 벗어나지 않는다.

coach
n.역마차

5) 나무를 베어서 배를 건조한 다음 손님을 실어 나르는 coach(역마차), coachful(마차가득), coachman(마부)도 일족이다.

32 Cede

어원분석 **Cede, ces, cad, cata, ceed, sed, chair, sid, sit, ses, set, cas, sad, hedr=to go back**(되돌아가다), ***to fall***(떨어지다), ***to give way***(양보하다), ***to disappear***(사라지다).

leading words

cession

1) 시끄러운 시비에 끼어들지 않고 조용히 양보하고 나가 떨어져서 아주 제갈길로 가버리는

scribble

n.양도

cease(그만두다), cede(…을 양도하다)에서 cession(양도), accede(ac=to 동의하다, 취임하다), antecedent(ante=before ; cede=go 앞서는, 선행사), ancestor(먼저 간 "조상"), concede(양보하다), decease(de=apart or down from 사망하다) 등이 온다.

precede

vt.앞장서다

2) 앞으로 나아가는 precede(pre=before 앞장서다), precedent(전례), proceed(pro=forward 나아가다), procedure(진행), process(진행), 또는 recede(re=back ; cede=go 후퇴하다), recess(휴식), recession(후퇴), secede(se=aside 탈퇴하다), secession(분리), succeed(suc=under ; ceed=go 밑에서 대를 이어 앞사람을 따라가야 성공이므로 "성공하다"), succeeding(계속되는), success(성공), accessory(ac=to ; cess=go 부속물), access(접근) 등에서 볼 수 있는 ceed, cede, cess는 주로 go의 뜻이다.

odometer

n.주행 기록계

3) odometer (odo or cede=go 주행 기록계), episode(epi=upon 삽화), exodus(ex=out ; od=go 출국), method(meth=after ; od=go 방법), methodology(방법론), period(peri=around 기간), catalogue(cata=go down or fall ; log=say 밑에서 위로 세어 올라와서 상세히 작성하는 "카탈로그"), catalysis(lys=

scribble

sit
vi.앉다
chair
n.의자
seat
n.좌석
chemistry
n.화학

loose 촉매작용)처럼 go or fall의 뜻을 가지는 용법 중 철자에 주의를 요하는 것도 있다.

4) 위의 ced, cata(fali)는 sit(앉다)로 되기도 하는데 물론 엉덩이가 땅바닥으로 떨어지는(ced or sit=fall)데서 오는 말이고, sit-down strike(연좌파업), baby-sit(아이를 보아 주다), chair(chair or sit=fall 엉덩이가 밑으로 떨어질 때 받치는 "의자"), chairman(의장), chaise(역마차), cathedral(cath or sit=fall 대성당), rocking chair(흔들의자), sediment(sed=fall 침전물), siege(포위공격), besiege(에워싸다), sedate(차분한), supersede(super=over 대신하다), session(개회, 회기, 학기), assiduous(꾸준히 힘쓰는), seat(좌석), assess(as=to 옆에 앉아 면밀히 보면서 평가하여 "사정하다"), assessment(부과), size(assess 참조 "치수"), life-size(실물크기의), supersized(초대형의), dissident(dis=apart ; sid=sit "의견이 다른 사람"은 따로 〈apart〉 앉는다〈sit or sed〉), insidious(살며시 들어와 앉는 "교활한"), obsess(ob=on the way 괴롭히다) 등도 앉는데서(sit=fall) 엉덩이가 떨어지는 데서 오는 말이다.

reside

5) 역시 sit의 일족으로 reside(re=back 도로 주

scribble

vi.거주하다

저 앉아 "거주하다"), residence(주소), resident registration(주민등록), residual(남은), preside(pre=in front of 앞자리에 앉아 "사회하다"), president(대통령), subsidiary (sub=under 밑에 놓고 〈앉히고〉 필요할 때 쓰려고 비축하는 "보조하는"), subside(가라앉다), set(sit 두다), setback(퇴보), settle (앉히다), soot(그을음), saddle(안장), nest (neth or net=down 새가 내려앉는 "둥우리") 등이 있다.

casual
a.우연한
case
n.사례
chance
n.기회

6) 누군가의 머리 위에 떨어진다면 꼼짝없이 당한 것이므로 fall에 연결되어 casual(sit or cas=fall 우연의), case(fall 떨어진 〈닥친〉 "사례"), case study(사례연구) 등이며, 역시 발걸음이 땅에 떨어지며(fall) 행진할 때 발맞추는 음악은 cadence(cad=fall 운율)이고, cascade(작은 폭포), chance(cad or chance =fall or happen "기회"), chancy(우연한), chute(비탈진), parachute(para=beside 낙하산), accident(ac=to ; cad=fall 사고), decay(cay=fall 썩다), deciduous(낙엽성의), cheat(재산권 밖으로 떨어뜨리려고 "속이다"), incident(사건), coincide(co= together ; cid=fall or happen 동시에 일어나다), occasion(oc=toward ; cas=fall 경

scribble

우), ocean(cean=fall 바다 밑으로 태양이 떨어지는 것으로 믿었던 데서 "대양") 등도 fall에서 오는 말이다.

33 Chemical

어원 분석	***chem, font, found, fuse, fund, gum=to pour*** (붓다), ***to flow***(흐르다), ***to melt***(녹다).

leading words

chemistry

n. 화학

found

vt. 녹여 붓다

fuse

vi. 녹다

1) 녹여서 쏟아 부어 새로운 것을 만들어 내는 chemical(화학의)은 chemistry(화학), chemotherapeutic(화학요법의), alchemic(al=th 연금술상의), alchemy(연금술), geyser(간헐천), gut(쏟아내고 쏟아 붓는 "소화관"), gust(pour or flow 돌풍), gush(흘러나오다), gutter(낙수홈통), gout(피가 흘러나가 <flow out> "통풍"이 생긴다고 믿었음), gouty(통풍성의), gum(flow 수지), gumbo(진흙), gummy(점착성의)처럼 melt or pour or flow를 basic idea로 한 일족을 형성한다.

2) chemistry의 chem에서 gheu, kheu, fu, fund처럼 변형되면 found(녹여 붓다), foundry(주조), fuse(녹다), fusion(용해), confound(con=together ; found=pour 혼동

scribble

하다), confuse(혼란시키다), confusion(혼란), fontal(샘의), fount(샘), fountain(샘), fountain pen(만년필), diffuse(dif=disperse 뿌리다), diffusive(확산성의), effuse(ef=out 발산시키다), profuse(pro=forth 풍부한), profusion(낭비), infuse(in=into 붓다), infusion(주입), refund(re=back ; fund=pour 갚다), refusal(거절)처럼 쓰이며 주로 pour(or flow)의 뜻이다.

suffuse
vt. 뒤덮다

3) suffuse (suf=under ; pour below 뒤덮다), suffusion(뒤 덮 기), transfusion(trans=across 수혈), funnel(깔때기), futile(무익한), fuze(기폭장치) 등도 pour or melt의 뜻이다.

34 Circle

어원분석

Circ*, *search*, *curve*, *crown*, *gird*, *gyre*, *crown*, *wire*, *hort*, *choir*, *yard*, *gard*, *gird*, *curt*=*to encircle(에워싸다, 돌다), ***to dance around***(춤추고 돌아다니다), ***to sing merily***(즐겁게 노래하다), ***to bend***(굽<히>다).

leading words
circle

1) 둥근 모양의 전형인 circle(around 원)에서 circular(원형의), circulate(순회하다), cir-

scribble

n.원

search

vt.찾다, 뒤지다

cuit(it=go ; go around 순회), circuitous(돌아가는), circumambient(ambi=both 둘러싸는), circumspect(spec=see 신중한), circumstance(stance=stand 환경), circumvent (vent=come 우회하다), encircle(둘러싸다), circus(서커스), search(go about or circulate <주위를 돌며 뒤져 찾는 "찾다, 뒤지다">), searchlight(탐조등), research(go about again 탐색), researcher(연구원), curve(곡선), cavort(날뛰다), corolla(화관), coronation(둥근 왕관을 쓰는 "즉위식"), crown(round or bend r의 위치 변화 "왕관"), curb(재갈), curbside(보도), cirrous(덩굴손이 있는), cirrus(bend 덩굴), choir(합창단), choreograph(chore=enclose 둥글게 둘러친 시골 마당에서 춤추는 "안무하다"), chorus(합창), carol(축가)처럼 상당히 다양한 철자와 의미로 분화되지만 어디까지나 around 또는 enclosure 또는 bent를 기점으로 확대시키면 될 것이다.

horticulture

n.원예

2) horticulture(hort or circ=enclose 둥글게 둘러싼 마당에서 가꾸는 "원예"), cohort(co=together ; enclosed place where soldiers were to be trained 보병대), court(cohort의 변형으로 enclosed place인 "안마당"), court

scribble

lady(상궁), courtly(정중한), courteous(예의 바른), court(대궐의 마당에 들어가면 정중하고 굽실대야 하므로 "구애하다"), curtain(궁중 마당에서 법도에 따라 가리는 "휘장"), curtain fall(종말), curtain lecture(베개 밑 설교), curtain rod(커튼용 쇠막대) 등도 둥글게 둘러친 마당(대궐마당)에서 온다.

yard
n.마당

3) yard(마당), garden(마당), garden city(전원도시), gardener(정원사), gird(bend or bind 졸라매다), girdle(띠), orchard(과수원), coward(bend 겁나서 몸을 웅크리는 "겁쟁이"), gyral(circulate 선회하는), gyration(선회) 등도 둥글고 굽고 회전한다는 뜻이다.

veer
vi.방향을 바꾸다
withe
n.실버들 가지

4) 노골노골 낭창낭창한 고리버들은 여간해서 부러지지 않고 잘 휘는(bend) 성질을 이용하여 사립짝 같은 것을 엮는데 쓰였으므로 circ, gyre에서 wire(enclose or weave 둘러치거나 짜는 "철사, 철조망"), wirepulling(막후조정), iris(bend 붓꽃), veer(bend or turn 방향을 바꾸다), environ(…을 둘러싸다), environ mentology(환경학), withe(wire의 변형으로 bend의 전형인 "실버들가지"), withy(고리버들), wattle(욋가지로 엮기), wallet(bend or weave 엮어 만들었던 "지

scribble

갑")처럼 변한다.

iron
n.쇠

5)위의 wire(철사)는 쇠로 만들어졌으므로 wire, iris(붓꽃)을 거쳐 iron(쇠), ironmonger(철물점), irony(철의), ore(광석), era(철기시대 "연대"), estimate(iron, aer, aes 놋쇠나 동으로 만든 돈으로 환산한 "견적"), aim(estimate의 변형 "겨누다"), ice(iron에서 쇠도 "얼음"처럼 표면이 차갑고 매끄럽기 때문), icicle(고드름), icily(얼음같이)처럼 되고, wire에서 fire, ferr로 되면 ferric(철의), ferroconcrete(철근 콘크리트)처럼 되기도 한다.

ring
n.고리

6) cross(bend 십자가)도 circle, crown, cirve 등의 일족이나 따로 다루었고 crown에서 rown을 거쳐 ring(고리), ringside(맨앞자리), ring way(순환도로), rink(실내 스케이트장), ranch(목장), range(산맥), rank(a circle of soldiers 지위), ranking(순위), arrange(정돈하다), disarrange(dis=apart 어지럽히다), derange(혼란시키다), harangue(많은 사람을 빙둘러 세우고 토하는 "열변"), rick(bend 짚가리), ridge(산봉우리), ridgy(융기한)처럼 bend or enclose or swell의 뜻이 된다.

scribble

35 Claim

어원분석	**Claim, call, class, clip, clare, clock, crash, clap=to cry out**(소리치다), **to summon**(소환하다), **to call**(부르다).

leading words

clamant
a.절박한

1) 소리쳐 부르거나 요구하는 claim(요구하다)에서 clamant(절박한), clamorous(시끄러운), acclaim(ac=to 갈채하다), declaim(de=int 극적으로 낭독하다), exclaim(ex=out 부르짖다), exclamation(절규), proclaim(pro=in front of 선언하다), proclamation(선언)처럼 쓰인다.

clear
a.맑은
laugh
vi.웃다
call
vt.부르다

2) clear(부르는 소리가 "맑은"), clearance(정리), clearing(개간지), clearly(맑게), clarify(깨끗하게 하다), clean(깨끗한), clap(꽝하는 소리, 박수), click(딸깍소리), klaxon(경적), laugh(웃다), laughingstock(웃음거리), laughter(웃음), clip(소리를 흉내낸 말 "가위로 자르다"), clash(부딪치는 소리), clock(시계), cloak(둥근시계 〈종〉 모양의 "외투"), call(부르다), callback(복직), caller(방문자), callboard(게시판), calling(신의 부르심), council(coun=together 다같이 불러모아 자문을 구하는 "회의"), concili-

scribble

class
n.종류

creak
n.삐걱거리는 소리

atory(달래는), conciliate(조정하다), calumniate(헐뜯다), challenge(도전), challenger(도전자), glory(gnos, clear의 변형 "영광"), yell(고함소리), yelp(고함을 지르다), jollify(흥겨워하다), gale(센바람), owl(올빼미), howl(울부짖다), gull(갈매기), client(소송의뢰인), loud(시끄러운), listen(듣다)처럼 다양한 형태의 동족 의성어가 되기도 한다.

3) 개짖는 「소리에(call)」 개가 모이고 새우는 「소리에(call)」 새가 모이는 종족(종류, 등급) 특유의 부르는 소리에서 「소리」가 「종류(종족)」으로 변한 class(종류), classbook(출석부), classic(일류의), classical(고전문학의), classify(분류하다), classmate(동급생)처럼 된다.

4) 이와 유사한 의성어로 creak(삐걱거리는 소리), croon(중얼거리다), growl(투덜거리다), groan(신음소리), grumble(중얼거리다), crake(뜸부기), crow(수탉의 울음소리), crash(요란한 소리), crack(갈라진 틈), crackbrain(머리가 돈 사람), discrepancy(모순), crazy(미친), slap(찰싹때리기), smash(때려부수다), grin(빙긋웃다), grudge(원한), grudging(본의 아닌) 등이 있

scribble

다.

36 Clause

어원분석	**Clause, close, clude, sluice, clave=to shut or lock**(닫거나 잠그다).

leading words

clause
n.절

recluse
a.은둔한

preclude
vt.미리 배제하다

1) 필요한 만큼 들여 보내고 나서 문을 잠그는 clause(절)는 claustral(shut 고독한), cloister(shut 수도원), close(닫다, 접근한), close-by(바로 옆의), closed(닫은), closely(한 곳에 가두어 빽빽이 "접근하여"), closemouthed(말이 없는), closet(작은 방), closure(마감)처럼 쓰인다.

2) 상용 접두어들과의 결합을 간추리면 recluse(re=again 은둔한), reclusion(은둔), preclude(pre=before 미리 배제하다), preclusion(방해), disclose(dis=apart, not 나타내다), disclosure(폭로), enclose(에워싸다), enclosure(울타리두르기), include(포함하다), including(포함하여), seclude(se=apart 차단하다), seclusive(은둔적인), exclude(ex=out 내쫓다), exclusive(배타적인), conclude(con=int 끝내다), conclusion(종결), unclose(…을 열다), sluice(water shut out

scribble

수문) 등이 있다.

37 Clay

어원분석	**Clay=to be sticky**(찐득거리다), **to embrace**(포옹하다), **to adhere or grasp**(달라 붙거나 거머쥐다).

leading words

clayish
a.점토질의

clang
n.땡그렁

glue
vt.아교를 칠하다

1) 찐득거려 달라 붙고 똘똘뭉치는 clay(진흙)는 clayish(점토질의), cleave(…에 집착하다), clew(실꾸리), clench(악물다), clinch(죄어 붙이다), cling(달라붙다), claw(집게발), clip(꽉쥐다), climb(continuous sticking to slope 암벽에 붙어서 "오르다"), climbing(기어오르는), climber(등산가), cliff(절벽), cliffy(험준한), clasp(고리) 등은 basic idea를 잘 말해주고 있다.

2) clang(땡그렁), clank(절거덕 소리나다), clicker(식자과장), clink(형무소), clutch(꽉잡기) 등은 땡그렁대는 소리흉내의 의성어지만 clink에서 볼 수 있는 chain에 묶여(adhere) 쩔그럭거리는 소리가 섬뜩하게 귀에 선하게 해준다.

3) 달라붙는 것 중에 빼놓으면 서러워할 glue(아교를 칠하다), gluepot(아교냄비), gluey(아

scribble

교질의), glutamine(글루타민), glutinous(아교질의), glucose(글루코우스), glycogen(글리코겐), dulcet(glue 또는 glyco의 변형 "상쾌한"), dolce(감미로운), douce(조용한) 등도 c가 g로 된 것 외에는 같은 맥락을 이어간다.

global
a.공 모양의
glomerate
a.공 모양으로 된

4) clip과 비슷한 glebe(adhere embrace, a smallish round clod of earth 흙), global(공 모양의), globalism(세계적 간섭주의), global village(지구촌), globe(공), globe-fish(복어), globose(공 모양의), hemogobin(hemo=blood 혈색소), glomerate(공 모양으로 된), agglomerate(ag=to 덩어리로 되다), conglobate(con=together 공모양으로 되다), conglomerate(둥글게 뭉친), clam(말없는 사람), clammy(끈적끈적한), clamp(꺾쇠), clump(덩어리), clumsy(솜씨없는), cluster(송이), club(곤봉), clue(실마리) 등도 유사한 내용이다.

clover
n.클로버

5) 끈적이는 점액을 분비하는 clover(클로버)나 clod(흙덩이), cloddy(천한), clog(무거운 나무), cloggy(찐득거리는), clout(권력), cloud(바위덩어리 모양의 "구름"), cloudily(얼핏), cloudland(몽상의 세계), unclouded(개인), clot(바보), clever(약삭빠르게 달라

scribble

붙는 "영리한"), cleverclever(재치를 뽐내는), cleverish(잔꾀 있는), cleverness(영리함) 등도 모두 비슷한 내용이다.

cloth
n.피륙
ironclad
a.철갑의

6) 사람의 몸에 착달라 붙는 데서 cloth(피륙), clothe(입다), clothes(의복), clothespin(빨래 집게), clothespress(옷장), clothing(의류), unclothe(옷을 벗기다), unclad(발가벗은), ironclad(철갑의), snow-clad(눈으로 덮인), night clothes(잠옷) 등을 낳으며, club(경찰봉)에서 cleros(a piece of wood used in drawing lots)로 되면 성직자가 나무막대기로(club or cleros=stick) 제비를 뽑을 권리를 가졌던 데서 clergy(성직자들), clergyman(목사), clerical(목사의), clerk(교회서기) 등이 온다.

lump
n.덩어리

7) clump에서 c가 탈락하면 lump(덩어리), lumber(잡동사니), lob(높고 느린 타구), lubber(덩치 큰 멍청이), landlubber(신출나기 선원), lumpy(혹투성이의), lunch(빵덩이 하나로 때운 "점심"), luncheon(점심), luncheonette(간이식당), lunchtime(점심시간)처럼 된다.

lime
n.석회
slime

8) 마찬가지로 lime (smear adhere 석회), limewater(석회수), birdlime(끈끈이), slime(끈적끈적한 것), slick(매끄러운), sleek(윤

scribble

a.끈적끈적한 것

기있는), loam(양토), delete(de=from ; lete =smear 삭제하다), indelible(지울 수 없는), oblivion(ob=off ; livion=smear 망각), slowworm(발없는 도마뱀), pollute(per or po=completely ; lute=smear or dirty 더럽히다), pollutional(공해의), antipollution(공해방지의), lute(봉니), slip(미끄러지다), slipper(슬리퍼), slippy(약삭빠른), slipup(잘못), slipway(조선대), polish(닦다), polity(예의 바른), slim(겉발림의 "보잘 것 없는") 등도 일족이다.

letter
n.글자
literal
a.문학의

9) 전혀 그림의 "그"자도 모르는 사람이 여러 가지 색깔을 뒤범벅으로 마구 화폭에다 아무렇게나 떡칠을 하여 Picasso의 그림을 희롱할 작정으로 출품하였다가 뜻밖에 최우수상으로 입상하자, 후에 심사원에게 이 그림을 입상시킨 심사기준을 물었더니 "그림 내용이 Picasso의 작품을 능가하는 오묘한 신비의 경지에 있어서 몇 평생을 공부해도 잘 모를 그림이기 때문이다"라는 명답(?)으로 세인을 웃긴 재미있는 이야기도 붓으로 덕지덕지 칠하고 괴발개발 쓰는 소위 smear에 연결되는 말이며, letter(let or lime=write or smear 글자), letter bomb(우편 폭탄), letterpress(인쇄한 글자), literal(문학의), literally(문

scribble

학적으로), literature(문학), illiterate(il=not 무식한), alliterate(두운을 사용하다), abliterate(ab=off 흔적을 없애다), transliterate(trans=across 음역하다), unlettered(교육받지 못한)처럼 된다.

live
vi.살다

10) 몸에서 생명의 끈이 떨어지지 않고 있다면 아직도 숨쉬고 이승에 남아있는 것이며 live(stick or adhere 살다), live(살아있는), alive(a=on 살아있는), liven(명랑하게 하다), liver(끈적이는 담즙이 든 "간장"), lipase(췌액속의 지방분해 효소), liverish(간장병의), livery(제복), livestock(가축), celibacy(독신생활)처럼 쓰인다.

life
n.생명

11) live의 명사형은 life(생명), life belt(구명대), life buoy(구명부표), lifeguard(수영장의 감시원), lifeless(생명이 없는), lifer(무기수), life raft(구명뗏목), life style(생활양식), life table(생명표), life work(필생의 사업)이며, 찰떡궁합으로 달라붙는 것을 뗄 수 없어서 속상하지만 허용하는 leave(허락)가 된다.

love
vt.사랑하다
believe
vt.신뢰하다

12) 역시 끈끈이에 붙어서 안 떨어지고 애착을 못 버려서 love(dear or please 사랑하다), lovable(사랑스러운), love affair(연애사건), love child(사생아), love apple(토마토),

scribble

loving cup(큰술잔), loveless(사랑이 없는), lovely(귀여운), love match(연애결혼), lovemate(연인), lover(연인), love-sick(상사병의), loving(사랑하는), beloved(사랑스러운)를 낳게 되며, 사랑에 빠지면 모든 것이 예뻐보이고 맹목적으로 믿어주는 데서 believe(신임하다), belief(믿음), believable(믿을 수 있는), make-believe(속임수), misbelief(이단신앙), misbeliever(오신자), libido(욕망, 성적충동), leman(연인)과 같이 된다.

leave
vt.떠나다
ellipsis
n.생략

13) 이와 같이 미끈미끈한 glue, lime, life, love, believe에서 착 달라붙는다는 뜻이 되지만 이런 점착성도 응고되기 전에는 미끄러워서 원래 있던 곳으로부터 자꾸만 삐어져나가(이탈되어) leave(떠나다), left(떠났다)가 되고, ellipse(e=out 내용물이 미끄러져 빠져나가 이지러진 "타원"), ellipsis(생략), eclipse(빛의 상실), lend(손에서 「이탈시켜」 남의 손으로 보내는 "빌려주다"), loan(빌려주기), delinquent(태만한), relinquish(leave 포기하다), relic(「남기고 떠난」 뒤의 "유물"), derelict(포기된)처럼 되고, 나아가 slip(미끄러지다), labor(일하다), sleeve(소매)처럼 미끄러진다는(glide) 뜻이 되지만 voluble에서

scribble

따로 다루었다.

38 Climate

어원 분석	***Clime***, ***cline***, ***lad***, ***lean***=***slope***(경사), ***inclination***(쏠림), ***tipping***(기울음).

leading words

climax
n.절정

1) 땅의 경사와 지형에 따라 기후 풍토가 변하므로 climate(기후)는 slope란 뜻에서 오며 climax(cli=slope ; max=great 절정), anti-climax(anti=against 점강법), clinic(비스듬히 드러눕히는 "진료소"), acclimatize(ac=to 새풍토에 익숙해지다), recline(기대게 하다)처럼 쓰인다.

decline
vt.거절하다

2) 엄지손가락 따위가 아래로 기운다면 거절의 표시이므로 decline(de=down ; cline=slope 거절하다), declivity(내리받이)이며, 마음의 안쪽으로 기운다면 마음이 쏠리는 것이므로 incline(마음을 "쏟다"), disinclination(dis=not 싫증)이며, slant(경사), astant(a=on 경사져)도 유사한 내용이다.

lean
vi.기대다

3) 바로서지 못해서 비스듬히 기대세우면 c가 탈락된 lean(기대다), leaning(기울기)이며, acclivity(ac=to 치받이 경사), proclivity (pro=forward 경향), monocline(mono=

scribble

single 단사)도 일족이고, lean에서 ladder(사닥다리), ladder truck(사닥다리 자동차), lid(뚜껑)에 된다.

39 Cock

어원분석 **Cock, chick, chuck=to gnaw**(갉아먹다), **to fight**(싸우다), **to stick up**(위로 돋아나오다), **to boast**(자랑하다).

leading words

cock
n.수탉

chic
a.멋있는

chicken
n.병아리

1) 콕콕 쪼고 싸우고 잘난체 하는 cock(수탉)은 cockcrow(새벽), cockeyed(사팔뜨기의), cockish(건방지게), cockney(런던나기), peacock(공작), peacockery(허영), cockpit(조종사실), cockscomb(볏, 맨드라미), cocksure(확신하는), cocky(잘난 체하는), coxcomb(멋쟁이)처럼 쓰인다.

2) coquet (수탉이 암탉에게 하듯 "아양떨다"), coquette(요염한 여자), chic(멋있는), chick(병아리), chicken(병아리), chickling(병아리), coax(수탉같이 어리석은 사람을 속이듯 "꾀어내다"), coaxer(알랑쇠), coaxing(감언이설), chuck(꼬꼬하고 울다), chuckle(낄낄 웃다)처럼 chatter(잡담, 꽥꽥울기)처럼 의태어 또는 의성어적 말이 생기기도 한다.

scribble

cackle
n.꼬꼬댁 우는 소리

3) 역시 수탉 우는 소리를 흉내낸 cackle(꼬꼬댁 우는 소리), cackler(수다쟁이), cacophony (phone=sound 불협화음), cachinnate(껄껄 웃다), giggle(낄낄웃다), gaggle(꽥꽥울다), guack(꽥꽥)처럼 의성어가 되기도 한다.

40 Collar

어원분석 **Col, cult, wheel, cold, chill, cool, gel, glad, glare, glow, glass, gloze, gold, yellow, cycle, polar, celerity, hold, halt=to turn**(구르다, 변하다, 돌리다), **to roll**(구르다), **to move** (움직이다).

leading words
collarless
a.칼러 없는
cultivate
vt.경작하다

1) collar(turn 칼러, 목걸이)는 몸을 회전시키지 않고 목을 「돌려(turn)」 옆으로 또는 뒤를 볼 수도 있기 때문이며 이와 같은 turn을 basic idea로 하는 collar에서 collarbone(쇄골), collarless(칼러없는), cultivate(흙을 뒤집어 엎으며 〈turn〉 땅을 가는 "경작하다"), cultivated(경작된), clown(촌뜨기), cult(거친 땅을 갈듯 인성을 교화시키는 "예배식"), culture(교양), cultural(교양의), self-culture(자기수양), colonize(타국을 「교화」시킨다는 미명아래 …을 식민지로 하다), colo-

scribble

nial(식민지의), colony(식민), cuddle(목을 "껴안다")처럼 쓰인다.

wheel
n.바퀴

2) 철자가 wheel(roll or turn 바퀴), Wheelbase(축거), wheelchair(휠체어), cylinder(원주), cycle(순환기), cyclic(순환기의), cycling(자전거를 타기), bicycle(bi=two 자전거), encyclopedia(guneral education 어린이들을 "두루" 가르치는 "백과사전"), recycling(재생이용), pole(turn 극), polar(극지의), bipolar(bi=two 두 극이 있는), puley(도르래)처럼 다양화 되더라도 turn or roll의 뜻은 유지된다.

yodel
n.요들송
jolly
a.명랑한

3) yodel(요들송)을 부르며 즐기는 yule(크리스마스) 때가 되면 일년을 넘기는 추운 계절이지만 축제(Christmas)를 맞이하여 들뜬 마음에서 jollily(유쾌하게), jolly(명랑한), jubilee(축제)처럼 되고, 해가(year) 바뀌는(turn) yule 때에는 몹시 추워서 얼음이 얼게 되므로 wheel(turn), yule(turn), jelly(turn)으로 이어지는 cold(추운), cold front(한냉전선), coldly(춥게), coldproof(추위에 견디는), cold-shoulder(냉대하다), cool(시원한), chill(냉기), chilled(냉각한), chilly(쌀쌀하게)처럼 된다.

gel

4) 얼어 붙는 cold(turn or frost 추운)는 계속하

scribble

vi.굳어지다

여 gel(굳어지다), gelatin(아교), gelid(얼음 같은), congeal(con=with 얼다), jelly(젤리), jellifisn(해파리), glacial(얼음의), glacier(빙하)처럼 되고, 얼어 붙으면 반질반질하게 되고(bright or smooth) 기분이 좋아지므로 glad(기쁜), gladly(기꺼이), glare(섬광), gleam(미광), glee(기쁨), glider(활공기), glimpse(흘끗보기), glisten(반짝임), gloss(광 택), glow(백 열), glass(유 리), glaze(유리를 끼우다), glance(일견)처럼 된다.

gold
n.금
golden
a.금빛의

5) 반질반질 환하게(찬란하게) 빛나는 것으로 gold(금), gild(도금하다), goldbrick(가짜금괴), golden(금빛의), golden wedding(금혼식), gilded(금박을 입힌)을 뺄 수 없고 부분적으로 glory(영광), clear(shine or bright 밝은) 등에 영향을 받으며, 금은 노란색이므로 yellow(노랑), cholera(콜레라), cholesterol(콜레스테롤), cholochrome(chrome=color 담즙색은 노랗기 때문에 "담즙색소"), gall(쓸개즙), melancholy(melan=black or dirty 우울)처럼 되는데 cholera는 노란 담즙이 생기기 때문이다.

celebrate
vt.…을 기념하다

6) colony, cultivate, cult에서 땅을 가는 것은 (till) 내일의 수확을 기대하며 즐거운 마음으

scribble

로 말(racehorse)을 몰고 나아가는 것이므로 celerity(swift 신속), celebrate(push or drive or guide or till …을 기념하다), celebration(축하), acceleratior(가속기), hold(drive or guide 잡다), behold(…을 보다), halt(서다)에서 보듯이 「즐거운 축제, 신속히 몰고 나아가기, 몰고 나아갈 때 고삐를 쥐고(hold) 조종하기」 등의 뜻이 된다.

41 Conserve

어원분석	***Serve, sert=to keep***(지키다), ***to be a slave to***(종노릇하다), ***to look after***(돌보다), ***or guard***(보초서다), ***to serve***(봉사하다).

leading words

conservation

n.보호

observe

vt.관찰하다

1) 힘센 남자가 부녀자와 어린이들을 마구 포로로 잡아다 모두 종으로 삼고, 젊은 여자들은 아내로 맞이하여 살면서 모두 포로들을 보호하고 부양하며 살아가는 이러한 지배와 종속, 보호와 피보호라는 인간생활의 고뇌 또는 동물사회의 약육강식에서 오는 slavery(노예성)를 말해주는 conserve(con=together or with or int 보존하다)의 일족으로 conservation(보호), conservatism(serve=guard or keep 보수주의), observe(ob=against 관찰

scribble

하다), observant(주의 깊은), observatory(관측소), inobservant(부주의한), preserve(pre=before 보존하다), preservatory(저장소), well-preserved(잘 보존된), reserve(re=again 다로 남겨두다), reservation(유보), unreserved(무제한의) 등이 있다.

servant
n.하인
serve
vt.봉사하다

2) 접두어가 없는 형태인 servant(하인)는 힘없는 포로들이 주인에게 목숨을 구걸하기 위하여 봉사하는 모습을 보여주는, 말하자면 keep or protect라는 주인의 입장에서 being kept or protected라는 반대의 입장으로 된 것이고, servile(노예의), serving(봉사), servitude(예속), serve(봉사하다), service(공헌), service life(유효수명), service medal(무공훈장), service pipe(급수관), service station(주유소), church service(예배), after-sales service(애프터 서비스), serf(농노), sergeant(상사)처럼 쓰인다.

deserving
a.공로가 있는

3) 상을 주고 싶을 만큼 훌륭하게 봉사하면 desert(de=int ; serve well 상을 받을 만한 자격), deserving(공로가 있는)이며, 눈에 안 보이게 밑에서 보조(봉사)하는 것은 subserve(sub=under 거들다)이며, 식사의 마지막 course는 desert(de=apart from 디저어트)이다.

scribble

42 Count

어원분석 ***Pute=to purify***(개끗이 하다), ***to correct an account***(계산을 바르게 하다), ***to prune or cut***(전지하거나 자르다), ***to think***(생각하다).

leading words

count
n.계산

compute
vt.계산하다

1) co(together) + pute(purify)=copute에서 cout, count(…을 세다)로 발전한 "계산법"은 account(ac=to …라고 생각하다), accountant(회계원), compute(계산하다), computer(컴퓨터), depute(de=down ; pute=purify or allot 아랫사람에게 할당하여 "대리인으로 하다"), amputate(ambi=around 절단하다), dispute(dis=apart 논쟁하다), impute(im=into 귀속시키다), imputation(계산에 넣어 시비를 가리는 "전가"), repute(re=again ; think over 평판), reputation(평판), reck(re+count 꺼리다), reckless(무모한), reckon(계산하다)처럼 시비곡직에 숙고하여 가린다는 말이 된다.

pure
a.깨끗한

2) 그러니까 불순물 없이 순결한 상태를 유지한다는 말이기도 하여 pure(깨끗한), impure(im=not 더러운), pour(쏟다), puritan(엄격한 사람), purgatory(연옥)처럼 되지만, 아무리 맑은 물도 오래 고여만 있으면 썩게 되

scribble

어 있으므로 purulent(곪은), pus(고름), putrid(부패한), foul(불결한), defile(더럽히다), filth(오물), foil(좌절시키다)과 같이 쓰인다.

pave
vt.포장하다

3) 위의 pute(think or cut)에서 pavage(포장), pave(포장하다), unpaved(포장하지 않은), pit(cut or dig 구멍), pitfall(함정), pitted(얽은) 등이 온다.

pitiful
a.불쌍한

4) 자신에게 지워진 「짐(의무)으로 생각하고(be dutiful)」 이것을 「덜어서(purify)」 홀가분해지는 것은 pitiful(purify 불쌍한), pitiless(무정한), piteous(be dutiful 가엾은), pittance(적은 급여), piety(충성), pious(경건한, 훌륭한), impious(im=not 불경스러운), expiate(ex=but …을 보상하다)처럼 되기도 한다.

43 Counter

어원분석	***counter, contra, count, cont=to be opposite or against***(반대 편에 서다).

leading words
encounter
vt.마주치다

1) 혼자가 아닌 「함께」라면 내가 아닌 「상대편(oppoisite)」과 한패가 되었다는 말이므로 우리가 익히 잘아는 상용접두어인 col, com,

scribble

counterattack
n.역습

con, cos, cor, co, cum(with or together)에서 counter(opposite or against 거꾸로)라는 반대말(오늘의 친구가 내일의 적)으로 발전된 것이며, co, con 등의 용례가 너무 많아 사전을 보면서 연구하기로 하고 여기서는 생략하며 여기서는 counter의 일족들을 살펴보면 encounter(마주치다), counteract(중화시키다), counterbalance(평형시키다), counterattack(역습), counterblow(반격), countercheck(대항수단), counterclockwise(시계바늘 반대 방향의), counterculture(반 체제 문화), counterdeed(반대증서), counterfeit(fact or feit=make 위조하다), countermeasure(대책), counterpart(상대물, 한쌍의 한쪽), counterplea(부수항변), counterpunch(반 격), countervail(상 쇄 하 다), counterwork(대항작업)처럼 된다.

country
n.시골
contra
pref.반대로

2) geo(earth), te, terra(earth)에서 온 try(earth)와 결합하면 「맞은 편에(저쪽에 구석진) 있는 땅」이란 뜻의 count(opposite)+try(earth)=country(시골, 나라), countrylike(시골풍의), countryside(시골), backcountry(오지)처럼 되며, contra(반대로), contra band(금지), contraception(피임법), contrarily(반대로), contrary(반대의), con-

scribble

trast(대조), contravene(vene 위반하다), control(roll=register 지배), controller(감사관), uncontrollable(제어할 수 없는), controversial(verse=turn 논쟁의), controvert(논박하다) 등도 oppositer against의 뜻에서 온다.

44 Crave

어원분석	***crave, craft, cram, grab, grape, grasp, grip*** =***to seize***(붙잡다), ***to squeeze***(압착하다), ***to gather***(그러모으다), ***to demand***(요구하다), ***to be skilful***(익숙해지다), ***to be strong***(강해지다).

leading words

craft

*n.*기능

1) 기술, 꾀, 힘이 있어야 말이 통하고 경우에 따라서는 우격다짐으로 억센 쇠갈퀴로 마구 그러모을 수도 있다는 crave(strong 갈망하다)에서 craft(skillful or cunning 기능), craftily(교활하게), plutocracy(plutos= wealth 금권정치), plutodemocracy(demos= people 금권 민주주의), aristocrat(aristos= best 귀족), autocrat(auto=self 독재자) 등에서 볼 수 있는 craft, crat, cracy의 형태로 철자된다.

cram

2) 힘을 남용하여 욕심사납게 긁어 모아 마구 쑤

scribble

vt.억지로 먹이다

서 넣는 것은 cram(억지로 먹이다), cramming(벼락공부), cramp(squeeze 꺾쇠, 알기 힘든), crampfish(전기가오리)처럼 된다.

grab

vt.잡아채다

3) 발톱을 날카롭게 세우고 먹이를 찾거나 더듬어나가는 데서 grab(…을 잡아채다), grab-bag(잡동사니 주머니), grabble(손으로 더듬다), grabby(욕심스러운), grasp(쥐다), grapple(잡다), grip(쥐기), gripe(쥐다), grope(touch or handle 손으로 더듬다), grape(손처럼 생긴 포도송이에서 "포도나무"), grape juice(포도즙), grapery(포도원), grapeshot(포도탄)처럼 되기도 한다.

45 Credemce

어원분석 ***Cred, crean, grant=to believe***(믿다), ***to trust***(신뢰하다).

leading words

credible

a.확실한

1) 믿음으로 살아가는 credence(신용)에서 credential(신임장), credible(확실한), credit(신용), creditor(채권자), credulous(쉽게 믿는), creed(신조), creditworthy(신용할만한), credo(신조), accredit(ac=to 신용하다), incredulous(의심많은) 등이 된다.

recreant

2) recreant(re=against 겁많은), miscreant(이

scribble

a.겁많은

단자), discredit(dis=apart 의심하다), grant(허가하다), regrant(재인가)도 일족이다.

46 Crescent

어원 분석	***cres, gras=to grow***(자라다), ***to nourish***(영양분 주다), ***to produce***(생산하다).

leading words

crew
n.승무원 전원
accrue
vi.생기다

1) 점점 자라나고 커지는 crescent(초승달)에서 crew(나이 어린 자라는 "승무원 전원"), aircrew(항공기 승무원), accrue(생기다), concrete(con=together 콘크리트), decrease(de=down 밑으로 자란다면 "감소하다"이다), excrescence(ex=out 밖으로 삐어지게 자라는 "자연적인 생장물"), increase(in=into 많아지다), recruit(grow again 신병), rookie(recruit의 변형 "신병"), create(창조하다), procreation(생식), recreation(휴양), cereal(양육에 필요한 "곡물의")처럼 쓰인다.

grow
vi.자라다

2) c가 g로 되어도 마찬가지이며 grow(자라다), grown-up(성숙한), growth(성장), green(한창 자랄 때의 "녹색"), greenwood(녹림), grass(자라는 "풀"), grass-roots(민중으로부

scribble

터 일어난), graze(생풀을 먹다), grand(광대한), gross(거친), engrossing(열중케 하는)처럼 된다.

47 Crime

어원분석 ***Crime, crit, cert, crib, crypt, cern=to sift or decide***(체질하거나 결정하다), ***to judge***(판단하다), ***to accuse***(비난하다), ***to hide or protect***(숨기거나 보호하다).

leading words

criminal
*n.*범인

1) 체로 쳐서 알맹이와 껍질을 나눈 다음 올바르게 판단하여 처리할 때 보통이 아닌 별난 짓을 하면 이것이 곧 crime(sift 범죄)인 바, 여기서 criminal(범인), crimination(고소), anticrime(anti=against 방범의), incriminate(유죄로 만들다), recrimination(맞고소) 등이 온다.

crib
*n.*저장소

2) 곡식을 체로 쳐서 저장하는 곳은 crib(저장소), garble(왜곡하다)처럼 되고, 시비곡직을 가리는 데서 crisis(고비), criterion(표준), critic(비판자), excrement(ex=out 배설물), endocrine(내분비선), discern(dis=apart 구별하다), discreet(분별있는), discrimination(구별) 등이다.

scribble

secret
n.비밀

3) 따로 떼어 몰래 숨기는 데서 secret(se=apart 비밀의), secretary(비서), secrete(비밀로 하다)이며, 확실히 구분하는 데서 certain(확정된), certificate(증명서), ascertain(as=to 확인하다), uncertain(불확실한), concern(con=together …에 관계하다), concert(act together 음악회), disconcert(dis=apart 당황케하다), grotesque(기괴한), crypt(토굴), decree(법령), sincere(sin=wholly 성실한) 등이 있다.

48 Crop

어원분석	**Crop=to bend**(굽다), **to swell**(부풀다), **to curve**(커브되다), **to wrinkle**(주름지다).

leading words

croup
n.엉덩이

1) 곡식이 무르익으면 낟알이 부풀고 이삭은 고개를 숙이는 풍요로움에서 오는 crop(작물)은 croup(엉덩이), outcrop(노출), sharecropper(소작인)처럼 쓰이며, 역시 덩어리처럼 부풀어 오르는 데서 group(cluster 무리), group marriage(합동결혼), group-think(집단사고), outgroup(외집단<外集團>)이 된다.

creep
vi.기다

2) 곱사등처럼 구부정한 채 절룩거리며 걷는 creep(기다), creepy(근질근질한), cripple

scribble

(절름발이)이나 croft(고지), creek(수로), crank(크랭크), crankle(꾸부러지다), cranky(성미 까다로운), crane(두루미), crumb(swell 빵의 속), crumple(…을 구기다) 등이 모두 swell, bend, wrinkle의 뜻이다.

cross
n.십자가

3) 또한 bend에서 turn or torture로 의미가 확대되면 cross(십자가), crosspiece(가로장), cross-bar(가로장), crossbeam(대들보), crossroad(교차도로), crossword(글자 맞추기 놀이)처럼 되며, 십자가에 매달아 고문하는(torture) crux(어려운 문제), crucible(혹독한 시련), crucial(십자형의), cruciform(십자꼴의), excruciation(ex=out or thoroughly 고문)처럼 된다.

crusade
n.십자군

4) 유명한 종교전쟁 십자군 원정은 crusade(십자군), cruise(순항하다), cruiser(순양함) 등을 낳고, croquet(크로케), crosier(홀장), crook(구부리다), cricket(크리켓), cricoid(고리모양의), crock(항아리), crouch(구부리다), encroach(잠식하다), rung(crux에서 c탈락 가로장), rundle(사다리의 "단"), across(a=on 건너서) 등도 bend or swell turn의 뜻이다.

scribble

49 Custom

〈**one's own**(자기 자신의), **of oneself**(스스로)〉

leading words

custom

n.관습

1) co(int) + sui(one's own) = custom(관습), customable(관세가 붙는), customary(관례의), costume(옷차림), costumey(무대의상 같은), costumer(의상업자)에서 보여주듯 자신의 것이라는 basic idea에서 생겨난다.

suicide

n.자살

2) suicide (cide=kill 자살), suicidal(자살의)은 cide(kill)와의 결합이고, so(그래서), as (all+so …처럼), such(so+like 이러한) 등의 우리에게 친숙한 custom의 일족이 있는가 하면, 자기 일족밖에 모르는 속좁은 ethnic (민족의), ethnologic(민족학의), ethnics(윤리학) 등이 있다.

heath

n.황야

3) 외딴 곳에 저혼자 사는 사람들의 투박스러운 모습에서 heath(황야), heathenry(이교도), heathy(히스의), hoyden(말괄량이)처럼 되기도 한다.

scribble

D

50 Dab

어원분석	**Dab, dumb, dip, dive, duck, dump, dead, daze, doze, fomine=to strike**(때리다), **to knock**(때리다), **to baptize or droop**(세례를 베풀거나 수그러지게 하다), **to render misty or obscure**(희미하게 하다).

leading words

dip

vt.담그다

1) 때려서 귀가 먹고 눈이 멀게 하며, 물 속에 첨벙 뛰어들어 물보라를 일으켜서 혼을 빼는 dab(…을 가볍게 두드리다)에서 물방울 튀기는 소리를 흉내낸 dip(담그다), dipstick(계심봉), deep(깊숙한), deep-chested(가슴이 두툼한), deepen(진하게 하다), deeply(깊게), deep-sea(심해의), knee-deep(무릎까지 오는), skin-deep(피상적인)처럼 baptize or wash를 basic idea로 하는 말이 온다.

dive

vi.잠수하다

2) dive(잠수하다), dive bombing(급강하 폭격), diver(잠수부), skin-diving(스킨다이빙), dope(마약), dopey(마취된), dove(다이빙하듯 날으는 "비둘기") 등도 마찬가지이다.

dumb

n.벙어리

3) 겁많고 멍청이 같은 비둘기(dove)에서 dumb(벙어리), dumbly(말없이), dummy(장식용 인형), deaf(귀머거리의), deafen(귀머거리로 만들다), deaf-mute(농아자의)처럼 된다.

scribble

dimple
n. 보조개

4) 물속에 뛰어들 때 생기는 잔물결처럼 웃을 때 살짝 볼이 패이는 dimple(보조개)나 diving의 명수 duck(오리), duckbill(오리너구리), duck's egg(영점), dodge(몸을 비키다)도 일족이고, dab과 비슷한 의성어에서 dump(쏟아버리다), dumpcar(덤프차), dumping(쏟아버림), dart(던지는 화살), dash(…을 때려부수다) 등이 온다.

dead
a. 죽은

5) 지치거나 얻어맞고 죽는 것은 dead(죽은), dead beat(식객), dead-born(사산의), dead capital(유휴자본), deadhead(무임승객), deadline(최종기한), die(죽다), die-hard(수구파), dieoff(멸종), never-say-die(불굴의), death(죽음), deathbed(죽음의 자리), death certificate(사망진단서), death chair(전기의자), deathday(기일), death sentense(사형선고) 등이다.

doze
vi. 졸다

6) 죽을 지경이 될만큼 지치게 하는 daze(눈부시게 하다), dastard(겁쟁이), doze(졸다), dizzy(현기증 나는)이고, daze, doze, die 등의 d가 f로 되면 funeral(장례식용의), fatigue(피로), famine(기근), famish(굶어죽다).

51 Daffodil

scribble

어원 분석	***Da, da, that, the, she, he, thus, it, id, uid*= *itself*(그것 자체), *that*(저것), *one's own*(자신의).

leading words

therefore
ad.그러므로

1) 그(것), 저(것), 이(것)처럼 제 삼인칭을 가리키는 말인 da+ffodil(수선화)=daffodil(나팔수선화)는 "바로 그 꽃"이라는 데서 온 말이고, da에서 발전하는 the, that, they, than, then, there, therefore(그러므로), he, she, hither(이리로), hence(그런 까닭에), since(…이후), here, herewith(이것과 동봉하여), thus 등은 기초적인 말이기에 대단히 친숙한 말이므로 여기서는 이러한 단어들이 쓰이는 문법적 의미를 설명하는 것이 아니므로 생략한다.

identity
n.일치

2) "다름 아닌 그 자체" 라는 기본의미에서 identity(일치), identical(똑같은), identify(감정하다), identity crisis(주체성의 위기), item(조목), iterate(되풀이하다), idiom(one's own 관용어), idiot(제 자신 밖에 모르는 "백치"), the idiot box(바보상자<TV>)처럼 쓰인다.

divide
vt.나누다

3) 제각기 개별적으로 분할되면 divide(di=apart 나누다), dividual(분리된), individual(in=not 단일의), widow(wid or vid=

scribble

separate 미망인), widower(홀아비), device (distribute 계획), devise(고안하다), viduity (과부임), wide(separate 폭이 넓은), widemouthed(주둥이가 넓은), widen(…을 넓히다), widespread(널리퍼진), width(너비)처럼 쓰인다.

with
prep.…와 함께

4) with(…와 함께)가 되면 따로 떨어져서 제 갈 길로 간다는 말이지만, 햇빛 날 때 그림자를 떼어버리고 갈 수 없듯이 사람의 버릇, 떨어지기 싫은 친구, 애인, 부모, 처자처럼 목숨을 걸고라도 같이 붙어다니는 경우가 있기 때문에 along with와 over against라는 정반대의 뜻이 with에 겹쳐져 있으며 withal(along with 게다가 또), withdraw(with=against ; draw=pull 뒤로 빼다), withhold(against 억제하다), within(along with 안쪽에서), without(…없이), withstand(with=against …에 항거하다)처럼 된다.

52 Daughter

어원분석 **Daughter**, **dug**, **dough=nipple**(젖꼭지), **sucking**(빨기), **milk**(우유), **knead**(반죽하다).

scribble

leading words
dug
n.젖꼭지

1) 딸(여자)은 자라서 엄마가 되어 젖을 주고 밀가루 반죽을 하여(knead) 빵을 만들던 것이 옛날 여성들의 주된 일이었으며, 이러한 daughter(딸)의 모습에서 dug(젖꼭지), teat(젖꼭지), titillate(젖꼭지를 만져서 "간질이다"), dot(작은 점), dairy(젖짜는 곳), dough(가루반죽), doughnut(도우넛), paradise(para=around ; dise or daugh=knead or enclose 천국), title(젖꼭지만한 점을 찍어 표시한 "표제") 등이 온다.

sister
n.자매

2) sister(자매)와 co(with)가 결합하면 co+sister=cousin(사촌), coz(사촌), coze(친하게 이야기 하다)가 된다.

brother
n.형제

3) sister에 대응하는 brother(형제)의 일족으로 brethren(동포), friar(수도사), pal(친구), fraternal(친구), soulbrother(형제 같은 흑인) 등이 있다.

lady
n.귀부인

4) 최초의 daughter, dough의 d는 loaf(bread)와 결합하여 loaf+dy=lady(귀부인), lady-help(가정부), lady-killer(여자가 반할 남자), ladylove(애인)처럼 되기도 한다.

53 Deck

어원 ***Deck, tech, thatch, tect, toilet, text=to***

scribble

분석	**weave**(짜다), **to cover**(덮다), **to work with the hands**(손으로 일하다〈만들다〉), **to construct or build**(짓다).

leading words

technical
a.공업의

1) 숙련된 솜씨로 덮개를 만들고, 짜고, 짓고, 손질하는 데서 오는 deck(갑판)에서 손으로 짜는 솜씨(기술)을 뜻하는 technique(기법), technical(공업의), technological(기술의), technology(조직형태학), architecture(archi=chief ; tect=build 건축학), architect(설계자) 등이 온다.

tegular
a.기와모양의

2) 주로 덮는다는 뜻으로(cover) tegular(기와모양의), tegument(덮개), thatch(이엉), detect(de=away from ; tect=cover 발견하다), tile(기와), protect(pro=in front 보호하다) 등이 있으며, 주로 짠다는 뜻으로(weave) tissue(조직), text(본문), textile(직물의), context(con=together 전후관계), pretext(pre=in front ; weave in front or allege in excuse 핑계) 등이 있다.

test
n.겉껍질

3) test(겉껍질), testudo(귀갑모양의 큰 방패), toilet(a little cloth 화장실), tick(이불잇) 등도 weave or cover의 뜻이고, 바탕이 섬세하게 짜여지면 subtile(sub=under 솜씨좋은), subtle(미묘한)이다.

scribble

54 Deity

어원 분석	**Dei, div, jove, day, journy, theos, deus, god, deal, deer, fierce=god**(신), **sky**(하늘), **day**(날<낮>).

leading words

deify
vt.신으로 섬기다

1) 인간의 힘이 미치지 못하는 deity(신)의 영역은 인간의 상상의 영역으로 남아 있을 뿐이며 deity에서 deify(신으로 섬기다), divine(신성의), diviner(점쟁이), demon(악마), demonology(악마연구)처럼 된다.

joy
n.기쁨

2) 신(god)은 하늘에 비유되며 deus(god)에서 d가 j로 되는 Jupiter(주피터), jovial(명랑한), joy(기쁨), enjoy(즐기다), rejoice(기쁘게 하다) 등이 되는데 Rome의 神 Jupiter가 농담을 잘하는 명랑한 신이었던 데서 Jupiter의 변형인 joy 등이 된다.

joke
n.농담

day
n.낮

3) joy에서 joke(농담), jocular(익살맞은), juggler(협잡꾼), jewel(보석), hocus(joke의 j가 h로 된 "속이다")처럼 되고, 신의 조화에서 생겨나는 빛도 day(낮),- dawn(새벽), Diana(달의 여신), daydream(백일몽), workday(평일), daily(매일의), diary(일기), diurnal(낮의), dial(해시계, 문자판)처럼 되며, day의 d가 j로 되는 journal(일지,

scribble

일간신문), journey(여행), jury(하루밖에 못 쓰는 "응급의"), adjourn(ad=to 휴회하다), meridian(meri=middle 정오), modern(현대의) 등도 일족이며, 위의 hocus(속이다)는 농담으로 속이는 것이었지만 속임수란 갈고리처럼 굽은 것이고 갈고리를 걸어서 매달아 놓는 데서 hang(매달다), hinge(돌쩌귀) 등이 된다.

theism
n.유신론

4) deus(god)의 d가 th로 되면 theism(유신론), theological(신학의), enthusiasm(en = into 신들린 "열광")처럼 되며, 동물을 신으로 섬기던 태고의 미신적 종교에서 deer(deus= god 사슴), fierce(deer, feer, fier로 변형 "거친"), ferocious(대단한) 등이 온다.

55 Down

어원분석 **Down**, **dust**, **fusc**, **fume**, **thyme**, **steam**, **tice**, **dull**, **dwell**, **than**, **fury** = **cloudy**(구름낀), **obscure**(희미한), **blown in a cloud**(구름 속에 날린), **smoke or vapor**(연기 또는 수증기).

leading words
dusk
n.땅거미

1) 바람에 날리는 솜털, 먼지, 수증기, 연기 등은 가벼워서 공중에 날리고, 공기를 혼탁하게 만들어 햇빛을 가리기도 하는데, 이런 것들을

scribble

추려보면 down(솜털), dusk(땅거미), dust(먼지), dust cart(쓰레기차), duster(먼지털이) 등이 있다.

perfume
n.향수

2) dusk, dust의 d가 f로 되면 furious(날뛰는), obfuscate(어둡게 하다), obfuscation(ob=in the way 당황), fume(연기), fumigate(그을리다), perfume(향수)처럼 되고 d나 f가 t로 되면 thyme(백리향), typhoon(태풍), stew(뭉근한 불에 끓이다), steam(김), steam gauge(기압계), steamy(김이 자욱한), entice(유혹하다), tepid(미지근한)처럼 약간 뜻이 확대된다.

dull
a.무딘

3) 구름, 먼지, 증기 따위로 흐릿하게 하는 데서 dull(무딘), doldrums(무풍상태)가 되며, 안개 속에서 길을 잃고 허우적대는 모습은 허깨비에 홀린 것처럼 다람쥐 쳇바퀴돌듯 벗어나지 못하므로 dwell(떠나지 못하고 우물쭈물하다, 거주하다), dweller(거주자)처럼 된다.

dune
n.모래언덕

4) down(솜털)과 약간 다른 down(아래로)은 높은 dune(모래언덕)에서 「아래로」 내려다 보는 모습에서이며, downbeat(음울한), downcast(풀이 죽은), downplay(얕보다), downright(철저한), downstairs(아래층)처럼 쓰인다.

scribble

56 Duke

어원분석	***Duke, doc, duct, dict, dact, tie, teach, toc= to teach***(가르치다), ***to lead***(지도하다), ***to draw***(끌다), ***to drag***(끌다), ***to show or speak***(보여주거나 말하다).

leading words

ducal
a.공작의

conduct
vt.지휘하다

education
n.교육

introduction
n.소개

production
n.생산

1) 선도자가 되어 앞장서 끌고나가는 duke(군주)에서 ducal(공작의), duct(송수관), viaduct(via=way ; duct=lead 육교), abduction(ab=a way 유괴), conduct(con=together ; lead together 지휘하다), conductive(도움이 되는), conduit(it=go 도관), deduction(de=down from 공제), education(e=out ; lead out 어둠 속에서 밝은 데로 끌어내는 "교육"), eduction(끌어냄), induce(in=into 설득하다), introduction(소개), production(pro=forward ; lead forward 생산), reproduction(재생), reduction(lead back 축소), seduction(se=apart 딴데로 끌고가는 "유혹"), subdue(sub=under 밑으로 끌어당겨 진압하다), docile(유순한), doctor(박사), doctrine(교리), documentary(lead or show 사실을 기록하여 보여주는 "문서의"), discipline(수양), dock(lead 독),

scribble

dogma(독단), decent(lead 꽤 훌륭한), decoration(lead or show 장식), decorous(예의 바른), dignity(거룩함), indignation(in=not ; unworthy or angry with 격분), disdain(dis=apart 경멸하다), dictation(lead or show or speak 구술), diction(어법), dictionary(사전), digital(lead or show 가리키는 "손가락의"), digitalize(계수화하다), index(색인), indicate(가리키다), indict(in=against 기소하다), abdication(ab=away from 포기), benediction(bene=good ; dict=speak 축복), prejudice(pre=before 미리 판단한 "편견"), condition(con=together 같이 합의 해서 결론을 내려 선언하는 "상태"), contradict(contra=against ; speak against 부정하다), predict(pre=before 예보하다), dedication(de=int ; declair solemnly or consecrat to the gods 봉헌), preach(남의 앞에서 "설교하다"), judge(show the law 판사), judicial(사법의), just(바른), adjust(조절하다), paradigm(para=by the side of 범례)처럼 대단히 많은 단어 중 중요한 내용을 간추려 모았지만 duke(lead or show or draw or speak)에서 벗어나지 않는 내용이다.

scribble

tow
vt.밧줄로 끌다
tight
a.팽팽한

2) 역시 lead or pull에서 tow(밧줄로 끌다), tie(끌기 위해 "묶다"), untie (끄르다), tight(잡아당겨 "단단한"), toy(pull about 장난감), taut(팽팽이 친), team(마차나 썰매를 끄는 "팀"), tug(당기다), toe(dic, toe= showin finger 발가락), token(show 증거), betoken(나타내다), struggle(strife+tug 싸우다)처럼 d가 t로 되어도 비슷한 내용이다.

teach
vt.가르치다

3) 잘 이끌어 가르치는 데서 teach(가르치다), self-taught(독학의), untaught(배우지 못한) 등이 된다.

scribble

E

57 Edify

어원 분석	***Ed***, ***et=to burn***(타다), ***to swell***(부풀다), ***to boil***(끓다).

leading words
estuary
n.강어귀
idle
a.게으른

1) 집을 지어 불밝히고 따뜻한 방안에서 온화한 덕성을 기르는 edify(훈도하다)에서 burn의 뜻인 estuary(강어귀), ether(하늘), idle(타고나서 공허한 "헛된, 게으른"), ail(괴롭히다), ill(idle의 변형으로 게으름은 만병의 근원이 되어 "병든"), ester(에스테르), hot(h가 추가 "더운"), hot corner(3루), hot potato(난 문제), heat(열), heater(가열기) 등이 온다.

urn
n.항아리

2) urn(항아리), inurn(매장하다)도 ehter 등의 변형으로 볼 수 있으며 estival(여름의), estivate(여름철의), estrum(발정), combustion(com=together 연소) 등도 유사하다.

uraemic
a.요독증의

3) 위의 urn(항아리)은 물론 불로 구워 만든 질그릇이고, 불에 탄 것 같은 색깔의 오줌 또는 저녁 노을의 하늘색에서 uraemic(요독증의), uranology(천문학), urea(요소), uric(오줌의)처럼 되고 오줌 색깔과 비슷한 과일인 orange(오렌지)도 일족이다.

aureate

4) 아침에 동녘에 불덩이 태양이 떠오르므로

scribble

a.금빛의

east(burn 동쪽)이고, aureate(금빛의), aurora(서광), ardor(열정), arid(건조한), ash (재), area(hot or dry land 지역) 등도 일족이다.

58 Elephant

어원분석	***Fan, phen, phan, photo, phem, fate, fam, ban, fable, fess, phone=to show***(보여주다), ***to speak***(말하다).

leading words

fancier

n.애호가

fantastic

a.공상적인

phantom

n.허깨비

1) elephant(코끼리)는 큰 이빨(뿔)을 드러내놓고 자랑시키는 동물이고 ele(ebur=horn)에서 phan(show)가 결합된 것이며 horn(뿔)이란 뜻의 ele는 elk(뿔 큰 사슴의 일종), lamb(새끼 양), ivory(상 아), ivory-towered(초 연한), white elephant(귀찮은 소유물)처럼, 쓰이지만 일족이 적으므로 여기서 끝내고, phan(show) 쪽의 용례를 보면 fancier(애호가), fancy(공상), fancy cake(장식케익), fantastic(공상적인), fantasy(공상), banner(깃발, 기치), phantasm(허깨비), phantom(허깨비, 미국전폭기), sycophant(syco=fig 아첨꾼), diaphanous(dia=through 투명한), phenol(볼 수 있도록 불을 밝히는 석탄에서

scribble

phase
n.현상
phot
n.조도
fate
n.운명
fame
n.명성

뽑은 "석탄산"), phenomenal(외관상의), phenomenon(현상)처럼 쓰인다.

2) phase (show 현상), phasis(상), emphasis (em=into 강조), emphatic(강조된)처럼 되기도 하며, 볼 수 있게 하자면 밝은 빛이 있어야 하므로 phot(show or light 조도), photochemistry(광화학), photocopy(사진복사), photodrama(극영화), photogenic(발광성의, 사진이 잘 받는), photograph(빛의 힘으로 형체가 그려지는 "사진"), photomap (사진지도), photosynthesis(syn=same ; thesis=put 광합성), phosphatic(인산염의), phosphor(인)처럼 쓰이기도 한다.

3) 모양뿐만이 아니라 소리나 말로 표현하기도 하여, fate(신이 말한 "운명"), fatalistic(숙명론의), fatally(비참하게), fateful(결정적인), infamy(in=not 오명), infant(말 못하는 "유아"), infantry(말도 잘 못하는 어린 소년병인 "보병"), fame(명성), famous(유명한), defame(중상하다), preface(pre=before 서문), fable(우화), fabulous(이야기에나 있음직한 "터무니 없는"), affable(af=to 싹싹한), fairy(요정의), fairyland(선경), euphemism(eu=good 완곡어법)처럼 되기도 한다.

scribble

blame
vt.비난하다

4) 나쁘다는 뜻의 blas(mali, meli, blas=evil)와 결합하면 blaspheme(욕설하다), blasphemous(모독적인), blame(비난하다), blameworthy(비난받을)처럼 되고, fes의 형태로 되면 profess(pro=in front of 사람들 앞에 "공언하다"), profession(직업), professor(교수), professional(직업의), confess(con=int 고백하다)와 같고, prophesy(pro=before 예언하다), prophet(예언자)는 예고한다는 말이다.

phone
n.전화
ban
n.금지

5) 말이란 소리를 통한 의사전달 수단이므로 phone(전화), phoneme(sound 음소), phonetics(음성학), phonograph(축음기), phonogram(표음문자), ban(sound or speak 금지), banish(추방하다), banal(케케묵은), bandit(give a signal or speak 악당), abandon(a=into the power 권리를 주권자에게 넘겨줄 것을 〈선언〉하고 자신을 포기하는 "버리다"), fib(사소한 거짓말), female(아이를 낳아 기르는 수다스러운 "여성"), fecund(다산의), foetal(태아의), felicitate(아이에게 젖꼭지를 물릴 때 어머니의 행복감에서 "축하하다"), felicitous(경사스러운), filial(자식으로서의)처럼 되며 이 부분은 parent(filial)에 연결되나 따로 다루었다.

scribble

59 England

어원 분석	***Engle, angle, anchor, angu, annul, anx=to be hook-shaped***(갈고리 모양이 되다), ***to bend***(굽다).

leading words

angle

n.각도, 낚시

anchor

n.닻

angry

a.성난

1) 낚시 모양으로 굽은 모습을 한 땅(섬)이 영국이고 바다에 던지는 낚시나 닻이나 모두 bend의 뜻이며, 이러한 England(engle, angle=bend 영국)의 일족으로 Angle(앵글족 사람), angle(각도, 낚시), angler(낚시꾼), anguine(뱀의), triangle(tri=three 삼각형), quadrangle(quadr=four 사각형), sexangular(6각형의), octangle(8각형), multangular(다각형의), angular(모가 있는) 등이 있다.

2) 신체 부위중 대표적으로 굽은 데를 찾는다면 팔꿈치와 발목이므로 발목을 뜻하는 ankle (bend 발목), anklebone(복사뼈)처럼 되고, 배(ship)에서 굽은 것 중의 대표적인 것은 anchor(bend = 닻), anchorage(정박지), anchor man(앵커맨)처럼 된다.

3) 개에게 둥근모양의 올가미를 씌워 목을 조이면 약이 오르므로 angry(성난), anger(노여움), anguish(심한고통), anxious(갈망하

scribble

는), anxiety(갈망, 근심), overanxious(지나치게 걱정하는)처럼 되며, hungry(배고픈), hook(갈고리), hawk(매), hang(매달리다), hinge(돌쩌귀) 등의 h가 탈락된 것이 angle로 분화된 것으로 볼 수 있으나 확실치 못하다.

annular
a.고리 모양의
pentagon
n.5각형

4) annular(고리모양의), anus (항문) 이나, angle, ang, agn, gan, gon으로 된 것으로 볼 수 있는 pentagon(pent=five 5각형), polygon(poly=many 다각형), goniometer(각도계), genu(무릎), genuflection(flect=fold 무릎꿇기), agonic(a=not 각을 이루지 않는), isogonic(iso=same 등각의), knee(무릎), kneecap(슬개골), kneel(무릎을 꿇다) 등이 있다.

60 Epic

어원분석	***Pic, voc, vote, woo, vouch, wed=to speak***(말하다), ***to sing***(노래하다), ***to tell***(이야기 하다), ***to sound***(소리내다).

leading words
epoch
n.신기원
vox

1) 입밖으로 소리를 내어 의사를 표시하는 e(out)+pic(soun)=epic(서사시)에서 epoch(신 기원)처럼 한 마디의 말(a word)이 여러 사람의 입에 오르내리는 「신 기원」이라는 역

scribble

n.음성

사에 남는 말이 되기도 하고, vox(음성), voice(목소리), revoice(반향시키다), vocal (소리의), vocalize(발음하다), vowel(모음의), vocation(신<god>이 「소리쳐」 명령한 "천직"), vocational(직업상의), vocabulary (어휘), vociferous(고함치는), avow(언명하다), vouch(보증하다), vow(맹세), advocate(ad=to ; voc=sound 변호하다), convoke(소집하다), evocation(e=out 불러냄) 처럼 쓰인다.

provoke
vt.성나게 하다

2) provoke(pro=forward 앞으로 불러내어 "성나게 하다"), revoke(re=back 취소하다), vote(애절한 「소리로」 표를 구걸하는 "투표"), voter(투표자), devout(vow friendly 헌신적인), devote(바치다), devotional(믿음의), equivocate(equi=same 양쪽 다 똑같은 소리로 "말끝을 흐리다"), woo(구애하다)처럼 되기도 한다.

wed
vt.…와 결혼하다
wage
n.임금

3) 위의 woo(구애하다)에서 고어체인 uouere, ued, wadi(pleage)를 거치면 wed(pledge …와 결혼하다), wedding(혼례), wage(wed or woo=promise to compensate 임금), wage earner(임금노동자), wageworke(임금노동자), gage(담보), engage(…에 종사시키다, 약혼하다), engagement(약속, 약혼),

scribble

engaging(매력적인)에서 보듯이 참된 마음의 「소리로」 약속한다는 말이 된다.

61 Equal

어원분석	***Equal, iso, even=to be level***(평평한), ***to be wide***(넓은), ***to be flat***(평평한).

leading words

equalitarian
a.평등주의의
equally
ad.같게

1) 고르고 같다는 equal(같은)은 equalitarian(평등주의의), equalize(같게하다), equally(같게), egalitarian(인류평등주의자), equate(동등화시키다), equational(평균의), equator(적도), equity(공평), equilibration(libr=power or weight 평형), equinox(nox=night 춘·추분), equidistance(등거리), equimultiple(등배수), equivocation(voc=sound 이 소리 저 소리도 아닌 같은 소리로 "얼버무림"), equitable(공정한), adequate(ad=to 감당할만한 "적당한, 충분한")처럼 쓰인다.

evenly
ad.공평하게

2) even(균형잡힌), evenly(공평하게), uneven(울퉁불퉁한) 등도 같거나 고르다는 뜻이고, isobar(등압선), isocheim(cheim=winter or snow 등한선), isotope(tope=place 동위원소) 등도 마찬가지이며, 참고로 isotope의

scribble

tope(place)는 topic(strive to reach a place 「목적지」에 도달하려는 노력의 표적인 "제목, 표제"), topical(화제의), topography(지형, 지리), toponym(nym=name 지명), topos (장소)처럼 쓰인다.

62 Essential

어원 분석 ***Esse, sent, ent, ont, sooth, ety, be, are, am, fut, phyte, physic, build, bor=to dwell or grow***(살거나 자라다), ***to be true***(진짜인), ***to exist***(존재하다).

leading words

absent
a.부재의

1) 실제로 존재하는 진실과 본질을 말해주는 essential(본질의)은 absent(ab=away ; sent =exist 부재의), absentee(불참자), absently(얼빠져서), present(pre=in front of ; sent=exist 있는, 선물), presentation(기증, 표시, 제출), prsent-day(현대의), presently (멀지 않아), represent(re=again 묘사하다, 의미하다), representative(대표자)처럼 쓰여진다.

interest
n.흥미

2) 사이나 「가운데 들어 있는 것」이 빠지면 알맹이 없는 허울만 남게 되는 중요한 것이므로 interest(inter=between ; est=exist 흥미),

scribble

sooth
n.사실
etym
n.어근
future
n.장래
physical
a.자연의

interesting(재미있는), interested(흥미를 가진)이며, 밑에(중간에) 있으면 hyphen(hyp or hypo=under 하이픈)이며, 실제로 존재한다는 entity(실제), ontology(존재론)도 마찬가지로 exist의 표상이다.

3) 흥분된 마음을 밑으로 가라 앉히면서 진정시키는 sooth(sit or sooth=fall or exist 사실), soothe(달래다), soothsayer(점쟁이)처럼 되며, 우리가 이 책에서 배우는 어근(語根)도 실체를 말해주는 것이므로 etym(어근), etymology(어원학)이며, am, are, is, was, were, been, be(exist 있다, 이다), doubt(dou=two 두 마음을 가지면 "의심"), doubtful(의심스러운) 등도 일족이다.

4) 철자가 약간 다양화되는 future(fut or be=exist or abut to be 장래), future perfect (미래완료), futurology(미래학), phyle(종족), physical(자연의), physics(물리학), physique(체격), build(dwell or grow 세우다), boor(시골뜨기), neighbor(neigh=near 이웃사람), bower(시골집), byre(외양간), bondage(노예신분), imp(im=into ; p or b =exist ; 조그만 새싹을 심어 가꾸는 데서 "꼬마 도깨비"), impish(개구장이의), bustle (dwell or move fussily 뛰어다니다, 법석떨

scribble

다) 등이 있다.

scribble

F

63 Faith

어원 분석	***Faith, fed, fid, bid, bead, fy=to trust***(믿다), ***to confide***(신임하다), ***to be loyal***(충직하다), ***to persuade***(설득하다).

leading words

faithful
a.성실한

1) 믿고 의지할 수 있다는 데서 오는 faith(신앙, 신용)는 faithful(성실한), faithfully(성실히), faithless(신의 없는), fealty(충성), fidelity(충심), fiduciary(신용의), perfidious(per=beyond 불신의), fiance(약혼남자), confide(con=int 신임하다), confident(확신하는), confidential(믿음직한)처럼 쓰인다.

diffident
a.자신이 없는

2) 믿음이나 자신이 없어지면 diffident(dif=away 자신이 없는), defy(믿지 않고 "무시하다"), defiant(거만한), in defiance of(…에 개의치 않고)이며, 서로 믿고 연합하는 데서 federal(연합의), federalist(연방주의자), federation(동맹), confederate(동맹한), confederation(동맹)처럼 된다.

bid
vt.명령하다

3) 인간의 능력으로 할 수 없는 위대한 힘에 대한 믿음으로 그러한 힘을 의지하거나 빌려보려는 것이 신앙이며 bid(f가 b로 "명령하다"), bidder(명령자), abide(감수하다),

scribble

abode(거처), forbid(for or per=across 금하다), forbidden(금지된), bead(염주알), beady(구슬같은)처럼 쓰인다.

64 Fall

어원분석 **Fall, fail, false, fault, spill, spoil, flint=to burst**(파열하다), **to cut**(베다), **to drop**(떨어지다), **to descend**(내려가다), **to cause to fall**(떨어지게 하다), **to deceive**(속이다).

leading words

fallen
*a.*떨어진

fail
*vi.*실패하다

false
*a.*틀린

1) 봉숭아, 밤송이, 솔방울 같은 식물들은 열매를 맺고 이 열매가 무르익으면 터져서 씨가 땅으로 떨어지는데 이러한「터지고 떨어지는」것을 말해주는 fall(떨어지다)는 fallen(떨어진), falling(낙하), fall-out(방사선, 낙진), infall(유입), outfall(출구), fell(베어넘기다), downfall(낙하)처럼 되며,「속여서(deceive)」분통「터져」「쓰러지게(fall)」라는 fail(실패하다), failing(실패), failure(실패), unfailing(끝없는), fallacious(deceive 그릇된), fallible(속기 쉬운)이다.

2) 역시 deceive라는데서 false(틀린), false charge(무고), false hair(가발), falsely(거짓으로), falsehood(허위), falsify(위조하

scribble

asphalt
n.아스팔트
spill
vt.흘리다

다), fault(결점), faultfinding(흠잡기), faultily(실수하여), faultless(결점이 없는), faulty(불완전한)처럼 쓰인다.

3) 굴러 「떨어지지 않게」 안전장치를 하는 것은 asphalt(a=not ; sphalt or fall=drop or go down 아스팔트)이고, 망치고 파괴해서 나락으로 「떨어뜨리는」 spill(fall 흘리다), spillover(유출)나, 칼로 베고 망가뜨리는 spoil(망쳐놓다), despoil(약탈하다), spill(cut 찢은 종이에 쓴 "주문〈呪文〉"), spellbind(주문으로 얽매다), spile(나무마개), flint(cut 잘게 「쪼개진」 "부싯돌"), flinthead(화살촉), flinty(아주 단단한), splice(쪼개진 것을 "잇다"), splint(부목), splinter(분리된, 동강), split(쪼개다), spool(실감개) 등도 일족이다.

65 Far

어원분석	**Far=beyond**(저쪽에), **beside** (옆에), **through**(통하여), **to carry or bring**(나르거나 가져오다).

leading words
farmost
ad.가장 먼

1) 무거운 짐을 지고 먼 목적지로 나아가는 far(먼)의 일족으로 farmost(가장 먼), far-off(아득히 먼), further(더 멀리), forth(앞으로), fore(앞의), forejudge(미리 판단하다),

scribble

forerun(앞장서다), forever(영구히)처럼 앞으로 나아간다는 말이 온다.

forward
*a.*앞으로
before
*conj.*앞쪽에

2) forward(앞으로), former(이전의), afore(a=on …의 전방에), aforethought(계획적인), before(be=int 앞쪽에), afford(af=to 나아가 설취할 "…의 여유가 있다") 등도 앞으로 나아간다는 말이고, 관심을 두지 않고 그냥 지나가 버리는 데서 forbear(for=int ; bear=carry 삼가다), forbid(bid=ask 금하다), forget(for=through or past 잊다), forswear(맹세코 그만두다), forsooth(과연)처럼 된다.

from
prep.…로부터

3) 출발하여 나아 갔지만 원래 왔던 곳을 되돌아 보면서 원래의 모습(출발점)을 찾아 보는 데서 from(…로부터), fro(저쪽에), frame(원래의 모습인 "뼈대"), framework(골격), framing(조립), froward(동떨어져 별난 "심술맞은")처럼 r의 위치가 달라지기도 한다.

first
*a.*첫째의

4) fore의 o가 i로 되면 맨 앞으로 나아간다는 데서 first(첫째의), first base(1루), first coat(초벌칠), first cost(원가), firstly(첫째로), first sacker(1루수), first-string(일류의)처럼 된다.

prior
*a.*전의

5) f가 p로 되고 r의 위치가 바뀌면서 prior(전의), priority(우선권), prime(최고의),

scribble

prime
a.최고의

prime cost(원가), primer(입문서), primitive(원시의), prince(좋은 것을 남보다 먼저 가질 수 있는 특권을 지닌 "왕자"), princely (왕자의), principal(cip=take 주요한), principal clause(주절), principle(원리), principal sentense(주문), prim(가장 멋지게 "치장하다"), prima(첫째의), primal(최초의), primary(첫째의), primatology(영장류 동물학)처럼 남보다 앞서 나아간 first나 far의 뜻을 유지한다.

through
ad.…을 통하여
perform
vt.수행하다
perish
vi.멸망하다

6) 앞으로 통과해 나아가는 데서 beyond, through, besides 등의 뜻으로 되면서 per (through …을 통하여), par avion(avis= bird 항공편으로), perfect(fect=make 완전한), per capita(cap=head 1인당), perceive (인지하다), percolate(col=filter 여과하다), perform(수행하다), perfume(향수), perhaps(아마), perish(ish=go 아주 가서 "멸망하다"), perm(퍼머), permeable(투과할 수 있는), pernicious(nic=harmful 해로운), persecute(secu=follow 끝까지 따라다니며 "박해하다"), permission(mis=send 허가), persevere(참다), persist(고집하다), person (on or opt=eye 눈앞을 가리는 가면을 쓴 "사람"), perverse(vert=turn 심술맞은) 등

scribble

대단히 많으나, per(or par)와 결합한 어원의 용례를 별도로 이해하여야 하며 사실상 per는 강조 내지 부가적 의미에 불과한 경우도 많다.

peri
pref.…의 주위에

7) 곧장 나아가지 않고 주위를 맴돌기만 하는 것은 peri(…의 주위에), pericarditis(card=heart 심낭염), pericarp(과피), perigeal(ge=earth 근지점의), perihelion(heli=sun 근일 점), peripheral(주위의), periphrase(phase=explain 완곡하게 말하다), periscope(scope=see 잠망경), peristome(stomach=mouth 입언저리) 등이다.

fare
n.요금

8) 이와 달리 원래 있던 곳에서 벗어나 앞으로 나아가면 fare(the charge made for going 요금), farewell(잘있거라), wayfarer(나그네), fear(낯선 먼 길을 가는 사람의 "두려움"), fearful(무서운), fearless(대담한), fearsome(무시무시한)처럼 된다.

parable
n.우화
parabola
n.포물선

9) 원래 있던 곳에서 벗어나 앞으로 나아갔지만(이탈) 약간만 벗어난 채 근처 또는 주위에 머물고 있는 데서 parable(para=besides ; ble or ball=throw 옆에 던져 비교하는 "우화"), parabola(포물선), paradox(dox=opinion 역설), paragraph(절), parallel(al=other 평행의), parameter(meter=mother

scribble

매개변수), paramour(para=beside ; amour =love 정부〈情夫〉), paraphrase(의역하다), parasite(para=beside ; site=sit 옆에 붙어 앉아 피를 빠는 "기생충") 등이 온다.

pore
n.털구멍

10) 그냥이 아니라 꿰뚫고 나아가는 데서 pore(털구멍), bore(plow 뚫다), porous(구멍이 많은), board(cut 판자), foramen(소공), perforate(구멍을 뚫다)처럼 되기도 한다.

ferry
n.나룻배
piracy
n.해적질

11) 그냥이 아니라 몸에 짊어지고 나르는 데서 ferry(나룻배), ferry boat(연락선), freight (보통화물운송), ford(여울을 건너다), frith (강어귀), peril(fear 참조, 여행자의 "위험"), piracy(여기 저기 다니며 노략질하는 "해적질"), parlous(위험한), imperil(위험에 빠뜨리다), experience(go through 경험), experiment(실험), expert(숙련가), pharmacy(bring help 약국), pharmaceutic(조제의), pharmacological(의약적인) 등이 온다.

porch
n.현관
port
n.부두

12) 역시 go through or carry라는 데서 porch (현관), port(항구), portal(정문), portage (운반), portend(…의 전조가 되다), porter (짐꾼), opportune(op=toward 항구 쪽으로 순풍이 부는 "형편이 좋은"), comport(com =with 행동하다), sport(운동), sporty(운동가 다운), export(ex=out 수출하다),

scribble

import(bring into country 수입하다), important(들여올 가치있는 "중요한"), report(re=back ; carry back 보고하다), reportcard(성적표), reporter(보고자), support(sup=under 밑에서 짊어지고 견디며 "버티다"), transport(trans=across 수송하다), pledge(carry or assume 서약, 담보) 등이 온다.

price
n.가격
precious
a.귀한

13) 앞서 나아갈수록 가치있는 것이므로 first, prime, prince 등에서 변화한 price(가격), price index(물가지수), price list(가격 일람표), priceless(매우 귀중한), price tag(정가표), appraise(평가하다), praise(칭찬), prize(상품), precious(귀한), appreciation(식별), depreciation(de=down 가치의 하락), interpretation(inter=between 해석) 등의 예문이 말해주듯 against or in return의 뜻이 된다.

preach
vi.설교하다
profound
a.깊은
procedure
n.진행
profit

14) 앞으로 나아갔다는 pre, pro, pur, for, far 등 다양한 형태는 preach(pre+dict<speech> 설교하다), preacquaint(예고하다), preadult(성인 이전의), preadmonish(사전 충고하다), preannounce(예보하다), profound(found or bottom=base 깊은), procrastinate(지체하다), procedure(ced=go 진행),

scribble

n.이익

process(경과), prochronism(chron=time 시일전기), proclaim(공언하다), proconsul(지방총독), procreation(출산), production(duc=lead 생산), profane(fane=temple 불경스런), proffer(증정하다), proficient(fic=make 능숙한), profit(fic or fit=make 이익), profligate(flig=strike or throw 방탕한), progeny(gen=produce 자손), project(ject=throw 기획), prolapse(lapse=slip 탈출), prominence(mina=project 돌기), promiscuous(misc=mix 뒤섞인), promise(mise=send 약속), promotion(mote=move 승진), prompt(ompt=take 즉석의), prone(…하기 쉬운), pronounce(nounce=declare 음독하다), proportion(비율), protein(first in 단백질), proud(자랑으로 여기는), provide(vide=see 공급하다), provoke(약올리다), prow(뱃머리), prowl(rove in search 헤매다), prudence(분별) 등을 낳는다.

prefer
vt.오히려 …을 택하다
infer
vt.추단하다
defer

15) 탐이나서 다른 것보다 먼저 집어가는 것은 prefer(pre=before ; fer or ferry=carry 오히려 …을 택하다), preferable(바람직한), preferential(선택적인)이며, 머리 속에 집어넣어 논리적으로 추리하는 것은 infer(carry into 추단하다), inference(추리)이며, 딴 데

scribble

vt.연기하다

로 가져가서 다음에 쓰도록 대비하는 것은 defer(de=apart 연기하다), deferment(연기), deference(경의)이며, 아주 다른 데로 가버리는 데서 differ(dif=apart ; carry oneself from one side 다르다), different(다른), differential(특이한), indifferent(in=not 무관심한)이며, in(under)와의 결합은 infra(아래에), infrared(적외선), infrasonic(초저주파의), infrastructure(하부구조), inferior(하위의), infernal(지옥의), inferno(지옥)처럼 된다.

fortune

n.행운

16) 바라던 것을 가지고 와서 손에 넣을 수 있다면 행운이므로 fortune(fort=carry 행운), fortuitous(우연의), fortuitism(우연설), fortunate(행운의), unfortunate(불운한), fortuneteller(점쟁이), fortuneless(불운한)처럼 된다.

fertile

a.기름진

17) 열매를 맺으면 몸이 무거워져서 자식을 몸에 지니고 다니는(carry) 꼴이므로 fertile(기름진), fertilize(수태시키다), fertilizer(비료), ferret(먹을 것을 몰래 가져가 감추는 "흰 담비"), furtive(몰래하는)처럼 되며, 앞에다 내놓는 것은 offer(of=from 제안하다), offering(봉납)이다.

conference

18) 같이 가져와서(bring together) 상의하는 것

scribble

n.협의

은 confer(con=together 상의하다), conference(협의)이며, 도로 가져가는 것은 refer(re=back …에게 맡기다), reference(참조), referential(관련이 있는), referendum(국민투표), referee(중재자)이다.

bear

vt.나르다

birth

n.출생

19) 역시 무겁게 지니고 다니는 데서 bear(나르다), airborne(공수의), bearing(인내), born(타고난), berth(정박), birth(출생), birthday(생일), bier(관), barrow(과일행상인의 두 바퀴 손수레), burden(짐), sober(so=without 술을 가지고 와서 마시지 않은 "근엄한"), suffer(suf=under 괴로워하다) 등이 온다.

66 Final

어원분석 ***Fin, fix, dig, dike, dhar, fort, fis, bit, bed, fos, firm=to limit***(한정하다), ***to fix***(고정시키다), ***to mark***(구분하다), ***to split***(쪼개다), ***to excite***(자극하다), ***to excavate***(파다).

leading words

finale

n.종악장

1) 확고히 결말짓기 위하여 경계선을 분명히 하는 final(마지막의)은 finale(종악장), finalize(마무리하다), finally(최후로), fine(사건의 「결말」인 판결에서 부과되는 "벌금"),

scribble

affinity
n.인척관계

fix
vt.고정시키다
farm
n.농장
dig
vi.파다

finance(재정) 등으로 된다.

2) 끝 부분이 접하는 데서 affinity(af=to ; fine =boundary 인척관계), confine(한정하다), confinement(한정), define(de=from 한정하다), definition(한정)처럼 한계를 분명히 하거나 접근한다는 말이 되고, 어설프지 않게 「끝내주는」 멋진 마무리에서 fine(훌륭한), fine(split 미세한), finely(훌륭하게), finical (너무 멋을 빼다보니 "지나치게 신경쓰는"), finicky(까다로운), refined(훌륭한), refinement(세련)처럼 된다.

3) 이제 확고히 구분하여 경계를 고정시키는 데서 fix(고정시키다), fixed(고정된), fixture (정착물), affix(첨부하다), infix(꽂아 넣다), prefix(pre=before 접두사), suffix(suf =under 접미사), dig(fix의 f가 d로 "파다"), digging(파기), dyke(도랑), ditch(도랑), firm(굳은), firmament(옛사람들이 단단한 "하늘"에 별이 붙어 있다고 믿었음), firmly(굳게), affirm(확언하다), affirmative(단정적인), infirm(in=not 허약한), infirmary(진료소), farm(지주에게 「단단히 얽매인」 소작농이었던 농부들의 일터 "농장"), farmer(농부), farmhouse(농가), farmland(농지), farmstead(농장), confirm

scribble

(con=int 확실히 하다), confirmation(확정), furl(접다) 등이 된다.

dharma
n.법
throne
n.왕좌

4) 불교에서 말하는 달마선사도 확고하고 비길데 없는 강한 힘을 가진 어길 수 없는 법이란 뜻에서 dharma(법)가 되며, throne(왕좌), enthrone(왕위에 앉히다), dethrone(de=down from 퇴위시키다)의 throne도 firm과 일족으로 튼튼하다는 뜻이며, 고어체인 dherg에서 오는 forge(서서히 나아가다), force(힘), forcible(강제적인), fort(성채), fortification(축성), enforce(실시하다), reinforce(…을 보강하다)도 여기에 영향받는다고 할 수 있다.

bite
vt.물다

5) 물어 뜯어 나누어서 네것 내것을 분명히 하는 데서 bit(fix의 f가 b로 "재갈"), bite(물다), bitter(쓴), bittersweet(달콤씁쓸한), frostbite(동상), snakebite(뱀에 물린 상처), backbiting(험담), bait(미끼), abet(부추기다), bee(물어 뜯긴 조각처럼 작은 "벌"), beeswax(밀랍), beetle(딱정벌레), apian(꿀벌의), fissure(틈), fission(열개), trifid(tr=three 세갈래 난), fissionable(핵분열하는)처럼 물고 쪼개고 쏜다는 말이 된다.

bed
n.침대

6) 물고 찢고 쪼개는데 그치지 않고 이제는 땅속으로 굴을 파고 들어가서 아늑한 보금자리를

scribble

fossil
n. 화석

만들어서 편한 잠을 자는 데서 bed(bite or bed=split or cut or dig 침대), bedgown(잠옷), bedbug(빈대), bedmate(동침자), bedrock(반암), bedroom(침실), bedsore(욕창), bedtime(취침시간), bedwetting(잠결에 오줌싸기), embed(끼워넣다), seabed(해저), sickbed(병상), fossa(bed or fos=dig or cut 작은구멍), fosse(도랑), fossil(화석) 등이 된다.

boat
n. 배

7) 또한 통나무의 속을 후벼 판다음 물에 띄우면 이것이 곧 boat(cat or split 배, 배모양의 그릇), boatman(뱃사공), boat people(표류난민), boating(뱃놀이)처럼 되고 아주 잘게 쪼개는 데서(cut or split) piece(한 개, 한 구획), piecemeal(조금씩), apiece(하나씩), patch(헝겊조각, 좁은 땅), petticoat(페티코트), petty(사소한), pettish(토라진), pet(애완동물)처럼 된다.

67 Flow

어원분석

Flow, ***fly***, ***flood***, ***float***, ***fleet***, ***flight***, ***pluv***, ***plume***, ***fledge***, ***flock=to swim***(헤엄치다), ***to rain***(비가 오다), ***to swell up***(부풀어 오르다), ***to sail***(항해하다).

scribble

leading words	
flu *n*.독감	1) 비가 와서 물이 부풀어 오르면 헤엄을 쳐야 살아남을 수 있고, 공중에 날아다니는 것도 헤엄치는 것과 비유될 수 있다는 flow(sail or swim 흐르다)에서 flowing(흐르는), flu(독감), fluent(유창한), fluctuation(파동), fluid(유동성의), flume(물살이 센 계류), flux(흐름), affluent(풍요한), conflux(합류), influx(유입)처럼 쓰인다.
influence *n*.영향 influenza *n*.독감	2) 천체에서 발하는 흐름이 사람의 성격과 운명을 좌우한다는 점성술에서 influence(영향), influential(영향을 주는), influenza(독감)가 되며, 비가 많이 와서 흘러넘치는 flood(홍수), floodgate(수문), floodwood(유목)이나, fleet(함대, 빠른, 강어귀), fleetly(쾌속으로), float(띄우다), afloat(a=on 물에 떠서) 등도 flow의 일족이다.
fly *vi*.날다	3) 물에 떠서 흐르는 거나 공중에 떠서 날으는 것은 비슷하므로 fly(파리, 날다), flyflap(파리채), flytrap(파리통), flutter(펄럭이다), flush(푸르르 날다), fluorescent(형광성의), flight(날기), flea(벼룩), fledge(깃털이 다나다), floss(풀솜), flock(한뭉치의 양털), plume(깃털)처럼 된다.

68 Foot

scribble

Foot, ped, pod, pes=foot(발).

leading words

footer

n.보행자

footman

n.보병

foreigner

n.외국인

n.발판

expedite

vt.촉진시키다

1) 모두 foot(발)의 철자 변형에 불과한 단순한 내용이나 매우 활용도가 높으며, 예컨대 footbath(발 씻는 대야), footboy(급사), footbridge(인도교), footer(보행자), footgear(신는 것), footman(보병), footpath(보도), footprint(발자국), footstep(걸음걸이), footway(인도), footwork(발놀림), footwear(신는 것) 등이며, fetter(족쇄)도 발에 채우는 사실이기 때문이다.

2) ped, pad의 형태로 되면 pedal(발판), pedestrian(보행자), pedicle(작은 꽃자루), pedate(발이 있는), pawn(앞잡이, 卒), peddle(행상하다), pad(느리게 걷는 말), paddle(짧고 넓적한 노) 등이다.

3) 발이 묶여 있다면 아무것도 할 수 없으므로 속박을 벗겨 마음대로 빨리 처리할 수 있게 하는 expedience(ex=out 발이 족쇄에서 빠져나온 "편의"), expedite(촉진시키다), expedition(원정)이며, 반대로 발을 묶는 것은 impeach(im=into or against ; bind foot 탄핵하다), impeachment(고소), impede(방해하다), impediment(방해)이며, 발길로 되차서 쫓아내는 것은 repudiate(re=back ;

scribble

push back with the foot 거절하다) 이다.

pedestal
*n.*받침

4) pedestal(받침), pedometer(보수계), pedicure(발치료), pedigree(gree=crane 두루미 발 모양으로 자손이 퍼져가는 모습을 그린 "족보"), podagrous(발 통풍의), podium(최하부의 주춧돌), pew(발판에서 "의자"로 변신)도 일족이다.

pilot
*n.*조종사

5) 발이 있어야 움직이듯 배(ship)나 비행기는 조종사가 있어야 움직이므로 pod, plot, pilot으로 되어서 pilot(조종사), pilothouse(조타실), pilotless(자동조종의), pilot production(시험생산), pilot study(예비조사)처럼 된다.

fit
*vt.*맞게 하다
fetch
*vt.*가져오다

6) 신체의 아래 끝인 발(foot or end)을 이어붙이는 데서 fit(맞게 하다), fitly(꼭맞게), fitout(채비), fitting(적당한), unfit(부적당한), outfit(채비)가 되며, 제발로(with one's own foot) 걸어가서 가져오는 fetch(가져오다), fetching(매혹적인)도 여기서 온다.

pessimism
*n.*비관

7) 발밑으로 떨어지면 더러워지고 못쓰게 되므로 pejorative(가치를 떨어뜨리는), pessimism(발길에 짓밟힌 서러움에서 오는 "비관"), pessimist(비관론자), impair(손상시키다) 등이 된다.

patrol

8) 일정한 담당구역을 자기발로 걸어다니는 것은

scribble

n.순시

patrol(순시), patrolman(순시자)이며, 발로 밟고 다리는 땅은 pedology(토양학), pioneer (개척자), pawn(졸)을 낳는다.

69 Foreign

어원 분석	***Fore, door=to be abroad***(해외에 나가다), ***to be out of doors***(문밖에 나가다), ***to situate on the outside***(밖에 위치하다).

leading words

1) 문 밖으로 나가는 foreign (fore=out of doors ; reign=rule 외국의)은 foreigner(외국인), forum(공식집회에 쓰던 "대광장"), forensic(토론의), forensics(웅변술), forest (숲), forestation(조림), afforest(af=to 조림하다)처럼 된다.

door
n.출입문
outdoor
a.집 밖의

2) foreign의 f가 dh로 되고 이어서 d로 되면 door(출입문), door alarm(대문에 단 종), doorman(안내원), doornail(문의 장식용 대갈못), doorplate(문패), doorpost(문설주), doorsill(문지방), door-to-door(집집마다의), indoors(실내에서), outdoor(집 밖의), outdoors(집 밖에), open-door(문호개방의), closed-door(비공개의)처럼 쓰인다.

scribble

70 Found

어원 분석	***Found, fund, bot=to set solidly***(확고히 설치하다), ***to go to the bottom***(밑바닥으로 가다).

leading words

foundation
n.창건, 근거

fundamental
a.기본적인

1) 「밑바탕」을 다지는 found(…을 창설하다)는 foundation(창건, 근거), foundationer(장학생), fundament(기초), fundamental(기본적인), fundamentally(기초부터), fund(기본금), fund-raising(자금염출), refund(반환하다), profound(pro=forward 심원한)처럼 쓰인다.

bottom
n.밑바닥

2) found에서 bot로 철자되어도 bottom(밑바닥), bottoming(초도염색), bottomless(밑바닥이 없는), bottommost(맨밑바닥의)처럼 된다.

71 Four

어원 분석	***Four, square, tetra, quadra, quarter=four***(넷).

leading words

fourfold
a.네 겹의

1) 넷이라는 간단한 내용의 four(넷)이지만 상당히 유용한 어군을 거느리며 four-bagger(홈런), fourfold(네겹의), foursome(4인조),

scribble

fourteen(14의), fourth(제4의), fortieth(제40조 의), forty(40), fortnight(forteen nights 2주간)처럼 쓰인다.

squad
*n.*분대

2) squad(4각형의 "분대"), square(네모난 광장), squarely(네모로), quadruped(ped=foot 네발짐승), quadruple(4배의), quarry(네모꼴의 돌을 캐는 "채석장"), quarrel(네모난 화살), quaternary(4요소의), quarter(4분의 1), quarter-final(준준결승), quartette(4중주)처럼 squad 또는 quart의 형태로 철자되기도 한다.

tetrad
*n.*네 개

3) tetrad(네개), tetrachord(4도음계), tetrode(4극관)처럼 tetra로 철자되기도 하면, 네 갈래지는 fork(포크), forked(갈라진), forky(분리한), bifurcate(bi=two 두갈래로 나누다), furcate(가지난)는 break와 four의 영향을 동시에 받은 것으로 볼 수 있다.

72 Free

어원분석 ***Free, fili, fray, fraid, friend, frank, franchise*** =***to love***(사랑하다), ***to be friendly***(친해지다), ***to be liberal***(자유로워지다).

leading words

1) 사랑과 우정이 있다면 마음편히 행동할 수 있

scribble

freedom
n.자유

는 데서 오는 free(자유로운)는 freedom(자유), freehearted(거리낌 없는), freeload(공짜로 얻어먹다), free rider(무임승객), freethinking(자유사상), freewill(임의의)처럼 쓰인다.

fray
n.싸움

2) 사랑과 우정(평화)이 없다면 불안하거나 싸움이 일어나기도 하여 affray(af=away from ; free or fray=love 싸움), fray(싸움), afraid(a=on 두려워하는), affright(공포), fright(공포), frightful(놀라운)처럼 되며 affray와 esfright 앞에 생략된 af or ef(out of or away from)의 뜻을 포함해야 뜻이 통하는 말이다.

friend
n.친구
frank
a.솔직한

3) 친구의 우정도 그 어느 것에 못지 않는「사랑의 표시(love)」에서 오므로 friend(친구), friendly(친절한), friendship(우정)이 되고, 자유, 평화, 사랑은 저절로 손에 들어오는 것이 아니라 생명을 걸고 쟁취해 온 것이 인류의 역사이기에 솔직한 용기인 frank(솔직한), frankly(숨김없이), franchise(참정권), enfranchise(자유로워 질 수 있는 "참정권을 주다")처럼 되며, 아무거나 전리품(boot)처럼「마음대로(freely)」 쓰면(남용하면) 도둑질 또는 방해 공작이므로 freeboot(약탈하다), filibuster(freeboot의 변형 "약탈하다"),

scribble

filibusterism(의사 진행 방해연설)처럼 된다.

scribble

G

73 Go

어원 분석	**Go, ghe, heir=to reach**(도달하다), **to proceed**(나아가다), **to move on**(나아가다), **to achieve**(달성하다), **to turn**(돌다).

leading words

gone
*a.*지나간

1) 대문을 나서서 갈길을 찾아 나아가는 go(가다)는 gogo(고고춤), going(보행), gone(지나간), forgo(for=without …없이 때우다), outgo(…보다 멀리가다), outgoing(떠나는), undergo(겪다), bygone(지나간)처럼 쓰인다.

wind
*vt.*감다

2) go의 과거형(past form)은 ghe, gen, geen을 거친 went(갔다)이며 얌전히 간 것이 아니라 빙글빙글 돌거나 이리저리 방황하며 지향없이 나아가기도 하여 wind(turn 감다), winding(꾸불꾸불한), unwind(풀다), unwound(풀린), wander(헤매다)처럼 된다.

heir
*n.*상속인
inherit
*vt.*상속하다

3) went, gan, ghe, eir, herem, hoir 등을 고어체 변형을 거쳐 heir(상속인)가 되면 자손에게 물려주고 저승으로 "간다(go)"는 데서 이며, heirdom(상속인의 지위), heirless(상속인이 없는), hereditary(유전성의), yesterday(어제), inherit(상속하다), disinherit(dis=apart 상속권을 빼앗다)처럼 약간 변형된 철자를 보여준다.

scribble

gate
n. 길

4) gate(길), gait(걸음걸이), ago(a=on 전에), gate(대문), gatehouse(수위실), gateway(대문) 등도 대문 열고 나간다는 뜻에서 온다.

ganger
n. 두목

5) 같은 패거리가 되어 우루루 몰려가는 gang(한떼, 가다), ganger(두목), gangmaster(십장), gangway(객석사이의 통로)도 일족이다.

74 Grade

어원분석	***Grade, gress=to step***(걷다, 가다), ***to walk***(걷다), ***to come***(오다), ***to begin***(시작하다).

leading words

gradation
*n.*등급매기기

1) 한 계단(걸음)씩 나아가는 grade(등급, 학년)은 gradation(등급매기기), gradely(멋진, 유망한), gradient(경사도), gradual(점차적인), graduate(졸업하다), graduation(졸업, 등급), gressorial(보행성의)처럼 된다.

aggress
*vi.*공세로 나오다
congress
*n.*의회

2) 상용 접두어와의 결합을 간추려보면 aggress(ag=to 공세로 나오다), aggressive(공격적인), congress(con=together 같이가서 모이는 "의회"), congressman(하원의원), degrade(de=down 지위를 낮추다), degression(내리기), degree(de=of 등급), digress

scribble

(di=apart 빗나가다), egression(e=out 외출), regress(re=back 후퇴), regression(복귀), retrograde(후퇴하다), ingredient(in=into 성분), progress(pro=forward 전진), progression(진행), transgress(trans=across 한도를 벗어나다), downgrade(내리받이), upgrade(오르막길) 등이 있다.

75 Grave

어원분석 **Grave, grieve, brute, baro = to make heavy (무겁게 하다), to weigh(압박하다).**

leading words

gravimeter
n.비중

1) 무겁고 둔하고 우울한 grave(엄숙한, 중대한, 수수한)에서 gravid(임신한), gravimeter(비중), gravisphere(인력권), gravitation(중력), gravy(고깃 국물), gravy train(돈방석)처럼 주로 무겁다는 뜻이 온다.

aggravate
vt.더욱 악화시키다

2) ag(to)라는 강조의미가 첨가되면 aggravate(더욱 악화시키다), aggravation(악화)처럼 되고, grief(비탄), grieve(비탄케하다), grievous(심한, 중대한), aggrieve(괴롭히다) 등도 마찬가지이다.

barology

3) grave에서 bra, bara로 되어 barology(grave

scribble

n.중력학
barytone
n.바리톤

or baro=heavy 중력학), barometric(기압의), barytone(남자의 무거운 목소리인 "바리톤"), brute(무거운 동물인 "짐승"), brutal(짐승의)처럼 되며, brute와 동족은 아니나, 사나운 동물이라는 뜻의 beast(짐승), beastly(잔인한), bestial(짐승의), bestiary(동물우화집) 등이 있다.

76 Grind

어원분석 **Grind, ground, grain, corn, chroma, chrone, friction, cream, great, gross=to smear or rub**(문지르다), **to touch slightly**(가볍게 스치다), **to gnash**(이를 악물다), **to wear**(닳게 하다).

leading words
grind
vt.빻다
ground
n.흙
grain
n.곡물

1) 단단하고 커다란 덩어리도 하염없이 긴 세월 동안 시달려서 자갈, 모래, 흙먼지로 변해가는 모습을 보여주는 grind(빻다)는 ground(빻은), grit(자갈), ground(바위를 심히 문질러서 「흙」이 되고 땅바닥에 신발이 스치거나 배가 바다 밑에 좌초될 때에도 땅을 스치게 되므로 "흙"), groundless(근거없는), groundwork(기초공사)처럼 쓰인다.

2) 갈거나 빻는 것 중에서 빼놓을 수 없는 것이 grain(곡물), grainfield(곡식 밭), engrain

scribble

(깊이 배어든), granary(곡물창고), granite (결이 있는 단단한 "화강암"), granule(미립), gravy(고깃국물), grenade(알갱이 같이 퍼지는 "수류탄"), garner(곡창), kernel(낟알), grime(rub 검뎅), corn(곡식), crow (곡식 밭에 덤비는 "까마귀"), scarecrow(허수아비), crane(두루미), friction(마찰), fry (기름에 튀기다) 등이다.

cream
*n.*크림

3) 얼굴에 문지르는 것은(rub) cream(크림)이며 원래 옥수수즙을 만들어 얼굴에 발랐던 것이므로 옥수수즙을 내기 위하여 끓인다는 뜻의 (burn or boil) cremation(소각)이 되고, 원래 커다란 덩어리에서 문지르기 시작하므로 great(큰), greatly(대단히), gross(커다란), engross(크게 정자로 쓰다), grocer(식료품장수)처럼 된다.

chronic
*a.*장기간에 걸친

4) 한 없이 긴긴 세월에 걸쳐 비바람에 바위가 파손되고, 피부를 심히 문지르면 변색되므로 「시간 또는 색깔」이란 뜻으로 되는 chronic (wear out or rub 장기간에 걸친), chronically(오래 끌어), chronologer(연대학자), chronological(연 대 순 의), synchro(syn = same 동시작용의), chroma(color 채도), chromatic(채색의)처럼 되기도 한다.

scribble

H · J

77 Hall

어원분석

***Hall*, *hell*, *hold*, *hulk*, *cell*, *cal*, *clan*, *cil*, *cult*, *color*, *helmet*, *xylo*, *ceal*=*to hide*(숨기다), *to protect*(방어하다), *to count*(계산하다), *to cover*(덮다), *to contain*(넣다).**

leading words

caul
n.대망막

1) 덮어가리고 숨겨서 보호하는 hall(회관)에서 caul(대망막), apocalypse(apo=from ; cal=cover 묵시), dance hall(무도장), hell (covered 지옥), hallway(복도), hell-bomb (수소폭탄), hellcat(마녀), hold(선창), hole (구멍), hollow(텅빈), hulk(폐선), hull(외피, 선체) 등이 생겨난다.

cell
n.세포
celibate
a.독신의

2) 포도주를 숨겨 저장하던 곳이 cellar(hide 지하실), cell(작은 방, 세포), cellmate(감방 친구), cellophane(셀로판), cellular(세포질의), cellulose(섬유소), celibacy(독신), celibate(독신의) 등을 낳고, clandestine(비밀의), cilia(속눈썹), supercilious(super=over 거만한), seel(눈가림하다), occult(oc=from ; cult=cover 숨은), conceal(숨기다) 등도 덮어 가린다는 말이다.

color
n.색

3) 생태계가 자연에 순응하기 위하여 보호색으로 자기방어를 하는 것은 자연스러운 현상이어서

scribble

color(cover or protect 색), color-blind(색맹의), colored(색채가 있는), colorful(색채가 풍부한), coloring(착색), colorless(무색의), colorwash(수성도료), multicolored(다색의), discoloration(변색) 등을 낳고, 머리를 덮어 보호해 주는, helmet(투구), helm(조타, 투구), holster(권총집), upholster(…에 커버를 씌우다), overwhelm(압도하다), cucullate(두건 쓴) 등도 덮개라는 뜻에서이다.

xylem
n.목질부

4) 생물체는 작은 방 모양의 세포로 구성되어 있으나, 이 중에도 나무(tree)를 가리키는 말로 한정되면 xylem(목질부), xylogen(목질), xylograph(목판화), xylophone(phone = sound 목금), silvan(숲의), sylph(공기의 요정), savage(야만의)처럼 되는데 sibuan이나 savage는 숲이 우거져 하늘이 안 보이게 덮인 데다가 nymph가 xylo(tree)와 결합하여 생겼다고 할 수 있다.

calcium
n.칼슘
calculation
n.계산

5) 미리 돌로(stone) 방벽을 쌓아 숨을 곳을 마련하는 데서 「돌(stone)」이라는 뜻이 되고 calcarious(석회질의), calcium(칼슘), calculate(실에다 석회석을 꿰어 계산에 써서 "산정하다"), calculation(계산), incalculable(무수한), callus(stone 피부경결), kick

scribble

(calc, cac, cic, kick「돌같이 단단한」 뒤꿈치로 "차다"), kickoff(시작), chalk(석회석으로 만든 "분필")처럼 다양하게 변화한다.

78 Hard

어원분석	***Hard, card, corn, horn, cancer, cerebral, crowd, crust, cryst, harbor, cherry=to put into prison***(투옥하다), ***to be strong***(강해지다), ***to be bold***(용감해지다), ***to provide ledging***(숙소제공하다).

leading words

harden

vt.단단하게 하다

hardly

ad.거의 …아니다

1) 단단한 껍질이 되어 굳어지는 hard(굳은)에서 harden(단단하게 하다), hard-headed(완고한), hardily(대담하게), hard-line(강경한), hardly(거의 …아니다), hardpressed(돈에 쪼들리는), hardship(곤란), hardware(설비류), hardy(튼튼한), harsh(거친), horn(뿔), hornless(뿔 없는), horny(뿔 모양의), harry(약탈하다), harbor(protect 항구), harbinger(선구자), harness(멜빵, 마구)처럼 되는데, harry는 억센 군인들이 약자를 괴롭힌다는 말이고, harbor는 억센 군인들을 보호하는 방벽(부두)이며, harness는 억센 군인(기마병)에게 필요한 마구이다.

scribble

cancer
*n.*암

2) hard에서 card, cacer, cancer로 되면 신체 조직이 단단히 굳어버리는 cancer(암), cancerate(암이 되다), cancel(단단한 쇠창살 모양으로 지우듯 "약분하다, 취소하다"), crass(우둔한), craft(strong 기능), crave(요구하다), craftily(교활하게), cerebral(대뇌의), cheer(격려)처럼 된다.

corn
*n.*티눈
crowd
*n.*군중

3) corn(티눈), corner(모), cornerstone(주춧돌), card(hard paper 카드), cartoon(만화), cartridge(탄약통), chart(해도), crowd(세게 밀어 붙인 push hard "군중"), crowded(만원의), curdle(응결하다), crust(빵껍질), crystal(수정), cherry(벚나무), scorn(s=out ; cut horn 뿔을 잘라서 "경멸하다") 등도 단단하다는 데서 온다.

79 Hill

어원분석 ***Hill, cel, cul, hance, alt, alb, blank, black, flame, fulg, blond, bald=to be high***(높아지다), ***to be white***(희어지다), ***to be bright***(밝아지다), ***to grow***(자라다).

leading words
hilly

1) 자라서 높아지고, 높은 것은 산(mountain)이고, 높은 산에는 흰 눈이 덮여 있고, 흰눈은

scribble

a.구릉성의
enhance
vt.인상하다

밝은 색이고, 어두움을 밝히는 데는 불빛이 있어야 하는 연속된 연관관계에서 높다는 것을 말해주는 hill(작은산, 언덕)에서 hillock(흙더미), hilly(구릉성의), enhance(강화하다, 인상하다), column(원기둥), colonel(높은 자리에 있는 "육군대령"), culminant(최고점의), colossal(거대한), excel(ex=out of or above 능가하다), excellent(우수한), haughty(거만한), altimeter(고도계), altitude(고도), alto(앨토), hoist(게양하다), exalt(ex=out of 높이다), exaltation(올리기)처럼 쓰인다.

old
a.늙은
elder
a.손위의
adult
a.성장한
abolish
vt.…을 폐지하다

2) 잘먹어서 기르면 자라서 어른(어미)이 되므로 old(늙은), olden(nourish or grow 고대의), old-fasioned(고풍의), old maid(노처녀), old-line(보수적인), old-time(옛날의), elder(손위의), elderly(나이가 지긋한), alderman(시의회 의원), adult(성장한), adultoriented(성인 취향의), adolescence(청년기), abolish(ab=away from ; destroy …을 폐지하다), abolition(폐지), coalition(co=with 합동, 제휴), coalescent(합병한), aliment(al=grow or nourish 영양물), alimentary(음식물의), alumnus(충분히 양육된 "졸업생"), proletarian(pro = forward ; alet = nourish ;

scribble

Rome 시대에 가장 가난했던 계층의 사람들은 재산이 없었으므로 오로지 자식을 「길러」 나라에 봉사케 할 수밖에 없었던 "무산계급의"), world(wor or vir=man ; ld or old=grow high 옛사람들은 사람이 태어난 것과 세상이 창조된 것이 같은 시기로 믿은 데서 "세계"), worldly(이 세상의, 속세의), worldlywise(처세에 능한), world-shaking(세상을 놀라게 하는), world-weary(염세적인), world-wide(세계적인)에서 보듯이 먹여서 잘 자라도록 양육한다는 말이 된다.

alb
n.흰 삼베의 사제복
album
n.앨범

3) 자라서 키가 커지면(높아지면) 어른이 되고 나중에는 「백발이」 성성해지며, 또한 자라서 높은 산 꼭대기만큼 올라간다면 「백발같은 눈」이 사철 쌓이게 되므로 white라는 뜻으로 발전하면서, alb(high, white 흰 삼베의 사제복), albescent(흰색을 띤), albinism(백피증), albino(백변종), album(원래 흰색바탕의 "앨범"), albumen(알의 흰자), alburnous(백목질의), alp(높은 산), alpenglow(고산에서 보는 노을), alpine(높은 산의), alpinist(등산가), the Alps(알프스산맥)처럼 쓰인다.

blank
a.백지의, 텅빈

4) 위의 alb에서 bal, bla로 철자의 위치가 바뀌어도 white의 뜻은 유지되며 blank(백지의,

scribble

blanket
n.담요

텅빈), blankbook(백지장), blanket(원래 흰색의 "담요"), blanketing(담요감), blankly(멍하니), blank verse(무운시), blaze(표적, 흰 표적), bleach(희게 하다), bleaching(표백), blear(흐린), blanch(바래다), blend(혼합하다), blind(뒤죽박죽 섞어서 「허옇게」 칠하여 "앞을 못보는, 맹목적인"), blink(희게 눈 부셔서 "눈을 깜박이다"), bald(대머리의, 단조로운), blond(금발인), blunt(무딘, 퉁명한), blur(얼룩), blunder(큰 실수)처럼 되며, 너무 밝아 눈을 뜰 수 없거나 허옇게 칠하여 분간할 수 없는 데서 오는 "눈먼, 큰 실수, 무딘, 흐린" 등의 뜻이 된다.

black
a.검은

5) 불꽃이 활활 타오르면 세상이 하얗게(밝게)되고 타고나면(burn) 까맣게 재(ash) 또는 숯(charcoal)만 남게 되므로 white의 반대인 black(burn 검은), blackball(반대투표), blackberry(검은 딸기), blackbird(검은 새), blackboard(흑판), black mark(낙제점), blackness(검음), blackout(정전), black sheep(검은 양, 말썽꾼), blacksmith(대장장이)처럼 된다.

flame
n.불길
flash

6) 하얗게(밝게) 타오르는 불길은 flame(불길), flamboyant(현란한), flameproof(방염의), flaming(타오르는), flamy(불길의), flash(섬

scribble

n.섬광

광), flashback(회상장면), flashlight(회중전등), flashy(겉치레뿐인), inflame(…을 태우다), inflammable(불붙기 쉬운), flagrant(꼴사나운, 악명높은), conflagration(con=utter 큰 화재), deflagrate(타오르다), fulgent(찬란한), fulgurate(번쩍이다), effulgent(ef=out 찬란한), fulminate(번쩍이다) 처럼 되기도 한다.

80 Hive

어원분석

Hive*, *hip*, *cub*, *cup*, *cumb*, *cum*, *hump*, *lunch*, *germ*, *gastro*, *high*, *cam*, *camp*, *gam*=*to lie down(드러눕다), ***to pit***(…에 구멍을 뚫다), ***to be hollow***(텅비다), ***to curve or bend***(굽다), ***to quarrel***(싸우다).

leading words

coop

n.닭장

hip

n.엉덩이

huge

a.큰

1) 속은 텅비고 겉은 불룩한 아늑한 보금자리인 hive(bend or hollow 꿀벌통)에서 철자가 약간씩 변하는 coop(닭장), cooper(bend 통제조공), hip(bend at a joint 관절이 굽어지는 부위인 "엉덩이"), hip pocket(뒷주머니), high(bend or swell 높은), huge(큰), height(높이), heighten(높게하다), heyday(절정때), incubate(in=on ; cub=lie down or sit

scribble

on 부화시키다), incubation(부화), incubator(부화기, 조산아 보육기), incubus(in=upon 잠자는 사람위에 덮쳐 드러눕는 "악몽"), succumb(suc=under ; cub=lie down 압도당하다), incumbency(in=on ; cumb=rest or lie down 성직자, 공직자의 임무), incumbent(의지하는), cumber(lie down 큰 나무를 베어 쓰러뜨려 길을 막는 "방해물"), encumber(훼방놓다) 등도 굽은 것 또는 드러눕는 것과 관련되어 생겨난다.

cube
n.입방체
heap
n.더미

2) 드러누워 자는 침실에서 cubature(체적), cube(입방체), cubic(입방의), cubism(입체파)처럼 굽었다는 뜻이 오며, 도로 드러눕는 recumbent(re=back 드러누운), decumbent (de=down 드러누운)이나, 수북히 쌓아 올려 불룩한 모습(swell or bend)에서 heap(더미), hoop(굴렁쇠), cup(컵), cupboard(찬장), hump(혹), hunch(혹), hummock(언덕), hammock(그물침대), chime(차임), gem(보석), gemmate(싹이 있는), geminate (쌍으로 하다) 등이 오는데 cymbal(심벌즈)나 geminate에서 쌍동이의 뜻이 되는 것은 쌍동이를 밴 임산부의 배는 눈에 띄게 불룩한 데서 오는 말이다.

comrade

3) 몸통에서도 유난히 불룩한 곳이 밥통(위)이므

scribble

n.친구
chamber
n.방

로 stomach(위)을 뜻하는 gastro(밥통), gastric(위의), gastroentric(위장의)처럼 되며, kink(꼬임), akimbo(a=on 두 손을 허리에 대고 팔꿈치를 펴고), camera(lie down =room 사진기, 판사의 사실〈私室〉), camer-aconscious(카메라 앞에 서는 데 익숙치 못한), camera-shy(사진혐오의), comrade (chamber fellow 친구), chum(room fellow 친구), chamber(방), chamberlain(의전관), cabaret(카바레), chimney(room with a fireplace 굴뚝), chimney sweeper(굴뚝청소부), cant(bend 경사), cantle(안장 꼬리), canteen(bend 한 쪽 모퉁이에 두었던 "주보") 등은 lie down(room), bend의 뜻에서 온다.

gam
n.다리
game
n.놀이

4) 무릎관절이 굽기 때문인 gam(다리), game (bend 절름발이의), gammon(훈제 햄)이나 다리(leg)가 있기에 뛰놀고 사냥도 할 수 있으므로 gambit(it=go 초판의 수), gamble (내기하다), game(놀이)이나, 등이 불룩하게 부푼 camel(bend 낙타), camel bird(타조), change(bend or turn or twist 변화), change-up(투수의 구속 변화), exchange(교환하다), ham(bend or leg 햄), hamburger (햄버거) 등도 bend에서 발전한다.

scribble

camper
n.야영자
champion
n.투사

5) 들과 산은 울퉁불퉁하여 swell or bend에 끼어도 손색이 없으며, 산과 들에서 나라를 위한 싸움이 벌어지게 되어 bend에서 field or quarrel or garden이라는 뜻으로 확대되어 campaign(quarrel 종군), camper(야영자), campfire(야영의 모닥불), campo(대초원), campus(garden 교정), encamp(야영하다), champagne(프랑스 북부지방 넓은 평야지인 champagne에서 생산한 술 "샴페인"), champion(투사), champ(선수권자)처럼 쓰이기도 한다.

uterus
n.자궁
hysterical
a.히스테리의
ventral
a.배의

6) 텅 빈 물주머니 같은 자궁도 불룩하다는 뜻이며 water(물)에서 wat, ut으로 되고 vacant(텅 빈)에서 vant, unt, ut처럼 영향을 받으면서 위의 gastro(stomach)의 변형인 uterus(water bag or womb 자궁), uterine(자궁의), hysteria(자궁가진 여성의 전유물인 "광란, 히스테리"), hysterical(히스테리의), hysterology(자궁학), hysterotomy(tom=cut 자궁절개), vesica(방광), vesicle(소낭), ventral(womb or stomach 배의), ventricose(배가 튀어나온) 등이 온다.

gas
n.기체

7) gum(잇몸)의 안은 텅빈 입이고 gas(swell or empty 기체), gaseous(가스의), gasp(헐떡거림), gasoline(휘발유), gaze(empty 멀거

scribble

니 "바라보다"), yawn(하품하다), yawning (하품을 하고 있는), gap(빈곳, 구멍), gape (입을 딱벌리고 바라보다), gappy(결함이 많은), chaos(혼돈, 무질서), chaotic(대혼란의) 등도 부분적으로 의성어지만 텅빈 공간이라는 말에서 온다.

chap
n. 튼 데

coup
n. 불시의 일격

8) 속을 후벼 파서 텅빈 gas와 유사하게 위의 cup에서 chop(cut 자르다, 턱)으로 되면 부분적으로 cap(head)에서 caput, haput, hat, head, behead(목을 자르다)에서 cut의 뜻이 되었다고 할 수 있고 cam, cham, hive 등은 속을 후벼 파서(cut) 텅 빈 데서이며, 아무튼 cut을 basic idea로 하는 chop은 chopping(쳐서 자르기), chap(튼 데), chapped(튼), cope(cut, strike 잘 대항하다), coppice(cut 작은 덤불), coupon(cut 쿠폰), coup(cut 불시의 일격), coup détat(쿠데타), comma(쉼표), cuff(찰싹 때리기)처럼 쓰인다.

chew
vt. …을 씹다.

9) 의성어인 chew(cut …을 씹다), jam(씹으려고 〈cut〉 "쑤셔 넣다"), champ(소리내어 씹다)도 유사하다.

81 Homocentric

어원 ***Homo, omo, some, same, sim, sem, sim,***

scribble

분석	***syn, syl, sys, sym, seem=to be same***(같다), ***to take after***(닮다), ***to be like***(같아지다), ***to imitate***(흉내내다).

leading words

homogeneous
a.동종의

anomaly
n.변칙

1) 닮거나 같다는 뜻의 homocentric(같은 중심을 가진)에서 homogeneous(gen=produce 동종의), homogenesis(순계발생), homophone(phone=sound 동음자), homeopathic(path=suffer 동종요법의)처럼 쓰이며, homo에서 h가 탈락된 anomaly(an=not ; omon=same 변칙), anomalous(변태의)처럼 되기도 하고, some으로 철자되어 winsome(매력 있는), awesome(무서운), fearsome(무시무시한), handsome(잘생긴), lissome(나긋나긋한), tiresome(성가신)처럼 원뜻을 보조해 주는 경우도 있다.

some
a.어느

same
a.같은

2) 역시 some 또는 same의 형태로는 some(어느), somebody(누군가), someday(훗날), somehow(아무튼), something(무엇인가), somewhile(때때로), same(같은)처럼 되고, 똑같지 않지만 유사하게 닮는다는 similar(비슷한), similarity(유사), simulation(가장), simultaneous(동시에 일어나는), dissimilar (dis=not 같지 않은), assimilate(동화시키다), assemble(as=toward 모으다), assem-

scribble

single
a.단 하나의
simple
a.간단한
seem
vi.…처럼 보이다
symptom
n.징후

bly(집합), semblance(유사), resemble(닮다)처럼 되기도 한다.

3) single(단 하나의), singular(드문), singularly(진귀하게), simple(ple=fold 간단한), simpleton(바보), simplex(단일의), simplify(단일화하다), seem(…처럼 보이다), seeming(외관상의), seemly(알맞게), sincere(cere=sift 한마음의 "진실한"), symmetric(metr=measure 대칭적인), symposium(pos=drink 술잔을 같이 나누던 "향연, 좌담회"), symphony(phome=sound 한 가지 소리의 "교향곡"), symptom(ptom=fall 징후), syllable(lab or latch=hold 음절), synchro(chro=time 동시동작의), syndrome(drome=run 증후군), synonym(onym=name 동의어), synopsis(ops=see 개요), symbol(bol or ball=throw 상징), sympathy(path=feel 동정), sympathetic(동정적인), syntax(tax=arrange ; put in order 구문론), synthesis(thesis=put 종합), system(stem=stand 조직), systematic(조직적인) 등도 마찬가지다.

82 Horizon

scribble

어원 분석	***Hor, bor, pol, berg, fort=boundary***(경계선), ***town***(읍), ***city***(시), ***fortified castle***(성채), ***limit***(한도), ***circle***(원), ***protection***(방어), ***strength***(힘).

leading words

urban
a.도시의
herb
n.풀

1) horizon(수평선)은 망망대해에 마치 선(방벽)으로 경계선을 그어 놓은 것 같은 데서이고 aphorist(op=off ; horizon=separation 보통의 말과 구별되는 "경구가"), urb(hor, or, ur, urb=boundary 도시구역), urban(도시의), rurban(전원도시의) 등이 되는데, 이 urban은 arbor(수목, 정자), herb(풀), bower(나무 그늘, 시골집), neighbour(이웃)에서 보듯 나무 말뚝으로 둘러치거나 나무가 우거진 곳에 촌락을 형성하여 안락하게 살아가던 옛 모습을 우리 눈 앞에 그려준다.

burgess
n.시민
bury
vt.매장하다

2) 이와 같이 비바람을 막아주는 방벽(말뚝, 수목)에서 사람이 사는 곳 또는 보증이라는 뜻으로 되어 borough(자치도시), burgess(시민), burgeois(중산계급의 시민), burrow(숨는 곳), bury(매장하다), burial ground(묘지), burglar(city thief 밤도둑), harbour(har=army ; bor=protect 항구), unbury(발굴하다), borrow(protect or guarantee 보증하고 "빌려주다"), barrow(분묘), berg

scribble

(빙산), iceberg(빙산)처럼 쓰인다.

brigade
n.여단
police
n.경찰

3) 최선의 공격이 최선의 방어일 수 있으므로 protect or fight로 되면 brigade(berg, breg, brig=fight 여단), birgand(산적), fire brigade(소방서)처럼 쓰이며, 역시 방벽을 만들어 아늑한 생활을 즐길 수 있는 도시 건설에서 bor, por, pol(protection, city, village)로 되는 police(경찰), police box(파출소), police force(경찰력), police offense(경범죄), policy(정책), politician(정치가), acropolis(acro=sharp 성채), cosmopolis(cosmos=world or universe 국제도시), metropolitan(metr=mother 수도의)처럼 쓰인다.

force
n.힘

4) 강력한 힘과 튼튼한 방벽은 force(힘), fort(보루), forte(장기), fortification(방어), confort(격려하다), enforce(실시하다), effort(ef=out 노력), fortress(요새지), fortitude(용기)처럼 fort or force로 철자되며 final의 영향을 받는다고 할 수 있다.

bargain
n.거래
barge
n.거룻배

5) 단단히 「보호된」 나무껍질을 벗기고 배를(ship) 만들어 타고 장사를 하는 데서 bargain(거래, 특가품), barge(거룻배), bark(나무껍질), bark(범선), embark(배에 싣다), disembarkation(dis=apart 상륙),

scribble

board(나무를 잘라 만든 "판자"), birch(자작나무), bright(birch는 희고 밝은 색의 나무 "밝은"), brilliant(빛나는) 등이 된다.

83 House

어원분석 ***House, cit, civ, hut, hide, hose, cot, cute=shelter***(피난처), ***cover***(덮개), ***assembly***(모임), ***council***(회의), ***lying down***(드러눕기), ***fortress***(요새).

leading words

household
*n.*가정

housekeeper
*n.*주부

1) 덮어 가리는 house(집)에서 house agent(복덕방), housebroken(집에 길든), house famine(주택난), household(가정), housekeeper(주부), house-proud(집자랑하는), house-to-house(집집마다의), hothouse(온실), husband(남편), husk(seed's little house 껍질), husky(콩껍질 같은 "쉰목소리의"), hut(오두막), hose(긴 양말), hosier(양말장수) 등이 온다.

hide
*vt.*숨기다

2) 역시 덮개라는 데서 hide(숨기다), hide(가죽), hoard(저장하다), cot(시골집), cote(양우리), cottage(시골집), cottage industry(가내공업), cuticle(표피), custody(보호) 등이 온다.

scribble

home

*n.*자택

3) 가정이란 애정과 친절이 넘치는 정겨운 곳이므로 house와 유사한 home(자택), homebody(가정적인 사람), homely(가정적인), homer(홈런), home rule(지방자치), homesick(망향병의), hometown(고향), homework(숙제), ham(마을), comedy(edy=song 가정과 마을에 즐거움과 웃음이 있으므로 "희극"), cemetery(cem=lie down or sleep 공동묘지)처럼 된다.

city

*n.*도시

civic

*a.*시민의

4) 자기집처럼 편안히 드러눕는 마을이라는 데서 home, comos, cit로 변화하는 city(도시), city hall(시청), citizen(시민), civic(시민의), civilization(교화), civilly(시민답게)처럼 쓰이기도 한다.

84 Human

어원분석 ***Hume, chthon, homo=bo on the ground***(땅위에 있다), ***to be earth-born***(땅에서 태어난).

leading words

homage

*n.*존경

1) 모든 생물이 그렇듯이 사람도 땅에서 태어나서 땅 위에서 살다 죽는 데서 오는 human (soil 사람, 사람의)은 homo sapiens(인류), homage(사람에 대한 "존경"), humane(인도적인), humanics(인간학), human-wave

scribble

sweep(인 해 전 술), inhuman(몰 인 정 한), superhuman(초인적인)처럼 쓰인다.

humus
n.부식토
inhume
vt.매장하다

2) 이제 earth or soil 쪽으로 오면 humus(부식토), exhumation(ex=out ; hume=earth 발굴), inhume(in=into 매장하다), autochthon(auto=self 토착민), chameleon(cham or hume=on the ground 〈earth〉 카멜레온), chameleonic(변덕스러운), humble(지나치게 코를 땅바닥에 대고 굽실대는 "비천한"), humiliate(창피를 주다), humility(겸손)처럼 된다.

groom
n.신랑

3) germander(개불알꽃)도 땅을 기는 식물이고 이와 같은 homo, gomo, germa, grem, groom의 형태가 되면 groom(신랑), groomsman(신랑들러리), bridegroom(신랑)처럼 철자에 주의를 요하는 경우도 있다.

scribble

85 Jet

어원 분석	***Jet, jact, ease, jac, ject=to throw***(던지다), ***to hurl***(던지다), ***to cast***(던지다).

leading words

jut
n.돌출
eject
vt.쫓아내다

1) 쏘고 던지는 jet(분사, 분출구)는 공기를 뒤로 「내뿜는」 반동의 힘으로 달리는 jet airplane(제트기)를 생각하면 금방 알 수 있으며, jut(돌출), abject(ab=from ; ject=cast 비천한), deject(de=down from 기를 꺾다), dejection(낙담), eject(e=out 쫓아내다), ejection(방출), injection(in=into 주입, 주사), interjection(inter=between 감탄)처럼 된다.

conjecture
n.추측
objective
n.목표
project
n.계획

2) 그냥 슬쩍 던져서 맞히는 conjecture(con=int 추측)이나, 앞에 던져진(주어진) object (ob=against or before ; throw in the way of 물건, 목적), objectify(객관화하다), objection(반대), objective(목표), project (pro=forward 계획), projecting(불쑥내민), projection(투사)나, 도로 던지는(거부하는) reject(re=again 거절하다), rejection(배제)나 발밑에 던져진 subject(sub=under 주제), subjection(정복), subjective(주관적)이나, ejaculation(e=out 부르짖음), adjacent(이웃

scribble

의), adjective(형용사) 등이 모두 「던진다」는 뜻에서 온다.

ease
*n.*편함

3) 가까이 던져서 편리하게 되는 adjacent나 adjective에서 jacent, acen, ease로 되면 ease(편함), easeful(안락한), easeless(불안한), easy(쉬운), easygoing(태평스러운), disease(dis=not 질환), malaise(mal=bad 불쾌), uneasy(꺼림직한, 불편한)처럼 쓰여진다.

scribble

L

86 Lace

어원분석	***Lace, lash, lic, light, lateh, lab, lep=to allure***(유인하다), ***to moose or snare***(덫으로 잡다), ***to deceive***(속이다), ***to seduce***(유혹하다), ***to bind***(묶다).

leading words

enlace
vt.…을 휘감다
lash
vt.매다

1) 미끼를 던져 살살 꾀어 올가미로 옭아 잡는 lace(끈)는 enlace(…을 휘감다), unlace(…의 끈을 풀다), lash(매다), latch(빗장), latchkey(걸쇠벗기는 열쇠), unlash(…의 끈을 풀다), unlatch(…의 빗장을 벗기다), delicacy(꾀기 위한 "정교함"), delicate(섬세한), delicately(우아하게), delicious(맛있는)처럼 쓰이며, 매사에 그렇듯이 육감적으로 우아해 보이고 맛있는데 끌려 들면 틀림없이 올가미를 벗어날 수 없음을 경고해 주는 delicate, delicious이다.

delight
vt.즐겁게 하다
elicit
vt.…을 끌어내다
syllable
n.음절

2) 위의 delicate or delicious 와 마찬가지로 delight(de=away from 즐겁게 하다), delighted(기뻐하는), delightful(매우 반가운), delectable(즐거운), elicit(e=out …을 끌어내다)에서 볼 수 있듯이 사탕발림으로 꾀어 잡으려는 작전을 말해주며, 올가미로 덮쳐 묶는 데서 epilepsy(epi=upon ; lep or latch

scribble

=bind 간질)이 되고, syllabary(syl=with ; lab or lace=bind「한 묶음의 음절인 "음절 문자표"), syllabic(음절의), syllabication(분철법), syllable(음절), syllabus(요목) 등도 묶음으로 묶는다는 뜻이며 이 chapter는 legible, legal 등에 연결되므로 따로 다루었다.

87 Languid

어원분석 ***lang, lack, lish, let, late, lab=to feel faint***(허약해지다), ***to be lazy***(게을러지다), ***to be over-relaxed***(너무 이완된), ***to release***(풀어주다), ***to loosen***(늦추다), ***to allow***(허락하다).

leading words

languish
vi.노곤해지다

lack
n.부족

relish
n.맛

1) 힘없이 맥빠지고 느슨한 languid(나른한)의 일족으로 languish(노곤해지다), languishing(질질끄는), lack(부족), lacking(부족한), lackluster(빛이 없는), slack(늘어진), slacken(늦추다), lag(늦어지다), laggard(느림보), lax(느슨한), laxation(방종), laxative(설사약), relax(늦추다), relaxed(이완된) 등이 있다.

2) 철자가 약간 달라진 relish(re=back ; lish=loosen ; let go back or what's left behind

scribble

맛), leash(cord held loosel 가죽끈), delay(지연시키다), delaying action(지연작전), relay(keep fresh dogs in reserve on a hunt 교대용 개), lush(flabby or soft or wet 푸릇푸릇한) 등도 축 늘어지고 처지기는 마찬가지이다.

let
vt.시키다

3) 역시 돋구어 주는 let(시키다), letup(정지), lassitude(권태), last(최후의), last-minute(최후순간의), late(늦은), late-blooming(늦게 되는), latefee(지체료), lately(요즘) 등도 늘어져서 느직하게 온다는 말이다.

lurch
n.대패

4) 수상쩍은 사람을 붙잡을 기회를 엿보면서 당분간 풀어놓은 채 가만히 숨어서 지켜보거나 대오가 흐트러진 lurch(loose 대패, 갈짓자걸음), lurcher(간첩), lurk(숨어 기다리다), lower(험악한 날씨)도 일족이다.

88 Lava

어원분석 ***Lava*, *laund*, *lote*, *lute*, *livid*=*to wash***(씻다), ***to baptize***(세례를 베풀다), ***to bathe***(멱감다), ***to urinate***(오줌누다), ***to pour***(쏟다), ***to weigh***(무게달다).

leading words

1) 따뜻한 물에 멱을 감는 lava(용암)는

scribble

lava *n*. 용암 launder *vt*.세탁하다	lavatory(세면장), lave(씻다), lavish(아끼지 않는)처럼 된다. 2) launder(세탁하다), laundry(세탁소), laundryman(세탁업자), lotion(세척제), latrine(변소), lye(잿물), lather(비누거품) 등도 wash의 뜻이다.
ablution *n*.목욕	3) ablution (ab=from ; lu=wash 목욕), alluvium(충적층), diluent(묽게하는), dilution(희석), diluvium(홍적층), elutriate(e=out 씻어서 깨끗이 하다), lavender(냄새제거용 "라벤더"), livid(씻어서 광나는 "납빛의"), lustral(깨끗이 하는) 등도 wash의 뜻이며 light의 영향을 받는다.
level *n*.수준, 수평 librate *vi*.균형잡히다	4) 무겁고 신중하고 엄격히 평가하는 기준으로 바람 한점 없는 수면만큼이나 반반(공평)한 것을 찾기도 어려울 것이므로 wash에서 water, pour, balance로 이어지는 level(수준, 수평), level-headed(온전한), libra(중량 파운드), librate(균형이 잡히다), littoral(해안의), list(물결모양의 "천의 가장자리"), deliberate(de=int, libr=weight 신중한), equilibration(eqil=same 균형), list(육지와 「바다」를 구분하듯 명확히 문서로 명시하는 "명부"), enlistment(입대) 등이 온다.

scribble

89 Lead

어원분석	***Lead, load, lode, ladle, learn, last=to go***(가다), ***to track***(추적하다), ***to depart***(떠나다), ***to draw or pull***(끌다), ***to carry***(운반하다).

leading words

leader
n.선도자
load
n.짐

1) 남을 이끄는 lead(인도하다)는 앞서서 길을 떠나면 뒤에서 따라오게 끌고간다는 말이고 leader(선도자), leadership(지도력), leading(주된), leadoff(개시)처럼 쓰이며, 무거운 짐을 싣고 「끌고 가는」데서 load(짐), loading(짐쌓기), lode(광맥), unload(짐을 부리다), lade(짐을 싣다), laden(짐을 실은), ladle(국자), ballast(bare+lade 배에 실은 짐이 거의 없을 때 안전을 위하여 싣는 돌·모래 등의 "바닥짐")처럼 쓰인다.

learn
vt.배우다

2) 올바른 길로 「이끌어」 가르치는 것도 lead에 연결될 수 있으므로 learn(lead or track 배우다), learned(정통한), learner(학습자), learning(학식), lore(지식), folklore(민속), last(track 구두골, 견디다), lasting(영속하는), delirious(de=down from ; lose one's track 정신착란의)처럼 된다.

elastic
a.탄력 있는

3) elastic (drive or go 탄력 있는), hallucination(환각), lure(매혹), allure(al=to 유혹

scribble

하다), alley(go or walk 골목길), alacritous(민첩한), amble(측대보를 걷다), ambulance(go 구급차), ambulant(이동하는), ambulation(보행), somnambulism (somn=sleep 몽유병) 등도 일족이다.

90 Legible

어원분석 ***Leg, lig, log, loq, lic, leg, leis, lock=to gather***(모이다), ***to choose***(택하다), ***to assemble***(모이다), ***to read***(읽다), ***to bind or bend***(묶거나 굽다).

leading words

lecture

n.강의

lesson

n.학과, 교훈

diligent

a.부지런한

elegance

n.우아

1) 맛있고 마음에 드는 것을 골라서 긁어 모으는 모습을 말해주는 gust(맛), gustatory(맛의), gusto(풍미), disgust(dis=apart 욕지기), zest(묘미), choose(선택하다), choosy(까다로운), choice(선택), chosen(선택된) 등의 동족 groupo에서 볼 수 있는 일관된 흐름은 좋으면 취하고 싫으면 버린다는 맥락이고, 자음과 모음을 골라서(choose) 짝맞추기를 해서 글자를 만들거나 읽을 수 있는 legible (choose or read 읽기 쉬운)은 선별(choice)의 능력에서 비롯되며, lectern(독경대), lecture(강의), lesson(학과, 교훈), legion

scribble

(choose ; Rome시대 우수한 청년들을 뽑아 편성한 "군대"), legionary(다수의), collect (col=together ; lect=gather 모이다), collection(수집), coil(co+lect 똘똘말다), cull (따 모으다), diligent(di=apart ; gather apart 부지런한), elect(e=out ; lect=choose 선거하다), election(선임), eligible(적격의), elite(e=out ; lite=choose 정예), elegance (우아), elegant(고상한) 등도 모두 긁어 모으거나 가려서 뽑아낸 마음에 드는 훌륭한 것이란 말이다.

intellect
n.지성
neglect
vt.게을리하다

2) 옳고 그름의 분별력이 있다면 이해력이나 지성을 갖춘 것이므로 intellect(inter= between ; choose from among=understand 지성), intellectual(지력의), intelligence(이해력), intelligible(이해할 수 있는)처럼 되며, dilligent와는 달리 아무 것도 긁어모으지 않는 태평한 짓은 neglect(neg=not ; lect= gather 게을리하다), negligible(무시해도 좋은)이다.

select
vt.고르다

3) 들에 나가서 긁어 모은 콩(bean)은 legume (easily gathered 콩류)이며, 여러 개 중에 가려서 뽑는 것은 select(se=separation ; choose from a number 고르다)가 되며, 학문이란 분별력에서 오는 것이므로 logos(이성)에서

scribble

log("학문 또는 말"이란 뜻의 어근)처럼 쓰인다.

lexical
a.어휘의
analogue
n.유사물

4) choose, read에서 word로 되면 lexical(어휘의), lexicology(어의학), logarithm(대수), local(논리의), analogue(ana=upon "유사물"끼리 긁어 모은다), apology(apo=off ; log=speak ; speak in defence 사죄), dialect(dia=through 방언), dialogue(dia=through 대화), monologue(mono=single 독백), epilogue(epi=besides ; say something in addition 끝맺음 말), prologue(머리말) 등도 분별력과 글을 읽는 능력에서 온다.

legend
n.전설
loquacious
a.수다스러운
colloquial
a.구어의

5) 남이 듣기 좋은 말은 eulogy(eu=good 찬미)이며, 읽을 거리는(things to be read), legend(전설), legendary(전설의)이며, 큰 소리로 수다를 떠는 loquacious(수다스러운), colloquial(col=together ; log=speak 구어의), eloquence(e=out ; speak out 웅변) 등도 speak의 뜻이고, theology(theos=god 신학), chronologist(chron=time 연대학자), philologist(phil=love 문헌학자), seismology(seis=earthquake 지진학), anthropology(anthro=man 인류학) 등의 log는 학문이라는 뜻이다.

legal

6) 사람들을 모아서(gather or assemble 사람이

scribble

a.법률상의
lex
n.법률
legacy
n.유산

마땅히 지켜야 할 계율을 정한다면 자기 발목을 일정한 범위로 한정하여 스스로 묶어 놓는 꼴이므로 legal(leg=choose to observe 법률상의), legalization(적법화), legislation(법률제정), legislature(입법부), lex(법률), legacy(entrust to someone the duty and right 유산), illegal(il=not 불법의), privilege(privi=private ; a law effecting a private person 특권), relegate(send on a mission 내쫓다), legitimate(합법의), colleague(col=with ; professionally interlink a person selected among with another 동료), college(단과대학), collegian(대학 졸업생), leal(bind 충실한), loyal(bind 충성스러운), disloyal(dis=apart 불충실한)처럼 choose or gather에서 bind로 된다.

ligature
n.묶기, 끈
liable
a.책임을 져야 할

7) 스스로 묶어서 구속받는 법(law)과 마찬가지로 실제 끈으로 묶어 꼼짝못하게 얽어매는 것은 ligament(끈), ligature(묶기, 끈), liable(책임을 져야 할), liaison(연락), ally(al=to ; ly or lig=bind 동맹시키다), alliance(동맹), allegation(주장), allegiance(충성), rally(re=again ; ly=bind 다시 집합시키다), rely(신뢰하다), reliable(믿음직한), league(bind 동맹), oblige(tie about 의무를 지우

scribble

다), obligation(의무), religion(re=back ; bind back very strongly to one's faith 종교), irreligion(ir=not 무신앙), analogy(하나로 묶음 "비슷함") 등이다.

licence
n.허가
licit
a.합법의
leisure
n.여가

8) 위의 lex(법률)에서 합법적으로 허용되는 licence(lic=law 허가), licentious(allowed to do anything 방탕한), licit(합법의), leisure(allowed lawfully 여가) 등이 있으며, 법(구속)이란 없을수록 또는 있더라도 최소한의 간단한 도덕률에 그쳐야 하고 분쟁이 있다면 타협으로 해결해야 옳겠지만 상대방이 심히 얄밉게 군다면 부득이 법정으로 끌고가야 하므로 legal에서 변한 litigate(법정에서 다투다), litigation(소송), loath(싫어하는), loathful(꺼림직한), loathsome(몹시 싫은)처럼 되며, loathe(싫어하다)는 법 앞에 호소할 정도이니 hate(싫어하다), dislike(좋아하지 않다)의 정도를 넘어서 싫은 것 중에서도 가장 싫다는 말이다.

link
n.고리
flank
n.측면
file
n.서류철

9) 묶는데 쓰이는 끈은 가느다란 것이므로 lank(곧은), link(고리), linkman(중계자), flank(정면보다 측면은 가늘게 보이므로 "측면")처럼 되며, filament(섬유), file(서류철), hilum(종제) 등으로 연결되나 따로 다루었고, 실같이 너무 가늘면 힘없이 휘게 되므로

scribble

(bend) bend라는 뜻으로 되면서 garlic(gar=spear 창 모양으로 굽은 "마늘"), gallop(다리를 「꾸부렸다가」 뛰는 "도약"), elope(e=out 눈이 맞아 달아나다), lobster(꾸부리는 다리 힘이 센 "왕새우"), lizard(도마뱀), leg(꾸부리고 펴는 "다리")처럼 된다.

lock
n.자물쇠
lockup
n.유치장

10) 굽은 것은 곧 비틀거나(twist) 둥근 것(round)과 통하는 말이기도 하므로 비틀어 여는 lock(bend or twist 자물쇠), padlock(맹꽁이 자물쇠), lockout(공장폐쇄), wedlock(혼인), lockup(유치장)이 되며, 마음이 비틀어져(twist or bent) 내키지 않는 것은 reluctantly(마지 못하여)이며, 두 개의 둥근(bend 굽은) 접시를 양쪽에 매달아 균형을 맞추는 저울에서 balance(ba or bi=two ; lance=round or bent 균형), balancer(곡예사), balance sheet(대차대조표), unbalanced(균형을 잃은) 등을 낳는다.

lance
n.창

11) 위의 leap(뛰다)에서 lance(throw or dash 창), lancer(창기병), launch(throw …을 진수시키다)처럼 되는 것으로 볼 수 있으나 연결과정이 불확실하다.

91 Lever

scribble

어원분석	**Lev**, **light**, **lift**, **loft**, **lobby**, **leaf**=**slight**(하찮은), **small**(작은), **high**(높은), **light in weight**(가벼운), **rising**(올라가는).

leading words

leaven *n*.효모

levy *vt*.부과하다

alleviation *n*.경감

relief *n*.구원

light *a*.가벼운

1) 무거운 것을 가볍게 들어올리는 장치인 lever(지레)에서 leaven(rise 효모), levity(경솔), levitation(공중에 뜨기), levee(raise 강둑), levy(raise 높은 자리에 앉은 주권자가 세금을 "부과하다") 등이 온다.

2) 역시 무거운 짐을 덜어 가볍게 해주는 데서 alleviate(al=to 완화시키다), alleviation(경감)이며, 위로 들어 올리는 elevate(e=out of ; raise out of 올리다), elevation(높이기), elevator(승강기)처럼 된다.

3) 지옥이나 곤경에 빠진 사람을 구원하여 끄집어 올려주는 것은(raise up) relieve(raise again from hell 구출하다), relief(구원), reliefer(구원투수)이며, 반반하거나 움푹한 것을 위로 돋아나게 만드는 relievo(돋을 새김)도 일족이다.

4) 전형적으로 가볍다는 뜻의 light (가벼운), light bomber(경폭격기), light-skirts(바람둥이 여자), light metal(경금속), lighten(가볍게 하다), lighter(거룻배), lights(신체부위에서 가장 가벼운 "가축의 허파"), lung(폐)

scribble

	등도 철자만 약간 다를 뿐 같은 내용이다.
lift *vt*.들어올리다	5) lift(들어 올리다)는 물론 설명이 필요 없고, 땅바닥에 떨어진 물건도 관심이 있을 때 되집어 올리므로 relevance(관련성), relevant(적절한), irrelevant(ir=not 부적절한)이 되며, 역시 높이 솟아 있다는 데서 loft(고미다락방), lofty(거만한), aloft(천국에), lodge(오두막집), lodging house(하숙집) 등이 된다.
leaf *n*.나뭇잎	6) 나무 가지 위 높은 곳에 매달린 것은 leaf(나뭇잎), leafless(잎이 없는), leafy(잎이 많은), leave(잎이 나오다) 등을 낳는다.
library *n*.도서관 lepra *n*.문둥병 left *a*.왼편의	7) papyrus (종 이)가 사용되기 이전에는 나무의 겉껍질을 벗기고 나서 섬유소를 뽑아서 글 쓰는 데사용하였으므로 leaf의 변형인 library(도서관), librarian(도서관원), libretto(가극의 가사), libel(el=dim ; little book 중상문), foliation(leaf, fael, fol 잎이 남) 등이 오며 잎이나 껍질이 벗겨지면 허약해지므로 lepra(문둥병), leper(나병환자), leprosarium(나병원), left(껍질 벗겨진 것처럼 허약한 "왼편의"), leftwing(좌파의), lefty(왼손잡이) 등이 온다.

92 Lie

scribble

어원 분석	***Lie, law, Lay, log, ledge, low=to prostrate*** (드러눕다), ***to be situated***(위치하다), ***to camp or besiege***(야영하거나 포위하다), ***to spread out*** (퍼지다).

leading words

lying-in
n.해산

1) 드러눕는다는 lie(드러눕다)는 비교적 동족어가 적은 편이며 lie-down(드러눕기), lying-in(해산), lay(눕히다), layered(층이 있는), layoff(휴식, 일시해고), layout(설계법), lay-up(쉬기), leaguer(포위진), beleaguer(포위하다), outlay(지출)처럼 쓰인다.

log
n.통나무

2) 재목이 될만한 큰 나무는 베어 넘기게 되므로 log(통나무), logger(나무꾼), loggerhead(얼간이), logging(벌채)처럼 되고, 잠자리에 들기 전에 짚 따위를 깔아주는 데서 litter(난잡, 쓰레기), littermate(한 배의 새끼)처럼 된다.

law
n.법

3) 만인에게 고루 퍼지도록 펼치는 데서(깔거나 드러눕히는 데서) law(법), lawbreaking(위법), lawful(합법의), lawmaker(입법자), lawyer(변호사)처럼 되고, 확실히 자리잡는 데서 ledge(선반), ledger(회계원장)가 된다.

low
a.낮은

4) 바닥에 납작하게 드러누우면 low(낮은), lowborn(천한 태생의), lowbrow(교양이 낮은), lowland(저지), below(밑에)와 같이 되

scribble

고, 같이 돈을 투자(lay)한다면 친구간일 것이므로 fellow(fee=money 놈, 친구)가 된다.

93 Light

어원 분석	***Light, lum, lust, luce, lamp, lune, lux=to shine***(빛나다), ***to flash***(번쩍하다), ***to be bright***(밝아지다).

leading words

alight
a.불타고 있는

igneous
a.불의

lucid
a.빛나는

1) 밝게 빛나는 light(빛)에서 alight(불타고 있는, 내리다), lighter(라이터, 불 붙이는 사람), lighthouse(등대), lighting(조명), lightwood(불쏘시개), lighten(밝게 해주다), enlighten(계몽하다), lightning(번갯불), half-light(박명)처럼 쓰인다.

2) light에서 li가 탈락한다면 igneous(불의), ignite(점화하다)처럼 되고, 밝은 색은 흰색으로 통하므로 leucite(백류석), leucocyte(백혈구), lux(조명도), luxe(화려), lynx(눈빛이 초롱초롱 밝은 "살쾡이")처럼 된다.

3) lucid(빛나는), lucifer(샛별), luculent(선명한), luminant(발광체), luminary(권위자), luminous(번쩍이는), loom(어렴풋이 나타나다), lamp(등불), lampion(작은 등),

scribble

lampwick(램프 심지), lantern(초롱), link(횃불) 등도 빛난다는 뜻의 일족이다.

lune
n.궁형
lunar
a.달의

4) 밝은 것 중에는 태양을 따를 것이 없겠지만 이에 짝이 되는 lune(팔 모양의 "궁형"), lunation(태음월), lunar(달의), luniform(달 모양의), luny(달빛에 쐬어 조수의 변덕처럼 미친다는 "미친"), loony(미치광이), lunatic(미치광이) 등이 오며, deluxe(호화로운), luxation(호화롭게 놀다가 탈선한 "탈구"), luxuirious(호화로운), luxury(사치), luster(광택), lustrate(깨끗이 하다), lustrous(광택 있는), laser(레이저), lackluster(흐릿한) 등도 light의 변형이다.

elucidate
vt.밝히다
illumine
vt.비추다

5) 상용 접두어와의 결합을 간추려 보면 elucidate(e=out 밝히다), elucidation(설명), illumine(il=into 비추다), illuminant(비추는), illumination(조명), illuminometor(조도계), illustrate(설명하다, 삽화넣다), illustration(도해하기), illustrious(저명한), pellucid(투명한) 등이 있으며, sp가 추가되면 splendid(훌륭한), splendor(장관), resplendent(찬란한)처럼 된다.

electric
a.전기의

6) 위의 elucidate과 유사한 e(out or int)+lectr(shine)=eletro의 형태에서 밝은 전깃불을 가리키는 electric(shine 전기의), electrical(전

scribble

기에 관한), electricity(전기), electrician(전기공), electrify(감동시키다, …에 충전하다), electrochemical(전기화학의), electromagnet(전자석), electrometallurgy(전기야금학), electron(전자), electronic(전자공학의), electronics(전자공학), electronic brain(전자 두뇌), electroretinograph(retin=net 망막정기 측정기), electrotherapeutic(전기요법의) 등이 된다.

94 Limit

어원분석 ***Limit, lint, lime, limb=to set a boundary to***(경계를 정하다), ***to be oblique***(기울어지다), ***to fix***(고정시키다), ***to expel***(쫓아내다).

leading words

limitation

n.한계

delimit

vt.범위를 정하다

1) 경계를 확고히 하는 limit(한계)는 limitation(한정), limited(제한된), limiting(제한하는), limitless(무한한), delimit(de=int 범위를 정하다), illimitable(il=not 무한한), unlimited(무한한), eliminate(e=out 제거하다), elimination(제거), lintel(상인방), limen(의식의 한계), preliminary(pre=before 예비적인), sublime(sub=under ; coming up from below the threshhold 최고

scribble

	의), subliminal(잠재의식의)처럼 쓰인다.
oblique *a*.간접의 limb *n*.손발, 가장자리	2) 방안으로 들어가거나 밖으로 나갈 때 반드시 넘어야 할 곳이 문지방(limit or liq=threshhold)이고 문지방 밖에서는 직접 방안의 일을 알 수 없고, 무단(부정)으로 넘어 들어간다면 범죄를 저지른 것이므로 oblique(lim or liq=indirectness or threshhold 간접의), obliquely(비스듬히)처럼 되고, limb(손발, 가장자리), crook-limbed(수족이 굽은), limbo(유치장, 망각) 등도 일족이다.

95 Line

어원 분석	***Line, linen, lign, lint, lenient, lissome, slight*=*thread*(실), *string*(실), *cord*(끈), *rope*(로프), *flax*(삼), *fiber*(섬유).**

leading words lineal *a*.직계의 linear *a*.선의	1) 위에 열거한 여러 모양의 끈(실)이라는 뜻의 line(선)은 lineal(직계의), linear(선의), lineman(보선공), linen(아마포), liner(정기선), linesman(선심), lineup(진용), rectilinear(rect=right 직선의), delineate(de=int 윤곽을 그리다), collimate(col=together 평행하게 하다), align(a=to ; put in a line 일

scribble

직선으로 하다), linseed(아마씨), linoleum (리놀륨)처럼 쓰인다.

lenient
*a.*관대한
let
vt.…하게 하다

2) 실(thread)은 그야말로 「약하고 가늘고 부드러운」 것의 대표라고 하겠으므로 lenient(관대한), let(…하게 하다), lissome(나긋나긋한), linden(보리수), lithely(유연하게), relent(순해지다), relentless(냉혹한), slight (적은), slighting(경멸하는)처럼 되기도 하며, line은 flax(아마)와 hemp(삼), canvas (캔버스), canvass(조사)로 이어지는 flax + hemp에서 오며, lane(a row of houses 좁은 길)도 유사하다.

preamble
*n.*머리말

3) circumambulation (circ=around 순행), preamble(pre=before 머리말), preambulate (답사하다), perambulation(순회), ramble (re+amble 만보하다), rambling(방랑성의), roam(배회하다)에서 보듯이 철자가 상당히 변화되더라도 「go」라는 basic idea는 유지된다.

96 Liquefy

어원분석 ***Liq, lix, lend, lipse, lick, lech, lingule, lang, tongue=to melt***(녹다), ***to clarify***(맑게하다), ***to filter***(여과하다), ***to flow***(흐르다).

scribble

leading words

liquation
n.용출

1) 녹아서 흘러내려 멀리 떠나버리는 모습을 말해주는 liquefy(액화하다)에서 liquation(용출), liquefiable(액화할 수 있는), liquid(액체), liquidation(청산), liquor(알코올 음료), prolific(pro=forward ; li=flow 다산의), prolix(장황한), lend(flow 내 손에서 남의 손으로 흘러가는 "빌려주다"), lender(고리대금업자), delinquent(de=away from 태만한)처럼 된다.

ellipse
n.타원

2) lip으로 되어도 흘러나가 버린다는 뜻이며 ellipse(e=out 타원), ellipsis(leave out or flow out 생략), elliptic(타원의), eclipse(ec=out ; lip=fall and leave 빛의 소멸), ecliptic(일식의, 월식의)처럼 제자리에서 빠져나가 버린다는 말이 된다.

lick
vt.핥다
lech
n.호색가

3) 물은 핥거나 마시기도 하므로 lick(핥다), lickerish(미식을 좋아하는), lech(호색가), lecherous(호색한)처럼 욕심사납게 게걸댄다는 말이 되고, 핥는데 혀를 놀려야 말(speech)이 되므로 lingulate(혀 모양의), linguist(어학자), slang(속어), language(언어), tongue(language의 l이 t로 됨 "혀"), tongue-in-cheek(빈정대는), tongue-lash(호되게 꾸짖다), tongue-tied(혀가 짧은), mother tongue(모국어)처럼 「혀와 말」이라는

scribble

lap
vi.핥다
lip
n.입술

뜻이 된다.

4) electuary (e=out ; lect=tongue 연약)은 빨아 먹는다는 말이고, lichen(지의류)나, 소리를 흉내낸 lap(핥다), labia(음순), labial(입술의), lip(입술), lip service(말뿐인 호의), lipstick(입술연지) 등도 핥는데 필요한 입술에서 온다.

97 Lose

어원분석	***Lose, lys, lute, loose, less, little, laze=to become lost***(상실되다), ***to be destroyed***(파괴되다), ***to set free***(풀어놓다), ***to loosen***(늦추다).

leading words
loser
n.손실자

1) 풀려서 떨어져나가는 lose(잃다)는 loser(손실자), losing(지는), loss(손실), lossmaker(적자기업), lost(잃은), loose(set free 자유로운), loosely(느슨하게), loosen(떼어놓다), loosetongued(수다스러운)처럼 쓰인다.

soluble
a.용해하는
absolute
a.절대적인

2) se(separate)와 결합하여 soluble(so or se=separate ; luble=set free 용해하는), solution(녹임), solve(용해하다), solvent(용해력이 있는), absolute(ab=away or int 완전히 풀려 "절대적인"), absolve(용서하다), dissolution(해산), dissolve(dis=apart 분해시키

scribble

다), resolute(각오가 굳은), resolution(묶였다가 재차 풀릴 때의 "결의"), resolve(분해하다), resolvedly(단호히), irresolute(결단력이 없는)처럼 된다.

lyse
vi.녹다
analysis
n.분해, 분석
paralysis
n.마비

3) 역시 풀려고 녹는 데서 lyse(녹다), lysis(세포의 용해), electrolysis(전기분해), catalyst (cata=down 촉매), analysis(ana=on 분해), analyze(분해하다), analyst(분석자), paralysis(para=in the side 몸에 나사가 「풀린」 "마비"), paralyze(무력하게 하다), palsy(수족의 마비), childless(어린애가 없는), measureless(무한의), meatless(고기가 없는), offenceless(악의 없는), powerless (무력한), forlorn(for=utterly 버림받은), little(떨어져나가고 볼품 없이 "작은"), belittle(얕보다), loiter(빈둥거리다)처럼 되며, noteless(무명의)에서의 어미 less와 little은 떨어져 나가서 작아졌다는 말이고 loiter는 「홀로 떨어진」 사회적 약자가 빈둥거리며 숨어다니는 모습을 말해준다.

lout
n.시골뜨기

4) 사회에서 「소외된」 약자는 언제나 굽실대야 하는데서 경멸어로 변한 lout(시골뜨기), loutish(버릇없는), lewd(음탕한), lay(속인의), layman(속인), laic(속인의), lazar(문둥병 걸린 거지), laze(게으름피우다), lazy

scribble

(게으른), lazybones(게으름뱅이)처럼 된다.

lessen
vt.적게하다

5) 위의 less, little에서 lessen(적게하다), lesser(더욱 작은), least(가장 적은), at least(적어도), harmless(해롭지 않은)처럼 된다.

98 Ludicrous

어원 분석	***Lude, luse, laud, list, lire=to play***(놀다), ***to enjoy***(즐기다), ***to insult***(욕하다), ***to sing***(노래하다), ***to desire***(바라다).

leading words

allude
vi.암시하다
collude
vi.공모하다

1) 마음대로 즐기고 노래하고 노는 play(or enjoy)로 대변해 주는 ludicrous(우스운)에서 allude(al=to 암시하다), allusion(touch upon playfully 암시), collude(col=together 공모하다), delude(속이다), delusory(기만적인), elude(e=out 벗어나다), elusive(회피하는) 등은 lude(play or enjoy or trick)의 전형이다.

illusion
n.환각

2) 마찬가지로 play against에 해당하는 illusion(il=against 환각), illusively(눈을 속여서), disillusion(dis=apart 환멸)이나, 막간에 끼우는 play(game)인 interlude(inter =

scribble

between 막간)이나, 본 프로에 전후하는 play(game)로 prelude(pre=before 서막), postlude(post=after 후주곡)가 있다.

lay
n.노래

3) lay(노래)도 일족이고 의성어인 lark(종달새), lark(희롱), larky(장난치는)도 관련이 있으며 주로 sing or praise쪽으로 옮겨가면 laud(칭찬하다), cum laude(우등으로), laudable(훌륭한), lied(가곡), lyre(수금), lyrical(서정적인), lyric theater(가극)이 있다.

lust
n.갈망

4) 이성과 놀아나면서(play) 애욕을 채우려드는 이기적인 행동은 lascivious(음란한), list(바라다), lust(갈망), listless(무관심한) 등을 낳는다.

99 Lumber

어원분석 ***Lum, long, dulg=to be lazy***(게으르다), ***to grow long***(길어지다), ***to be slow***(느려지다), ***to be distant***(멀어지다), ***Beard, barb, bark, baby, bay, brave=to prattle***(혀짜래기 소리하다), ***to display***(발휘하다), ***to be crooked or fierce***(마음이 비뚤어지거나 사나워지다).

scribble

leading words

long

a.긴

length

n.길이

linger

vi.우물쭈물하다

along

prep.…을 따라서

prolong

vt.연장하다

lumberer

n.목재벌채인

plunder

1) lumber(재목)는 long+beard=lumber가 보여주듯 수염이 긴 험상궂은 사람을 가리키는 말이며, 옛날의 전당포에는 재목 등 온갖 잡동사니들이 쌓여 있었고 전당포 주인은 긴 수염의 사나운 인물이었으며, 수염이 길게 난 사람을 "bar, bar"밖에 말할줄 모르는 미개인이라고 경멸하지만 실은 털부숭이야 말로 물불 가질 줄 모르는 용감한 사람이기도 한데, 이러한 「긴 것과 수염」이라는 두 가지 기본요소 중 우선 long(긴)쪽을 살펴보면 long-ago(옛날의), long-awaited(대망의), long-distance(장거리의), longevity(장명〈長命〉), longhaul(haul=pull 장거리 수송의), longing(목을 길게 빼고 기대하는 "열망"), longitude(경도), longways(세로로), lon-gwearing(질긴), along(…을 따라서), alongside(…의 옆에), length(길이), lengthen(길게 하다), lengthy(긴), linger(우물쭈물하다), lounge(빈둥빈둥 놀다, 휴게실), elongate(연장하다), prolong(pro=forward 연장하다), indulgent(응석받는)처럼 쓰인다.

2) 이제 beard(수염)쪽으로 와서 일족들을 보면 lumberer(벌목업자), lumbermill(제재소), plunder(lumber의 변형으로 "약탈하다"),

scribble

vt.약탈하다
barb
n.미늘

barb(미늘), barbarian(야만인), barbarous (미개한), barbed(미늘이 있는), barber(이발소), barbershop(이발사), bearded(수염이 있는), brave(r의 위치 변화 "용감한"), bravo(갈채의 소리), braw(훌륭한), bizarre (기묘한), deprave(de=int ; barb, brave, prave=crooked 혀「꼬부라진」소리로 "bar, bar" 밖에 할줄 모르는 데서 crook의 뜻이 되어 "악화시키다"), depraved(타락한)처럼 「수염, 미늘, 수염난 사람의 용기나 사나움, 혀꼬부라진 소리」등의 뜻이 된다.

bark
vi.짖다

3) 털부숭이 미개인의 bar, bar밖에 모르는 소리에서 bark(짖다), baboon(비비), babble (수다), prater(수다쟁이), prattle(객담하다), boob(얼간이), booby trap(위장 폭탄), baby(갓난아이), baby farm(탁아소), bay (짖는 소리, 만), banter(희롱), barter (deal, cheat, exchange 교역하다)처럼 발전한다.

100 Lymph

어원분석 ***Lymph***, ***nymph***, ***nubile***, ***nimbo***=***to love***(사랑하다), ***to make clear water***(물을 맑게 하다), ***to***

scribble

be a goddess of moisture(물의 여신이 되다), **to be cloudy**(구름이 끼다).

leading words
lymphocyte
n.임파세포

nubile
a.나이 찬
nuptial
a.혼례의

1) 몸 속에 흐르는 맑은 물 lymph(임파액)에서 청순한 물의 여신으로 되고 깨끗한 처녀의 몸으로 사랑과 결혼으로 이끌어가는 과정을 용례를 통하여 간추려보면 lymphocyte(cyte=cell 임파세포), limpid(as clear as water 깨끗한), nymph(l에서 n으로 "요정"), nympholepsy(황홀경) 등이 있다.

2) 사랑에서 혼인으로 되는 nubile (나이 찬), nuptial(혼례의), connubial(con=together ; nub=marry 결혼의) 등도 nymph의 일족이며, 혼인 때의 신부(bride)는 구름같은 (cloudy) 면사포를 쓰므로 nebula(성운), nebulous(구름같은, 불투명한), nimbostratus(난층운), imbue(물들이다)처럼 되며, 동족은 아니지만 혼인이란 뜻의 marry(mas, male, mar=man 남자구실을 하게 되어 "결혼하다"), marriage(결혼), marriage bureau(결혼상담소), married(결혼한), masculine(사내다운), male(남자의) 등도 유사한 내용이다.

scribble

M

M

101 Main

어원분석	***Main, mag, max, mil, mach, mass, macro, mast, mali, multi, much, mickle=to be important***(중요한), ***to be strong***(강한), ***to be big***(크다), ***to be great***(위대한), ***to deteriorate***(나빠지다), ***to be soldiers***(군인이 되다), ***to be crowded***(떼지어 모이다).

leading words

mainland
n.본토
may
v.…해도 좋다
might
n.힘

1) 크고 힘있고 중요하고 떼지어 모인 병사들을 지휘하는 것은 신나는 일일지 모르나, 하나 하나 쪼개어 보면 형편없이 약하고 보잘 것 없는 것이기에 크고 많고 위대하다는 것과 작고 나쁘다는 정반대의 뜻을 동시에 내포하게 되는데, 우선 크고 중요하다는 뜻인 main(주요한)의 일족과 용례들을 추려보면 mainland(본토), mainly(주로), mainstream(주류), may(be able to 해도 좋다), maybe(어쩌면), mayhap(아마), might(힘), mighty(힘센), dismay(dis=apart 당황), almighty(전능의), machine(기계), machine gun(기관총), machine language(기계어), machinery(기계류), mechanic(직공), mechanics(역학, 기계학), mechanization(기계화), maharajah(회교군주), Magna Charta(대헌장),

scribble

master
n.주인
mister
n.선생
macrocosm
n.대우주

magnanimous(anim=air or sole 고결한), magnetic(생산지 Magnesia에서 딴 "자석의"), magnicide(cide=kill 요인암살), magnification(확대), magnificent(장대한), magnifier(확대경), magniloquent(loq=speak 과장된), magnitude(크기) 등이 있다.

2) 역시 크고 힘있고 주인노릇하는 데서 major(큰쪽의, 육군소령), majority(대부분), mayor(시장), merino(long size 메리노양), maximum(최고점), maxim(great proposition 금언), climax(절정), master(주인), master-hand(대가), mastermind(주모자), masterpiece(걸작), mastery(지배), mister(master의 변형 "선생"), mistress(안주인), miss(mistress의 생략형 "…양"), magistral(주인의), magistrate(행정장관), macrobiotic(bio=life 장수식의), macrocosm(cosm=order 대우주), macroscopic(scope=see 육안으로 보이는), meager(억지로 크게 잡아늘여 "빈약한"), magma(연한덩어리), mass(덩어리), magic(마술), megacity(거대도시) 등이 온다.

more
a.더 많은

3) 크고 많은 데서 much(많은), more(더 많은), foremost(맨 앞의), utmost(최대의), lowermost(최저의), mostly(대개), mickle

scribble

multitude
n.다수
meliorate
vt.개량하다

(많은, 다량), muckle(많은), myriad(무수), multangular(다각의), multilateral(다변의), multiple(다수의), multiple-choice(선택적인), multivocal(다의의), multitude(다수), meliorate(많을 수록 좋으므로 "개량하다"), melioration(개량), megalith(lith=stone 거석), many(다수의), manifold(다양한)처럼 되기도 한다.

mal
a.나쁜
malign
vt.헐뜯다
malaria
n.학질

4) 서두에서 말했듯이 meager, multi처럼 억지로 잡아늘이거나 많은 수에서 하나하나를 따로 떼어 놓고 보면 너무나 작고 형편없는 존재가 되므로 male(bad)의 형태로 되어 maledictory(dic=speak 저주의), malefaction(fact=door make 범죄), malformation(기형, 불구), malfunction(기능부전), malice(원한), malign(헐뜯다), malicious(악의가 있는), malignant(유해한), malinger(꾀병을 부리다), mal(나쁜), malady(질병), malaria(ar=air 나쁜 공기에서 생기는 "학질"), malcontent(불평의), small(작은), small-fry(어린이의, 이류의), smallpox(천연두), small-scale(소규모의), small talk(잡담)처럼 bad(evil)의 뜻이 된다.

militant
a. 호전적인

5) 많은 병사들이 모여서 「군대가」 편성되므로 「다수 또는 천<千>」이라는 뜻이 되면서 multi

scribble

의 변형인 militant(호전적인), militarism(군국주의), military(군사의), militate(작용하다), demilitarized zone(DMZ 즉 비무장지대), mile(천발자국 거리의 "마일"), miloge(마일수), milestone(이정표), millimeter(천분의 1 미터인 "밀리미터"), millipede(ped=foot 발이 천개 달린 "노래기"), milligram(밀리그램)처럼 쓰인다.

miser
n. 구두쇠

6) 돈깨나 가지고 있으면서 평소에 티를 내다가도 세금이나 기부금을 낼때면 한푼도 없다고 엄살떠는 비열한 행위는 miser(구두쇠), miserable(비참한), misery(비참), commiserate(가엾은)이다.

102 Mamma

어원분석	***Mam***, ***mom***, ***mother***, ***matr***, ***matter***, ***meat***, ***member***, ***mate*** = ***womb***(자궁), ***feast***(잔치), ***mother***(어머니), ***wife***(아내).

leading words

mamma
n.엄마

1) 모든 생물은 어머니로부터 태어나 양육받아 자라며 이러한 어머니상을 말해주는 mamma(엄마)는 mammy(엄마), mammal(포유동물), mom(엄마), mom and pop shop(부부만으로 경영하는 소매점), mother(어머니),

scribble

mother-in-law(장모), motherland(모국), mother tongue(모국어)처럼 쓰인다.

material
n.원료
metro
a.대도시권의
maternal
a.어머니의

2) 어머니의 젖은 물(water)이고 물은 「꿀 또는 술」이 되기도 하여 mead(벌꿀술), meliferous(꿀이 나는), mellifluous(유창한), mellow(달콤한), melon(멜론), methyl(목정기) 처럼 되며, 만물의 「근원(어머니)」은 물질(분자)에서 오므로 matter(물질), material(원료), materialization(유형화, 물질화), materially(실질적으로), immaterially(비물질적으로), metro(mother 대도시권의), metropolitan(대도시의), maternal(어머니의), matrimony(결혼), matrix(모형) 등도 역시 mother란 뜻에서 오는 말이다.

meat
n.고기
mat
n.돗자리
mate
n.배우자

3) 어머니의 젖은 물이고 또한 어릴 때 반드시 「먹고」자라야 하는 음식(식량)이므로 meat(고기), meatball(고기 완자), meatless(고기가 없는), mat(엄마 젖처럼 젖은 "돗자리"), mate(배우자), matey(「식사를」 같이 하는 "친구"), must(곰팡이), mustard(겨자), mensal(식탁의), membrane(meat or membr=flesh 피막), member(body or flesh 신체의 일부, 일원), large-membered(손발이 큰), dismember(dis=apart …을 분할하다).

scribble

103 Manual

어원 분석	***Manu, mana, mani, hand, hend, get, hunt, here=to grasp***(거머쥐다), ***stick to***(달라붙다), ***to capture or seize***(움켜쥐거나 사로잡다), ***to raise or move***(들어올리거나 움직이다).

leading words

manage
vt.잘 다루다
manner
n.태도
mandate
n.명령

1) 게으른 눈보다 부지런한 손이라고 했듯이 손이 없다면 아무 것도 이루어낼 수 없는데, 이 중에도 manual(편람, 수동형의)은 원래 손으로 썼던 작은 지침서(책자)였으며 이 manu(hand)는 manual industry(수공업), manual labour(육체 노동), manacle(수갑), manage(control by hand 잘 다루다), manager(지배인), manner(손으로 다루는 솜씨가 몸에 붙으면 "방법, 태도"), mannerism(버릇), mannerly(예의 바른), emancipate(e=out ; cip=take 석방하다), mandate(dade=give 손에 쥐어주는 "명령"), manicure(매니큐어), manifest(fest=speak 손바닥에 쥐고 말하는 "명백한"), manifesto(선언서), manipulate(pul=fill 손에 쥐고 "조정하다"), manufacture(fact = make 제조업자), manumission(mis=send ; send from the hand 해방), manure(mix by hand 비료),

scribble

manuscript(script=write 손으로 쓴), maintain(tain or ten=stretch 지속하다), command(com=int ; d or dat=give 행동지침을 손에 쥐어주는 "명령하다"), commanding(지휘하는), commandment(계율), commendation(아주 신뢰하여 손에 주어주는 "칭찬, 추천"), recommendation(추천)처럼 쓰인다.

hand
n.손

2) manual의 manu에서 hanu, hand로 되어도 hand(손), hand luggage(수하물), handful(한웅큼), handicap(핸디캡), handicraft(손재주), handily(솜씨있게), handle(손잡이), handpicked(정선한), handplay(주먹싸움), handpost(길 안내 표지), handshake(악수), handsome(훌륭한), handy(편리한), barehanded(bare=nakid 맨손의)처럼 쓰인다.

comprehension
n.이해, 포함
surprise
vt.놀라게 하다
prey
n.먹이

3) pre(before)+hend(or hand=seize or take) =prehension(포착), prison(prehension의 축약 "교도소"), prison bird(죄수), prisoner(죄수), prize(상품, 나포, 지레), prizewinner(수상자), prizeworthy(상받을 만한), pry(파고들다), imprison(투옥하다), apprehension(이해, 우려), apprentice(붙잡혀 수련받는 "수습생"), misapprehension(오해), comprehension(com=thorough 포함, 이해), comprise(포함하다), enterprise(inter or

scribble

enter=between 기업), reprehension(비난), surprise(sur or super=over 위에서 손으로 갑자기 덮쳐 "놀라게 하다"), surprise visit (불시방문), prey(마수에 걸린 "먹이"), predation(강탈), depredation(약탈), hunt (…을 사냥하다), hunting(사냥), hound(사냥개), hint(hand, hint, hunt=seize or take 암시), hit(치다), hit-or-miss(경솔한)에서 보듯이 억센 손으로 꽉 거머쥐는 모습을 보여준다.

suicide
n.자살
concise
a.간명한
precise
a.명확한

4) hunt에서 본 희생양을 쫓아가서 마수에 옭아 잡는 데서 이번에는 생포하는 것이 아니라 아예 생명을 빼앗아버리는 hunt, hit, cid, cis (kill or cut)로 철자가 변하면 suicide(sui=self ; cide=kill 자살), homicidal(homi=human 살인의), concise(cise=cut 간명한), concision(절단, 간결), Caesar(cut 어머니 배를 가르고 태어난 "시저"), circumcision (circ=round 둥글게 잘라내는 "포경수술"), precise(pre=before 미리 불필요한 것을 잘라 낸 "명확한"), precision(정확), pesticide (살충제) 외에 대단히 많이 있다.

cohesion
n.부착

5) hand에서 고어체인 kheir, chir를 거쳐 chiro로 되면 chirognomy(chiro=hand ; gnos=know 수상술), chirograph(자필증서)가 되

scribble

고, hend, hes(or here=stick to)로 되면 손에 딱 붙어서 떨어지지 않는다는 말이 되어 adhere(ad=to 부착하다), coherent(응집성의), cohesion(부착), inherent(내재하는), incoherent(모순된), hesitate(붙잡고 늘어져 "주저하다")처럼 쓰인다.

get
vt.얻다
guess
vt.짐작하다
check
n.저지

6) hend, het, khet, ghet을 거쳐 get(seize or take 얻다), getaway(도망), get-rich-quick(일확천금적인), get-together(모임), beget(…을 낳다), forget(for=failure …을 잊다), forget-me-not(물망초), guess(짐작하다)로 되기도 하며, hend, het, khet, che로 되면 check(acquire or control or possess 저지), checkbook(돈의 흐름을 방해하는 "수표장"), checker(일정방향의 흐름을 방해하여 가로지르는 "체크무늬"), checkboard(왕을 죽인다는 경고인 장군을 부르면 모든 행동이 「저지」되는 데서 "체크무늬"), checking account(당좌예금), checkmate(mate=dead ; the king is dead 외통장군), checkpoint(검문소), checks and balances(견제와 균형), chess(서양장기), church(powerful hand 교회), kirk(교회), shah(이란 국왕의 존칭)처럼 쓰이기도 한다.

good

7) 손에 잡히는 대로 마구잡이로 그러쥐는 것이

scribble

a.좋은
gather
vt.모으다

아니라 마음에 들어야 소중히 여겨 끌어 모으게 된다고 하겠으므로 good(suitable 좋은), good-for-nothing(쓸모없는), good-looking(얼굴이 예쁜), good-natured(친절한), goodwill(호의), goods(재산), gather(모으다), together(함께)처럼 suitable or pleasing에서 assemble의 뜻으로 된다.

104 Mark

어원 분석	***Mark*, *marg*, *march*, *market*, *mercy*, *merchant*, *merit*, *mercury*, *mer*=*to cut***(자르다), ***to sign***(표시하다), ***to border***(인접하다), ***to trade together***(같이 장사하다), ***to pay price for goods***(물건값을 치루다), ***to receive one's share***(자기 몫을 받다).

leading words

mark
n.표
remark
vt.…에 주의하다

1) 장사에서 민첩하고 계산에 밝아야 함은 기본이고 내것과 남의 것에 대한 구분(cut or share)이 분명해야 하는 데서 오는 mark(boundary or edge 표)는 markdown(가격인하), markup(가격인상), marginal(가장자리의), marquis(boundary 변경지역 태수 "후작"), remark(주의하다), remarkable(두드러진), demarcation(경계설정)처럼 쓰인다.

scribble

merchant
n.상인
commerce
n.통상

2) mark는 계산에 밝아 한계선(가장자리)의 구분을 분명하게 표시한다는 말이고, 장사꾼들에게 요구되는 맺고 끊는 과단성과 이익과 계산에 밝은 민첩성에서 market(시장), marketable(팔 만 한), marketing(시장매매), market share(시장점유율), mart(시장), mercantile(장사의), mercenary(돈을 위한), merchandise(상품), merchant(상인), commerce(com=together 통상), commercial(상업의), noncommercial(비매의)처럼 쓰인다

mercy
n.자비
merit
n.가치

3) 장사꾼 같이 잽싸고 살아있는 것 같은 mercury(수은), mercuric(수은의)도 일족이고, 공짜가 없는 상거래에서 남에게 은혜를 베풀면 반드시 감사의 뜻으로 보답(교환)이 있게 되어 있으므로 merciful(자비로운), mercy(자비), merciless(무자비한), merit(가치), meritocracy(crat=strong 실력주의), demerit(de=downfall 결점)처럼 가치가 있어야 교환의 대상이 됨을 말해준다.

mure
vt.가두다

4) boundary(경계)에는 벽을 쌓아 방어진을 구축하므로 mural(boundary 벽의), mure(가두다), munitions(방어용 "군수품"), ammunition(탄약)처럼 mark에서 분화되기도 한다.

scribble

105 Mean

어원분석	***Mean, mute, mun, mon, migr, mad, mend, miss=to cut*(자르다), *to exchange*(교환하다), *to give*(주다), *to serve*(봉사하다).**

leading words

meanly
ad.가난하게

mutant
a.돌연변이의

1) 힘있는 자가 외적을 막고 질서를 바로잡아 약한 자를 편안히 살 수 있게 해준다는 미명 아래 강자의 국방치안 service와 약자의 노역공물간에 교환이 이루어지지만 기실 약자의 일방적 부담으로 돌아가기 때문에 약자인 일반 서민은 인격마저 유지할 수 없는 비참한 몰골로 전락하는 데서 오는 mean(exchange or give or become vulgar 천한)에서 meanly(가난하게), municipal(mun=give ; cip=take 지방자치의), munificent(mun=give 후한), remunerate(re=back 보답하다), remuneration(보답), immune(im=not 안주어도 되는 "면제된"), immunity(면역), immunotherapy(면역제요법)처럼 된다.

2) 교환으로 주고 받는 것은 소유물의 「변화(change)」이며 칼로 팔다리나 나무가지를 절단해도 원래의 모습에서 「변화(change)」이므로 mutable(변하기 쉬운), mutant(돌연변이의), mutation(변화), mutual(서로의),

scribble

commute(com=with 바꾸다), commuter(통근자), permutation(순열), transmutation(변화), mutilation(exchange or cut 절단), maim(cut or alter 불구로 만들다), mad(cut 미친), madhouse(정신병원), mangle(…을 난도질하다), emend(e=out ; mend=cut or defect 교정하다), mend(…을 고치다), mow(베다), aftermath(영향), meadow(목초지), manger(eat or cut 여물통), manducate(씹다), blacksmith(cut 대장장이)처럼 되며 mutilation(절단) 이하의 cut의 뜻은 다른 어원의 영향을 받는다.

common
a. 공동의
commoner
n. 평민

3) 일반 국민은 모두 똑같이 공물(노역, 조세)을 부담하게 되므로 common(com=together or with ; mon=give 공동의), commoner(평민), commonly(대개), common sense(상식적인), commonwealth(연방), communal(사회의), communication(전달), communism(공산주의자), community(공동사회), communization(공유화), uncommon(진기한)처럼 되며, 사는 곳을 바꾸는 migrate(이주하다), emigrate(e=out 이민가다), immigrate(이민해 오다), remigrate(다시 이주하다)이며, 원래의 목적에서 변동이(차질의) 생겨 벗어나게 되면 miss(change 놓치다), missing

scribble

(빠짐)이고, 이 일족은 move(움직이다)로 연결되나 따로 다루었다.

106 Medial

어원분석 ***Med, mid, meta, mezo, mes=to cut half***(반으로 자르다), ***to be in the middle***(가운데 들어가다).

leading words

meddle
vi.간섭하다
median
a.중간의
mid
a.중앙의

1) 가운데 끼어드는 medial(중간의)에서 meddle(간섭하다), medieval(중세의), median(중간의), mediate(화해시키다), medium(중간), immediately(im=not 중간과정 없이 "즉시"), immediate(즉시의), mean(중간의), meantime(그 동안), means(중간매개 "수단"), mediterranean(terra=earth 지중해의, 육지에 둘러싸인), intermeddle(참견하다), intermediate(중간의), mezzo(적절하게), mid(중앙의), midair(공중), midbrain(중뇌), middle(한가운데의), middleman(중간상인), midland(내륙지방의), midnight(한밤중), amid(…의 한복판에), midwife(조산원)처럼 쓰인다.

method
n.방법

2) 처음에는 「겨우 곱사리끼어」 따라가다가 나중에는 그 패거리에서 「변화를 일으키고」 끝내

scribble

거기서 「높은 자리로」 올라가는 몇 단계 과정은 그야말로 굴러온 돌이 박힌돌 빼는 격인 meta(mid or meta=along with, change, higher)이며, metathesis(thesis=put 전이), metabolism(meta=change ; boll=throw 음식물을 아주 변화시키는 "신진대사"), metaphor(meta=change ; phor=carry 다른 것을 가져와 비유하는 "은유"), metaphysical(meta=highter 형이상학의), meteorology(mete = higher ; oro = rise 기 상 학), method(meth=higher ; od=way 방법) 등이 있으며, 이어 migrate(이사하다), common(보통의), move(움직이다), mistake(잘못) 처럼 되나 따로 다루었다.

metal
n. 금속

3) 위의 meta(change, after, beyond, beside)에서 발전하여 주위(beside) 사방으로 찾아나서서(seek out) 구하는 metal(금속), metallic(금속의), medal(메달) 또는 mettle(성미), mine(광산), miner(탄광노동자), mineral(광물)이다.

demi
*n.*반

4) 중간에서 반으로 쪼개면 demi(de=apart ; mi=middle 반), demigod(반신 반인)처럼 되며, 어원은 다르나 역시 가운데라는 뜻으로 center(가 운 데), centrally(중 심 으 로), centric(중심의), concentration(con=with 집

scribble

중), eccentric(ec=out 상도를 벗어난)처럼 널리 쓰이는 center의 일족도 있다.

107 Menace

어원분석	***Men***, ***mount***, ***mont***, ***min=to project***(돌출하다), ***to be steep***(가파르다), ***to threat***(위협하다), ***to drive or lead***(몰고가다).

leading words

menacing
a.위협적인
mountain
n.산

1) 도깨비같은 퉁방울(돌출한) 눈을 을러대면서 가축 떼를 몰고 가파른 언덕을 올가는 menace(위협하다)는 mental(project 돌출한 "턱의, 마음의"), menacing(위협적인), minar(작은 탑), minatory(위협적인)처럼 쓰이며, 돌출한 것으로 말하면 대표선수감이 산(mountain or hill)이므로 marmot(mar=mouse ; mot=project or mountain 산에 사는 쥐 "마못"), mountain(산), mountebank(bench에 올라가〈mount〉 약을 팔던 "엉터리 약장수"), mounting(포가), mountain chain(산맥), mountaineer(등산가), mountainous(산이 많은), mountaineering(등산), amount(a=toward 산 같이 쌓아 올린 "총액"), dismount(dis=apart 분해하다, 내리다), paramount(para=above 최고의),

scribble

surmount(sur=over 오르다)처럼 쓰인다.

eminent
a.저명한

imminent
a.절박한

2) 위의 manace에 com(int or with)을 결합시키면 comminate(저주하다), commination(위협)이며, amenable(a=to 위협에 "순종하는")도 유사하며, 돌출한다는 데서(project) eminent(e=out 저명한), prominence(pro=forward 두드러짐), prominent(돌기한), imminence(im=over or above 절박), imminent(절박한), preeminence(걸출), preeminent(빼어난), promontory(pro=forward 갑<岬>)처럼 된다.

promenade
n.산책

3) menace에서 보았듯이 「툭 불거진」 눈으로 말을 잘 듣게 을러서 가축 떼를 몰고가면 demean(de=int 시키는 대로 "훌륭하게 처신하다"), misdemeanor(mis=wrong 경범죄), promenade(pro=forward 을러서 걷게 하는 "산책"), promenade concert(유보연주회)처럼 된다.

108 Mere

어원분석

Mere, mar, mer, moor, merge, morn, bar=to be liquid(투명해지다, 액체로 되다), ***to flash***(왈칵 흐르다), ***to twinkle***(깜박이다), ***to be pure***

scribble

(맑아지다).

leading words

marine
a.바다에 사는
marsh
n.늪

1) 티 없이 맑은 물인 mere(단순한), merely(단지)에서 mermaid(인어), mariculture(mari, mere=water 바다의 양식), marine(바다에 사는), maritime(바다의), marsh(늪), marshy(습지의), moor(황무지), morass(낮은 습지), merganser(비오리)처럼 되며, 참고로 merganser의 ganser의 일족을 보면 gander(거위 수컷), goose(거위), goosy(거위 같은), goo-goo eyes(~에 추파를 던지다), gosling(거위새끼) 등이 있다.

immerse
vt.담그다
submerge
vt.물 속에 넣다
morning
n.아침

2) 물 속에 뛰어들거나 나오는 데서 merge(몰입시키다, 융합하다), emerge(e=out 나타나다), emergency(비상사태), immerse(im=into 담그다), immersion(몰입), immerge(뛰어들다), submarine(sub=under 잠수함), submerge(물 속에 넣다)처럼 되며, 어둡던 밤이 어슴프레 맑아(밝아)오는 데서 murk(어두움), morn(새벽), morning(아침), morning-glory(나팔꽃), tomorrow(내일)처럼 물 맑음이 날밝음으로 되기도 한다.

barter
vt.교역하다

3) 뼈빠지게 일하는 선원들에게 일삯을 제대로 안 주는 사기행각(deception)은 장사꾼들의 속임수(사촌도 속여야 하는)로 변하여 위의

scribble

marine(바다의)에서 배(ship)가 교역의 뜻으로 되는 barter(marine, barine, bart 교역하다), barterer(물물교환자), barrator(부정선장)처럼 되기도 하고, 액체(물)를 담아 나르는 barrel(통), barrel house(통술집)도 일족이다.

109 Mind

어원분석	***Mind, ment, mantis, maniac, mont, mat, main, man=to warn***(경고하다), ***to think***(생각하다), ***to remember***(기억하다), ***to love***(사랑하다), ***to intend***(의도하다), ***to stay***(머물다).

leading words

remind
vt.일깨우다

comment
a.논평

mention
vt.언급하다

1) 가만히 앉아서 골똘히 생각하는 mind(마음)는 mind cure(정신요법), half-minded(내키지 않는), remind(일깨우다), mania(열광), monomaniac(mono=single 편집광자), mnemonic(기억의), amnesty(a=not ; mnest=remember 특사)처럼 쓰인다.

2) 논리적 사고를 요하는 학문인 mathematics (math=think 수학)이나, automate(auto=one's own ; mata or mind=think and move 자동운전을 할 수 있게 만들다), automatic (자동의), mental(마음의), demented(de=

scribble

away from 미친), comment(com=int ; have in mind to study in detail of a subject 논평), commentary(주석), reminisce(추억에 잠기다), mention(언급하다) 등이 모두 think라는 basic idea에서 온다.

monition
n.주의

3) 생각이 나게 상기시키거나 경고하여 주는 데서 monition(주의), monitor(훈계자), admonishment(ad=to 경고), summon(sum=under 소환하다), premonition(pre=before 예고), monument(기념비), memento(기념물) 등이 된다.

monstrous
a.괴상한

4) Rome의 신〈神〉 Jupiter의 wife였던 Juno가 경고용으로 monster(괴물)을 내보여 위협경고를 곧잘 하였고, 후에 Juno를 모시던 사원이 조폐국으로 쓰여지면서 경고에서 money(돈), monstrous(show 괴상한), demonstrate(show forcibly to prove 논증하다), demonstration(warn or show 증명), remonstrate(show again to point back to fault 충고하다), moneybag(부자)처럼 된다.

remain
vi.남다
permanence
n.영구

5) 생각이 깊을 때에는 움직이지 않고 가만히 있으므로 stay라는 뜻이 되어 remain(남다), manor(장원), mansion(큰 저택), permanance(영구), permanent wave(퍼머), permanent tooth(영구치), man(생각하는 동

scribble

물인 "사람"), manhole(대피소), man-hater (사람을 싫어하는 사람), manpower(인력), museum(박물관), music(음악), muse(숙고하다), mean(의미하다), moan(신음하다), mute(벙어리의), mysterious(shut one's mouth 신비로운), myth(신화), mythologic (신화의), guildsman(동업 조합원)처럼 쓰이며, 참고로 guildman의 guild(pay or give 동업 조합)의 일족을 보면 geld(상납금), yield(산출하다), yielding(생산적인) 등이 있다.

110 Minor

어원 분석 ***Mini, mono, micro=to be little or single***(작아지거나 홀로 되다), ***to fade away***(사라지다), ***to reduce***(줄다), ***to damage***(손상시키다).

leading words

minority
n.소수
miniature
n.축소형

1) 점점 잘게 쪼개어서 나중에는 원래의 모습을 찾을 수 없게 되는 minor(보다 적은, 보다 작은)에서 minor-league(2류의), minority (소수), minority leader(야당 원내총무), mini(소형의 것), miniature(축소형), minimal(최소의), minimize(최소화하다), minimum(최저, 최소의), minute(분, 미세한),

scribble

menu(자잘하게 세목을 기입한 "메뉴"), minuend(피 감 수), minus(마 이 너 스 의), diminish(di=down from 줄이다), diminutive(작은), mince(잘게 저미다), minar(작은 탑), minify(작게하다)처럼 쓰인다.

administrator
n.행정관

2) 왕이나 하나님 앞의 종인 신하나 성직자는 심부름꾼에 불과한 소인이므로 minister(목사, 장관), ministerial(목사의), administer(소신〈小臣〉으로서 왕명을 받들어 "다스리다"), administration(관 리), administrator(행 정 관), minster(대교회당)처럼 된다.

miss
vt.놓치다
misplay
n.실수

3) 위의 minus에서 mins, mis로 되면 아주 왜소하게 줄어(작아)져서 나쁜 상태라는 뜻의 miss(change 놓치다), missing(없어진)처럼 되어 move(go) 또는 mean(천한)에 연결되나 따로 다루었고, mis라는 형태의 접두어로 되어 misshape(보기흉하게 만들다), misconduct(bad, change, diminish 위반행위), misplay(실 수), mislead(잘 못 이 끌 다), mismatch(짝을 잘못짓기)처럼 되는데 다다익선(多多益善)의 반대말이라고 생각하면 좋을 것 같다.

microbe
n.미생물

4) Greece 자모의 열다섯 번째 글자인 omicron은 영어의 o에 해당하는 「작다」는 뜻이고 microbe(obe or bio=life 미생물), micro-

scribble

copy(축소 복사), microcosm(소우주), microminiature(극소형의), microphone(확성기), microscope(scope=see 현미경), microsleep(깜박 졸기), microwave(초단파)처럼 쓰인다.

monocle
n.외알 안경

5) 외톨이가 되어 산다면 소인배로 전락하여 우물안 개구리가 되어 버리므로 single과 small (mini) or little의 결합으로 이루어지는 monk(single, little 수도사), monastery(수도원), monocle(ocle=eye 외알 안경), monograph(전공논문), monopolism(독점제), monolithic(lith=stone 돌 하나로 된)처럼 쓰인다.

111 Miracle

어원분석	***Mir, marv, smile=to wonder***(경탄하다), ***to astonish***(경악케하다), ***to laugh***(웃다).

leading words

miraculous
a.기적적인
mirror
n.거울

1) 놀라움을 금치 못한 경탄과 존경의 눈으로 바라보고 미소짓는 miracle(기적)에서 miraculous(기적적인), mirror(거울), mirage(신기루), rear view mirror(차의 뒤를 보는 거울), admire(ad=to 감탄하다), admirable(훌륭한), admiration(감탄)처럼 된다.

scribble

marvelous
a. 놀랄만한

2) marvelous(놀랄만한), amir(회교국의 귀족), admiral(해군대장), emir(왕족), smile(경탄의 "미소"), smirk(능글맞은 웃음) 등도 일족이다.

112 Mise

어원분석	***Mise, mit, mis=to let fly***(날려보내다), ***to send***(보내다), ***to throw***(던지다).

leading words

mission
n.사절
admit
vt.입장을 허가하다
intermission
n.중단

1) 결정하여 보내는 mise(send 협정)에서 missile(유도탄), mission(사절), missionary(전도사), missive(공문서), message(통신), messenger(심부름꾼), admit(ad=toward 입장을 허가하다), admittance(입장), nonadmission(입회거부), emit(e=out 방사하다), emissive(방사성의), intermission(inter=between 중단), omit(o or ob=from 생략하다), omission(생략), manumission(manu=hand 손아귀에서 놓아 주는 "해방증서"), permit(per=through 허락하다), permission(허락), permissive(허락하는)처럼 쓰인다.

commissioned
a.임명된

2) 신뢰해도 좋다는 판단이 서고나면 임무를 주어서 보내게 되는데 물론 결과의 위험성은 보

scribble

냅 사람에게 있으며 일단 보내지면(시위를 떠나면) 「저질러진」 일이라 어쩔 수 없이 책임을 지는 데서 commit(com=with or together ; mit=send 저지르다, 위탁하다), commission(대리, 위임장), commissary(대리인), commissioned(임명된), commitment(관여, 투옥), committee(entrusted body 위원회)처럼 되고, 뚝떼에서 멀리 보내면 dismiss(dis=apart 해고하다, 떠나게 하다), dismissal(해고)이다.

promise
*n.*약속

3) 이외에 앞에 제시하는 promise(pro=in front 약속), promisee(수약자), promissory(약속의)와, 되돌려 보내는 remise(양도하다), remit(송금하다), remissive(사면하는), remitter(송금자)와, submission(sub=under 복종, 제출), transmission(trans=across 전달) 등이 있다.

113 Mix

어원분석	***Mix=to mingle***(섞이다), ***to interfere***(간섭하다), ***to meddle***(간섭하다).

leading words

mix

1) 이것 저것 두드려 맞추어 새로운 작품을 만들어내는 mix(섞다)에서 mixed(혼합된),

scribble

vt 섞다

miscellaneous(잡동사니의), meslin(잡곡빵), meddle(참견하다), medley(잡동사니), mash(짓이기다) 등이 온다.

commix

vt.섞다

mingle

vt.섞다

2) admix(ad=to 섞다), commix(com=together 섞다), intermix(inter=between 혼합하다), myxoma(점액종), magma(용암), mass(덩어리), mingle(섞다), promiscuous(pro=instead of 무차별한) 등도 마찬가지이다.

mess

n.혼란

3) 여러 가지 재료를 짜맞추거나 반죽을 해서(fit or knead) 만드는 데서 make(만들다), make-believe(구실), make-do(임시 대용품), maker(만드는 사람), homemade(국산의), match(반죽하고 섞어 만든 "성냥, 호적수"), matchmaker(중매장이), well-matched(어울리는), muss(혼잡), mess(혼란), smash(박살내다), mongrel(잡종개), among(많은 가운데), mason(석공), mucilage(점액), muck(거름), mug(원통형 찻잔), moisture(습기), mudder(진창길을 잘 뛰는 말), moss(이끼), litmus(리트머스), meek(얌전한), mux(혼란), mist(안개), mushroom(버섯), mushy(죽모양의) 등도 뒤범벅이 된다는 말이다.

mock

4) 콧물, 코딱지가 뒤범벅이 되어 남의 놀림감이

scribble

vt. …을 비웃다

된다면 mock(…을 비웃다), mockingly(비웃어), mock-up(실물크기의 모형)이 된다.

114 Model

어원 분석	***Mode, measure, mete, mod, meet, mens, moon, month, metr, med.***

leading words

mode
n.양식

measure
vt.…을 재다

symmetry
n.대칭

1) 기준을 세우고 기준에 맞추기 위하여 한치의 오차없이 측정하여 올바른 판단을 내리기 위한 모형인 model(방법, 형태)에서 mode(양식), modulate(조정하다), mould(거푸집), moderate(절제있는), modern(현대의), modest(겸손한), modify(수정하다), modification(변경), commode(옷장), commodity(일용품), accommodate(ac=to 적응시키다), accommodation(적응)처럼 일정한 틀에 맞추려는 모습을 보여준다.

2) 이러한 판단의 기초가 되는 측정에 초점을 맞추면 measure(재다), measureless(무한의), measurement(측량), immeasurable(무한한), diameter(dia=through 직경), parameter(para=beside 매개변수), symmetry(sym=same 대칭), dimension(di=through 치수, 차원), immense(막대한), barometer(기압

scribble

계), metric(미터의), metrology(도량형학), geometry(geo=earth 땅의 넓이를 재는 "기하학")처럼 된다.

meditate
vt.숙고하다

3) 측정을 신중히 함은 예상되는 가능한 오차를 줄이기 위한 신중한 준비이며 숙고를 요하므로 meditate(숙고하다)가 되며, 건강을 유지하는 데도 중용의 도를 지켜 기준을 유지함이 무엇보다 중요하므로 medic(의사), medicate(약을 섞다), medicine(내복약), remedy(치료법), remediless(불치의)처럼 기준(척도)을 지키는지의 여부가 곧 건강(약)과 직결됨을 말해준다.

moon
n.달
month
n.달

4) 시간(세월)의 흐름을 재는 단위의 하나가 달(moon or month)이므로 moon(measure 달), moondown(달이 짐), moonily(멀거니), month(한 "달"), monthly(매달의), meal(시간 맞춰 먹는 "식사"), mealtime(식사시간), piecemeal(조금씩), honeymoon(밀월), menopause(pause=stop 월경폐지), menses(월경)처럼 쓰인다.

meet
vt.만나다
empty
a.빈

5) 기준에 도달하느냐에 따라 meet(…에 부응하다, …을 만나다), meeting(만남), empty(e=not 만나지 못하는 "빈"), emptyhanded(맨손의)처럼 되기도 한다.

meticulous

6) 만약의 위험에 신중을 기하기 위하여 요모조

scribble

a.소심한

temerity

n.무모

모 「재보는(measure)」 소심함에서 meticulous(소심한)가 되고, 이러한 소심증은 어두움을 헤쳐나가는 두려움에서 온다 하겠으므로 meticulous의 met를 뒤집은 tem에서 temerity(무모), tan(dark 볕에 타다), timid(소심한), timorous(겁많은), intimidate(in=into 위협하다, 겁먹게 하다)처럼 된다.

115 Morpheme

어원 분석	***Morph, form=to shape***(모양을 이루다), ***to dream***(꿈꾸다).

leading words

morpheme

n. 형태소

1) 모양을 형성하는 morpheme(형태소)는 morphemics(형태소론), morphology(형태학), morphine(dream 잠잘때 머리 속에 생기는 「영상」은 꿈 "모르핀"), amorphism(a=without 무정형)처럼 쓰인다.

formally

ad.정식으로

2) morph에서 morf, mrof, form의 형태로 되면 form(모양), formal(형식적인), formally(정식으로), formation(구성), formative(조형의), formulation(공식화), conform(con=int 따르다), conformance(순응), malconformation(mal=evil 추한모양)처럼 쓰인다.

inform

3) 머리 속에 구체적인 모양을 그려넣어 준다는

scribble

vt. …을 알리다

것은 지식을 주입하는 일이므로 inform(give shape to a person's thoughts 고하다, 알리다), information(정보), information industry(정보산입), informative(지식을 주는), well-informed(박식한) 처럼 되고, 부정의 뜻인 in(not) 또는 non과의 결합은 informal(약식의), informally(비공식으로), nonconformist(비신봉자) 처럼 된다.

deform
vt. 추하게 하다
reform
vt. 개혁하다
platform
n. 승강장

4) deform(de=away from 모양을 일그러뜨려 "추하게 하다"), deformed(불구의), reform (re=again 개혁하다), reformation(개혁), reformer(개혁가), dendriform(dendri=tree 수목상의), preform(pre=before …을 미리 형성하다), platform(plat=smooth 승강장), transform(trans = across 변형시키다), transformer(변압기), uniform(uni=one 모양이 같은), uniformly(한결같이) 등도 상용 접두어와의 결합이다.

norm
n. 기준

5) know (알다), note(주목하다)에서 no, n으로 n만 남고 form의 f가 떨어진 orm이 결합하면 n+orm=norm(기준)이 되어 두드러진 (notable) 형(form)을 표준으로 한다는 말이 되고, normal(표준의), normally(온당하게), normative(표준의), abnormal(ab=off 비정상의), abnormally(병적으로), enormous(e

scribble

=out 기준에서 벗어난 "거대한")처럼 되며, 제 모양을 완전히 갖추도록 완결시키는 데서 perform(per=completely 성취하다), performance(실행), outperform(작업능력에 있어 능가하다)처럼 된다

116 Moral

어원분석	***Mor, mur=to bite***(깨굴다), ***to behave***(행동하다), ***to conduct***(행동하다), ***to move***(움직이다), ***to migrate***(이주하다), ***to mix***(섞다), ***to die***(죽다).

leading words

morally
ad.도덕상
morale
n.풍기

1) 약한 자를 깨물어서 아주 멀리 보내거나 (kill), 독니로 마비시켜 마음대로 행동하지 못하도록 얼빠지게 만들어 강한 자의 마음대로 굶리면서 부려먹는다면 어떨 수 없는 계율에 따라야 하는데 이것이 바로 moral(bite 도덕의)이며, moral lesson(교훈), moral code(도덕률), moral sense(양심), morality(도덕), morally(도덕상), morale(풍기)처럼 깨물렸을 때의 독액처럼 몸에 밴 습성이라는 뜻이 된다.

morose
a.침울한

2) 깨물려서 유쾌할 리가 없고 뚱하게 될 것이므로 morose(침울한), sophomore(sopho=

scribble

mortally
ad.치명적으로
mortician
n.장의사
morsel
n.한 입
mordant
a.비꼬는
mature

wise ; more=bite or make a fool 대학 2년생)이고, 호되게 깨물어 죽음에 이르게 한다면 mortally(치명적으로), immortal(im=not 죽지 않는), immortally(영원히), mortician(장의사 경영자), morgue(시체공시장), moribund(bund=go 다죽어가는), mortgage(gage=pledge 권리의 효력이 죽는 "저당"), mortification(죽을 고생하며 참는 "고행"), post mortem(post=after 죽은 뒤의), morbid(병적인), murder(살인)처럼 무는(bite) 정도가 심한 경우이다.

3) 아프게 물거나 한입씩 뜯어 먹는 데서 morsel(한 입), mordacious(신랄한), mordant(비꼬는), remorse(가책), smart(쑤시는), smarten(sharp pain이란 데서 sharp의 뜻만 남아 "멋부리다"), smartly(세게), outsmart(속이다), mar(망쳐놓다), mortar(절구, 회반죽), martyr(순교자), memorial(몸에 배어 가시지 않는 추억의 "기념물"), memorandum(메모), commemoration(com=together 기념), remember(call back to one's own mind 기억하다), mourn(슬퍼하다), mourinng(애도), smirch(cause to bite 욕되게 하다).

4) 마음 속 깊이 생각하다 보면 시간 가는 줄 모

scribble

a.성숙한

르게 되고 언젠가는 시기가 무르익게 될 것이므로 mature(성숙한), maturity(delay or ripen 성숙), immature(im=not 미숙한), premature(pre=before 시기상조의)처럼 된다.

117 Move

어원분석 ***Move, mut, mot, mob=to set oneself going*** (움직이다), ***to pass beyond***(저쪽으로 건너가다), ***to displace***(옮겨놓다).

leading words

remove
vt.이동하다

1) 원래 있던 곳에서 이탈하여 나아가는 move(움직이다)는 movable(움직일 수 있는), movement(운동), movie(영화), moving(움직이는), immovable(im=not 부동의), remove(이동하다), commove(com=together 동요시키다), self-moving(자동의) 처럼 쓰인다.

motion
n.운동
motivate
vt.유발하다

2) mot으로 철자되면 motel(motor+hot 모텔), motif(주제), motion(운동), motion picture (영화), motivate(유발하다), motive power (원동력), motor(원동기), motorcar(자동차), motorman(운전사), automotive(자동성의), self-motion(자동), emotion(e=out 과

scribble

mob
n.폭도

장해서 감정을 밖으로 표현하는 "감정"), emotionless(감동이 없는), promote(pro=forward 촉진하다), promotion(승진), commotion(격동), demotion(de=down 강등), remote(move again 외딴), remote control(원격조작)처럼 된다.

3) 움직이는 중요 계기를 만드는 것은 moment(중요성), momentary(순간의), momentum(타성)이며, mob(폭도), mobile(가동성의), mutinous(반항적인) 등도 여기서 온다.

scribble

N

118 Name

Name, nom, onym, nym=to name(이름짓다).

leading words

name
n.이름
nominate
vt.지명하다

1) 이름을 지어붙여 표한다는 단순한 의미의 name(이름)은 name-dropping(저명한 인사의 이름 내두르기), namely(말하자면), name plate(명찰), namer(명명자), rename(…을 개명하다), unnamed(무명의), unnamable(이름짓기 어려운,뭐라고 말할 수 없는), onomatopoeia(의성어), anonym(ano=without 가명), pseudonym(pseudo=false 아호), synonym(동의어), antonym(anti=against 반의어), nomen(족명), nomenclature(clature=call 명명법), nominal(명목상의), renomination(재임명), nominate(지명하다), autonym(auto=oneself 본명)처럼 쓰인다.

renowned
a.유명한

2) renown (re=again 재삼 이름이 불리워지는 "명성"), renowned(유명한), nown(명사), pronown(pro=in behalf of 대명사), denominate(de=int 명명하다), denomination(명명), ignominous(ig=not 면목없는)처럼 되기도 한다.

scribble

119 Nausea

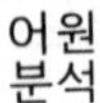

Nausea=to swim(헤엄치다), ***to flow***(흐르다), ***to navigate***(항해하다), ***to be a mariner***(선원이 되다).

leading words

nautical
a.항해의

1) 강이나 바다에서 헤엄치거나 항해할 때 서툰 사람들에게 닥치는 nausea(뱃멀미)의 일족으로 nautilus(배낙지 무리), nautical(항해의), astronaut(astro=star 우주비행사) 등이 있다.

navigate
vt.항해하다

2) 험악한 날씨에 많은 승객을 태우고 항해하다 보면 신음하고 구토하는 뱃멀미 소리로 배 안이 소란해져 noise(소음), noisy(시끄러운)가 되며, 대양을 항해하는 데서 navy(해군), navigate(nav=ship : ig or act=do 항해하다)가 된다.

nourish
vt.기르다

3) swim에서 flow(give milk to 흐르다)로 되면 nourish(기르다), nurse(간호사), nursery(육아실), nurture(양육하다), nutrient(영양물), nutrition(영양섭취), natant(부동성의), Neptune(해왕성)처럼 쓰인다.

120 Net

scribble

어원 분석	***Net, nerve, next, nug, muclear, neck, knit, knob, node, knag, knead=to weave***(짜다), ***to bind***(묶다), ***to knit***(뜨개질하다), ***to make knot***(매듭을 만들다).

leading words

netting
n.그물

knot
n.매듭

nod
vi.끄덕이다

neck
n.목

1) 실이 맺혀져 매듭이 되고, 그것도 씨줄 날줄이 조직적으로 교차되어 매듭지워질 때 net(그물)가 짜여지며, netted(그물로 잡은), netting(그물), nettle(쐐기풀의 일종), nit(서캐), knit(짜다), knit needle(뜨개바늘), knitwear(니트웨어)처럼 쓰인다.

2) 역시 매듭에서 knot(매듭), knothead(바보), knob(마디), knuckle(손가락 관절), knucklebone(손가락 뼈마디), knoll(작은 산), nub(요점), nubble(작은 덩어리)처럼 된다.

3) node(마디), nodus(결절), noll(머리), nod(끄덕이다), nob(머리), noose(고를 낸 매듭) 등도 마디라는 말이고, 묶어서 연결시키는 데서 nexus(유대), annex(a=to 덧붙이다), connect(con=with 연결하다), connection(연결)도 여기서 온다.

4) 매듭은 곧 부풀어 오른 덩어리이므로 nugget(덩어리), nut(견과), nutgall(오배자), nutpine(잣나무), nutshell(견과의 껍데기), nutty(미친), nutwood(견과나무), nuclear

scribble

(핵의), nuke(핵폭탄), nougat(사탕과자의 일종)처럼 되며 부푼다는 것은 또한 굽은 것(bend)과 연결되므로 neck(목), neckerchief(목도리), necklace(목걸이), neck-or-nothing(이판사판의), nook(구석)처럼 쓰인다.

knock
vi.때리다

5) knack (break or trick 기교), knag(옹두리), knap(망치로 깨다), knapsack(배낭), knock(망치, 주먹으로 "때리다"), knead(관절〈마디〉 투성이인 손으로 "반죽하다") 등도 유사한 일족이다.

121 Nimble

어원분석

Nimb, ***numb***, ***nap***, ***nom***, ***snap***, ***snatch***, ***nipple***, ***snoop***=***to grasp or take***(꽉 쥐다), ***to distribute***(분배하다), ***to count***(세다), ***to make the law***(법을 만들다).

leading words

numbly
ad.저려서

1) 탐나는 물건이 임자없이 떨어져 있다면 잽싸게 집어채어 가겠지만 체신머리 없이 여러 사람이 동시에 집어들고 서로 제것이라고 잡아당긴다면 갈갈이 찢기거나 아귀다툼의 꼴사나운 모습이 될 것이므로 이를 바로잡기 위한 규율(법)이 생기게 되는데, 우선 「잽싸게 집어가는」 nimble(민첩한)의 용례로는 numbly

scribble

(take 저려서), benumb(마비시키다)처럼 be taken with deadened feeling이라는 뜻이되고, 수를 세어서 각자의 몫을 나누어 주어야 아수라장을 면할 수 있으므로 number(count 수), numberless(무수한), numerable(셀 수 있는), numeral(숫자), numerate(세다), numerical(수의), numerous(다수의), enumerate(e=out 열거하다)처럼 count or distribute의 뜻이 온다.

astronomy
n.천문학
economy
n.경제

2) 분배하는데는 우선 기준(법)을 세워야 하므로 astronomy(astro=star 천문학), nomic(관습적인), binomial(bi=two 이항식의), economy(경제), economic(eco or oikos=house 경제의), economical(경제적인), economize(절약하다)에서 보듯이 가정(eco or oikos=house)을 꾸리는데(nom=rule) 알뜰한 경영이 법도(nom=law)임을 말해준다.

nab
vt.움켜쥐다
kidnap
vt.유괴하다

3) 먹을 것을 찾아 (search or take) 헤매는 nomad(take 유목민)이나, 닥치는 대로 마구 거머쥐는(catch or take) nab(움켜쥐다), nap(take or pull 보풀을 세우다), kidnap(유괴하다), nip(물다, 따다), nipple(물고 쪼는 부리모양의 "젖꼭지"), nib(부리), nibble(조금씩 뜯어 먹다), neb(부리), snap(물어 뜯다), snappish(물려고 덤비는),

scribble

snapshot(속사), snatch(잡아채다), snack (quick bite of food 간단한 식사), snib(걸쇠), snipe(잘라내다), snoopy(기웃거리고 다니는)처럼 결신들려 마구잡이식 옮기(긁기)가 된다.

122 Nova

어원분석	***Nova, new, neo=to be new***(새로운), ***to be most recent***(최신의).

leading words

renovation
n.개혁

new
a.새로운

1) 새롭다는 뜻의 nova(신성〈新星〉)는 novate(갱신하다), novel(새로운, 소설), novelist(소설가), novelty(신기함), novice(초심자), innovate(in=int 혁신하다), renovate(재생하다), renovation(개혁)처럼 쓰인다.
2) neoclassic(신고전파의), neodoxy(신설), neon(네온), neontology(현세생물학), new(새로운), newcome(새로온), news(뉴스), newscast(뉴스방송), newsmagazine(시사잡지), newsmonger(수다쟁이), newsreel(뉴스영화), newsy(뉴스가 많은), anew(새로이), renew(갱신하다), nowadays(지금은), now(지금) 등도 새롭다는 뜻이다.

scribble

123 Null

Not=no

leading words

deny
vt.부정하다
neutral
a.중립의
never
a.한 번도 …없다

1) 아니라고 부정하는 null(무효의, 영의)이지만 다양하게 쓰이므로 용례에 따라 폭넓게 검토할 필요가 있으며, nullification(무효), annul(an=to 무효로 하다), naught(영), naughty(버릇없는), necessary(ces=go 그냥 가게<go> 내버려 둘 수 「없는」 "없어서는 안 될"), necessitate(불가피하게 하다), unnecessary(무용의), negate(부정하다), negative(부정의), abnegate(ab=int 버리다), deny(부정하다), denial(부정), undeniable(부정할 수 없는), renegade(적에게 붙들려서 원래 소속을 재차 「부정하는」 "변절자"), neutral(이도 저도 「아닌」 "중립의"), neutrally(중립적으로), neutron(중성자), never(not+ever 결코 …없다), nevermore(두 번 다시 …않다), never-never(공상의 나라), nevertheless(그렇지만)처럼 된다.

neglect
vt.게을리하다
nice
a.훌륭한

2) neglect (lect=gather 아무 것도 긁어모으지 「않고」 "게을리하다"), negligible(무시해도 좋은), nil(영), nice(not+scire<know> 「아무 것도 모르는」 온달 같은 바보스러운 매

scribble

nihilism

*n.*허무주의

력에서 "훌륭한"), nicely(훌륭하게), nihilism(허무주의), no-man(벽창호), nohow(결코 …않다), nonchalant(chal=heat 무관심한), no-no(금지사항), noway(조금도 …않다), nowhere(하찮은, 아무 데도 …않다), nor(…도 역시 않다), nothing(아무것도 …아니다), notwithstanding(…에도 불구하고), nonlethal(치명적이 아닌), nonmetal(비금속), nonplus(난처하게 하다), non-tariff barrier(비관세장벽), nefarious(fari=speak 말로 표현할 수「없는」"흉악한"), negotiate (otiate=rest 가만히 쉬지 못하게 꼬드겨서 "흥정하다"), negotiation(협상)처럼 되며, 이어서 ne에서 en, un, a, ab, il, im, in, ir 등의 부정적 의미의 접두어가 되므로 참고하기 바라며 예컨대, asepsis(seps=rot 무균), abort(ort=rise 생기지 않게 "낙태시키다"), insincere(불성실한), inevitable(부득이한), irresponsible(책임을 지지 않는), impartial(편견이 없는), illogical(비논리적인), unalloyed(합금이 아닌)처럼 된다.

scribble

O

124 Odious

어원 분석	***Odi, oil, odor, osm, olive=to dislike***(싫어하다), ***to emit a smell***(냄새 내뿜다).

leading words

annoying
a. 성가신

noisome
a. 해로운

noxious
a. 해로운

petroleum
n. 석유

1) 향기롭지 못한 냄새를 좋아할 사람은 없을 것이므로 싫다는 뜻의 odious(싫은)에서 odorant(냄새나는), odorous(구린), olfaction(후각), redolent(향기가 좋은), ennui(권태), annoy(성가시게 굴다), annoying(성가신), noisome(해로운)처럼 되며, 죽어서 썩으면 냄새가 나므로 noxious(harm, death 유해한), obnoxious(불쾌한), innocence(in=not 무죄, 순결), innocent(순결한), innocently (천진난만하게), innocuous(해가 없는), nuisance(남에게 폐를 끼치는 행위), pernicious(해로운), nectar(nec=death ; tar=conquer 죽음을 극복하는 "신들의 음료"), necrolatry(necr=death ; latr=respect 사자숭배)처럼 상처입히고, 해롭게 하고 죽인다는 뜻이 된다고 할 수 있다.

2) ozone(냄새 발산하는 "오존"), osmics(향기학), osmotic(삼투의), oil(냄새풍기는 "기름"), oilpaper(유지), oil-proof(내유의), oily(기름의), oleic(기름의), oleometer(기름

scribble

비중계), fish oil(어유〈魚油〉), linoeum(리놀륨), petroleum(petr=stone 석유), mineral oil(광유), cotton oil(면실유), rock oil(석유), olive(냄새나는 기름을 짜는 "올리브"), eel(기름같이 매끄러운 "뱀장어"), eely(뱀장어 같은) 등도 일족이다.

125 Office

어원분석	**Of, opus, oper, euver, opy=to work**(일하다).

leading words

office
n. 사무실

1) 열심히 맡은바 일을 해나가는 곳이 office(사무실)이고, officeholder(공무원), office hours(집무시간), officialese(관청용어), officially(공무상), officious(참견잘하는), often(자주)처럼 쓰인다.

operation
n. 작용, 운전

2) office의 of가 op로 되면 opus(저작), opera(가극), operate(움직이다), operation(가동), operator(운영자), opuscule(소품), co-operation(협력), opulent(부유한), maneuver(manu=hand 책략)처럼 된다.

copy
n. 복사

3) 영국의 유명한 경제학자 Adam Smith (1723-90)가 이론화한 분업의 원리에서 대량생산으로 연결되는 경우가 바로 co

scribble

(together) + operate (work) = cooperate와 상통하는 말이고, 이것을 줄여서 copy (rich or abundant 복사) 하는 것은 한장 한장 일일이 쓰는 것과 비교하면 기계와 사람이 함께 일하여 대량작업의 능률은 올린다는 뜻이고 copybook (습자책), copying machine (복사기), copyright (저작권), copier (모방자), copious (풍부한) 처럼 된다.

optimal
a.최선의
opt
vt.고르다

4) 해야 할 일을 열심히 하고 마음편히 즐거운 기분으로 결과를 기다린다면 optimal (최선의), optimism (낙관주의), optimistic (낙관적인) 처럼 되며, 이와 유사한 opine (의견을 말하다), opinion (의견), opt (고르다), option (선택) 도 상당히 연관된 것으로 볼 수 있으며, 참고로 위의 often (자주) 와 유사한 freqency (빈번), frequent (자주 일어나는), frequently (종종), freqentative (반복동사, 반복표시의), farce (광대극) 등은 별로 다른 일족이 없다.

126 One

어원분석 ***One, onion, a, an, any, only, uni = to be sole*** (혼자 있다).

scribble

leading words

alone
a.혼자서
lonesome
a.외로운

nonage
n.미성년
nonbank
a.비은행의

1) 둘도 아닌 외로운 하나라는 one (하나)은 oneself(스스로), someone(누군가), anyone(누구든지), everyone(누구나), an(하나의), a(하나의), any(얼마든, 조금도), anybody(누구든지), anything(무엇인가), anyhow(어떻게든지), anywhere(어디엔가), anyway(어쨌든), alone(all+one=alone 모두 하나뿐인 "혼자서"), lone(alone, lone 고독한), lonesome(외로운), lone wolf(독신자), once(한 번), atone(at+one 보상하다), only(단지)에서 볼 수 있는 매우 친숙한 단어로 분화된다.

2) not+one=no or non or none에서 볼 수 있는 기초단어인 no, non, none으로 되며, 이 중 몇 가지만 간추려보면 nonage(미성년), nonalgebraic(비 대수의), nonalphabetic(순서가 없는), nonbank(비 은행의), nonbelligerent(bell=war 비교전국), noncombustible(불연성의), noncondensing(dens=thick 불응식의), nondelivery(liber or liver=set free 배달불능), nonego(ego=self 비아〈非我〉), nonsuch(둘도 없는 것), nonetheless(그럼에도 불구하고), nonsense(무의미한 말), nonstop(무정거의), nontarget(목표 이외의), nonviolence(비폭력) 등이 있다.

scribble

union

n.조합, 결합

unique

a.유일한

3) 양파의 테두리는 고리 모양으로 전체가 「한꺼풀」씩 벗겨지므로 onion(양파)이며, 이외에도 unicolor(uni=sole 단색의), unifier(통합자), uniform(같은 모양의), union(결합, 조합), unique(유일한), unit(한개, 단위), unitary(한개의), united(연합한), unit price(단가), universe(verse=turn 한덩어리가 되어 조화롭게 돌아가는 "우주"), unanimous(만장일치의), reunion(재결합), disunion(dis=apart 분리) 등이 있다.

127 Others

어원분석	어원상 동족이 별로 없는 단어에 대하여는 어원에 따른 설명이 무의미하지만, 동족이 많은 단어에 못지 않게 요긴한 단어들은 꼭 익혀야 하므로 어원에 따른 설명은 줄이고 간추려서 수록한다.

leading words

august

a.위엄있는

autumn

n.가을

1) 자란다는 뜻에서 auction(경매), augmentation(증가), author(아무것도 아닌 것을 「크게」 떠벌리는 "작가"), authority(권위), authorized(공인된), augur(「커지고 <increase> 성공할」 것을 예언하는 "점쟁이"), inauguration(개업), august(위엄있는), autumn(낟알이 「굵어지는」 "가을"),

scribble

auxiliary(보태어 「키우는」 "보조의"), omen(「큰」 횡액이 온다고 겁주는 "전조"), ominous(불길한), abomination(ab=from 혐오)처럼 된다.

band
*n.*띠
bond
*n.*결속

2) 꽁꽁묶어서 관리(통제)하는 bind(묶다)에서 rebind(다시 묶다), bindery(제본소), bine(덩굴), bound(묶인), bundle(묶음), bunch(다발), band(띠), bandmaster(악장), bandstand(음악당), husband(hus=house : band=fasten or manage 남편), bond(결속), bondage(농노신세), bend(「묶은」 나뭇단 따위의 「둥근〈굽은〉」 모양에서 "굽다, 굽히다"), bent(굽은)처럼 된다.

recite
*vt.*암송하다

3) 「자극을 가하여 움직이게」하는 cinema(영화)에서 cineprojector(영사기), cinestar(영화스타), kinema(영화관), kinematics(운동학), cite(call or move 인용하다), recite(암송하다), excite(ex=out 자극하다), excitation(자극), excited(흥분한), excitement(흥분), exciting(자극적인), incite(자극하다), recital(낭독), solicitation(sol=entire 간청)처럼 된다.

osseous
*a.*뼈의

4) 물과 물의 「가장자리」가 접한 곳은 coast(co=with ; ost=bone 해안)이며, 몸통중심의 「가장자리」에는 보호막인 갈빗대(rib)가 있

scribble

고, 갈빗대는 「뼈(bone)로 되어 있다」는 일련의 흐름을 말해주는 coast는 coastland(해안지대), coastline(해안선), costa(늑골), osseous(뼈의), ossify(뼈같이 "굳어지다"), oyster(굴), ostracize(추방하다)처럼 쓰인다.

cuisine
n.주방

5) 음식을 요리하고 소화시킨다는 cook(조리하다)에서 cookery(요리), cookie(쿠키), cooking(요리), concoct(con=together 섞어서 만들다), decoction(de=from 달임), cuisine(요리실), kitchen(부엌), precocious (pre=before 조숙한), peptic(digest 소화력이 있는), biscuit(bis=two 두번씩 「익힌」 비스킷), kiln(화로)처럼 된다.

decimal
a.10의, 소수의

6) ten(열)은 숫자의 「열」이라는 간단한 내용으로 자주 쓰이며 decimal (10의, 소수의), decade (10년), decalogue(logue=speak 십계), decimally(소수로), decuple(열배의), dime (10센트 경화), dean(학장, 지구장), tenfold (열배의), tenth(열번째의), teens(십대의), teen-aged(십대의), duodenum(duo=two 십이지장), dozen(duo+ten 열두개)처럼 쓰인다.

senile
a.노쇠한

7) 「나이를 먹어 흐릿한 회색」이 되면 hare(산토끼), harehearted(겁 많은), haze(아지랑이), hazy(안개로 흐린), harass(사냥개를

scribble

부추켜 「회색 토끼」를 "괴롭히다"), harassing(괴롭히는), hallo(「회색의 토끼」몰이에서 "큰 소리로 외치다"), hoar(백발의), herring(청어), senile(회색의 "노쇠한"), senhora(부인), senior(손위의), sire(폐하), senator(상원의원), sir(님, 씨)처럼 흐릿한 회색과 나이 먹은 만큼의 존경을 받는다는 말이 된다.

ogle
n.추파
ophthalmology
n.안과학

8) 보는데 필요한 「눈」을 가리키는 ocular(눈의)의 일족으로는 oculist(안과의사), monocle(mono=single 외알안경), ogle(추파), inoculation(put an eye into 접종), optic(눈의), optical(시각의), optician(안경장수), synopsis(syn=same 개요), opaque(shadily seen 불투명한), ophthalmology(안과학), window(wind+eye 바람의 눈 〈구멍〉인 "창문"), eye(눈), eyeball(안구), eyesome(보기 좋은), person(pro=forward : op or on=eye 「눈」 앞에 가면을 씌워 목소리만으로 사람을 구별하게 한 데서 「눈」에서 "사람"이란 뜻으로 됨), personage(명사, 사람), personal(개인의), personality(개성), personally(몸소, 자기로서는), personification(인격화), personnel(인원), personology(관상학) 등이 있다.

scribble

pome
n.사과
pitch
n.송진

9) 부풀어 오른 비계 덩어리를 녹이면 미끄럽고 찐득거려서 씻기지 않아 마구 비벼 칠을 하게 되는 fat(지방)의 일족으로 fathead(얼간이), fatly(살쪄서), pine(fat, pine=sticky 끈적거리는 송진이 나는 "소나무"), pineapple(파인애플), pine cone(솔방울), pome(찐득이는 즙액 있는 "사과"), pomology(과실학), pomade(머릿기름), potato(과일같이 부푼 "감자"), pompous(젠체하는), pitch(송진), paint(페인트칠하다), painting(그림그리기), picture(그림), picturesque(그림같은), pigment(안료), depict(de=from 묘사하다), file(줄), pink("분홍색"으로 「칠하는」 데서) 등이 있다.

peep
vi.삐악삐악 울다

10) 삑삑우는 소리를 흉내낸 pipe(파이프)에서 pipeline(관로), pip(삐약삐약 울다), peep(찍찍울다), fife(저, 횡적), pigeon(비둘기), piss(오줌), busy(허둥지둥 쫓아다닐때 바짓가랑이 쓸리는 소리에서 "바쁜"), business(사무)처럼 된다.

rough
a.거칠거칠한

11) 텁수룩하게 거친 수염이 나고 주름살이 쭈글쭈글한 rag(넝마)에서 ragman(넝마장수), rough(거칠거칠한), roughen(거칠게 하다), roughly(거칠게), rug(융단), rugged(울퉁불퉁한), ruffian(깡패), ruffle(구기다), tough

scribble

(튼튼한) 등이 온다.

shoot
vt.쏘다

12) 던지고, 쏘고, 밀고, 벗어나서, 달리는 활동적인 모습의 shoot(쏘다)에서 shooter(사수), shot(발포), shotgun(산탄총), sheet(던지는 창 끝처럼 귀퉁이가 돌출한 "홑이불"), shut(문의 빗장을 「찔러서」 문을 "닫다"), shutdown(일시휴업), shutter(덧문), scooter(스쿠터), shout(고함쳐 부르다), shuttle(양쪽에서 마주 「쏘아」 보내는 "왕복열차"), shovel(push 삽), shove(밀치다), scoff(남을 쉴새없이 「밀치고」 다니며 "비웃다"), shop(push 물건을 「밀어」 넣어두던 곳에서 변한 "상점"), shopping(장보기), scoop(push 국자)처럼 된다.

dim
a.어두운

13) 흐리거나 어둡다는 뜻의 umbrella(우산)에서 somber(어둠침침한), tenebrous(어두운), dim(어두운), dimly(희미하게), dump(우울), damp(축축한), steam(김나는 소리의 흉내에서 온 의성어지만 damp에 영향받는 "증기"), steamy(증기의) 등이 되며 부분적으로 다른 어원의 영향을 받는다.

venom
n.독액

14) 욕망과 사랑이 기적을 일구어 내는 원동력이 되는 때도 많지만, 때로는 지나친 욕심이 해독을 주기도 하는 venom(desire or love에서 poison으로 변하는 "독액")은 venerable(love

scribble

or respect 존경할만한), win(사랑을 "얻다, …에서 이기다"), winner(승리자), venereology(love 이성간 사랑에서 "성병학"), venison(사랑을 구하듯 추적하여 잡은 "사슴고기"), wonder(잡히지 않는 사랑을 먼 발치로 쳐다보는 경외감에서 "경이"), wonderful (신기한, 이상한), vend(love 소망하는 사랑을 얻기 위해 대가를 치루는데서 "팔다"), vendor(행상인), venal(타산적인)처럼 쓰인다.

vicinage
*n.*이웃 사람들
village
*n.*마을
Viking
*n.*해적

15) 마을에 옹기종기 「집」을 짓고 살아가는 모습을 말해주는 vicinage(oikos, oik, vic=house 이웃 사람들)에서 vicinity(근처), villa(시골의 저택), village(마을), villain(마을 사람이란 뜻에서 "악한"으로 변모), villainous(악인의), viking(이웃 「마을」을 약탈하는 "해적"), vulgar(vil, vic, vul=house or dwelling place 마을의 서민 대중에서 "천한"으로 됨), vulgarism(야비한 말), divulge (사람들에게 "…을 누설하다"), promulgate (…을 공포하다), economic(nom=manage 집을 다스리는 "경제의"), economical(검소한), ecological(생태학의), eclogue(목가)처럼 확대된다.

inn

16) in, into, intro, inter, etro, endo, en,

scribble

n.여인숙

entre 등은 모두 안(in)이라는 뜻의 상용 접두어이므로 일일이 용례를 들지 않지만, 예컨대 inn(방「안」에 들어가 자는 "여인숙"), interior(내부의), intimate(집「안」 사람 같이 "친밀한")처럼 되며, e, s, es, ex, extra 등은 out이란 뜻이며, 예컨대 exterior(외부의), extreme(extr=out 극도의), extra(여분의)처럼 쓰인다.

gay

a. 명랑한

sin

n. 죄악

17) 끝으로 동족이 거의 없는 주요단어들에 대하여 어원 설명없이 간추려보면 academy(학원, 학회), arena(원형경기장), aroma(향기), attic(고미다락), beg(구걸하다), carbon(탄소), dreadful(무서운), foam(거품), function(기능, 직분), gallery(화랑, 특별석), gay(명랑한), giant(거인), guilt(유죄, 범죄), haul(잡아끌다), hermit(은둔자), lawn(잔디), murmur(불평하기, 속삭임), nail(못, 손톱, 발톱), panorama(전경), park(공원), pray(빌다, 간청하다), rare(드문), rod(막대, 낚싯대, 작은 가지), scare(깜짝놀라게 하다), sin(죄악), sink(가라앉다, 감소하다), soil(토양), soul(영혼), spa(온천), tease(괴롭히다), weep(울다) 등이 있다.

scribble

P · Q

128 Pace

어원분석	***pace, space, speed, pass, spare, pan, penny, pall, spoon, petal, spade=to spread***(퍼지다), ***to stretch***(뻗다), ***to move***(움직이다), ***to be flat***(납작해지다).

leading words

picing
n.보측
pass
vi.지나가다

1) 팔 다리를 쭉쭉 뻗으면서 힘있게 나아가는 pace(걸음 속도)는 pacemaker(주도자), pacing(보측), pass(지나가다), passage(통행), passbook(은행통장), passed(지나간), passenger(승객), passingly(대강), passless(길이 없는), passport(여권), password(암호), past(과거의), pastime(오락), compass(com=together 나침반), encompass(둘러싸다), impassable(im=not 통과할 수 없는), impasse(막다른 골목), trespass(tres=across 침해하다)처럼 쓰인다.

spacious
a.널찍한
expand
vt.펼치다

2) 넓게 퍼진(stretch or spread out) 공간이나 우주는 space(공간, 우주), space engineering(우주공학), spaceless(무한한), spacious(널찍한), spatial(공간의), spatiation(상세한 설명)처럼 되고, 눈앞에 펼쳐 놓는 patent(lie open 특허), patently(명백히), petal(꽃잎), expand(ex=out 펼치다), expanse(공

scribble

간), expansion(확장), expansive(확장력 있는), spawn(spread out 알에서 금방깐 새끼), fathom(stretch 물 깊이를 재다) 등도 마찬가지다.

spare
vt.아끼다
find
vt.찾다

3) 널다란 들판을 거침없이 빠른 속도로 나아가서 성공을 거두는 데서 speed(속도), speedball(속구), speeder(속도 위반자), speedy(신속한)처럼 되고,「넓은 들에」가득하게 비축되어 있다면 spare(spread out 아끼다), parsimonious(인색한)이고, 다리를「쭉쭉 뻗으면서」찾으러 나서면 find(stretch …에 도달하다, 찾다), finder(발견자), found(…의 설비를 갖춘) 등이며, 납작하게 퍼진 데서 pan(접시), panhandler(거지), penny(접시 모양의 "돈, 금전"), spoon(숟가락), spoonful(숟가락 하나 가득), spade(가래, 삽), spadework(사전준비), epee(에페〔펜싱〕)처럼 된다.

paddle
n.노

4) find와 마찬가지로 찾으러 나서는 데서 path(소로), pathway(통로), pad(지고 다니는 "바구니"), paddle(노), paddler(탁구선수), paddlewheel(외륜)처럼 된다.

129 Pact

scribble

어원분석	**Pact, pinge, pale, patch, page, pole, pala, peace, pay, fang, fing, fasten**(고정시키다), **bask pachy=to press closely together**(모두 꽉 누르다), **to fasten**(고정시키다), **to knock into the ground**(땅바닥에 동댕이치다), **to fix or conclude**(고정시키거나 끝맺다).

leading words

pack
n.짐
packing
n.포장

1) 꼼짝못하게 「고정」시켜 논란의 여지가 없게 하고, 분쟁의 여지가 있는 지역은 말뚝을 쳐서 경계선을 분명히 하는 pact(약속)에서 pack(보따리), package tour(일괄 알선여행), packed(만원의), packing(포장), pack-man(행상인)처럼 되고, con(int)과 결합하면 compact(빽빽한), compaction(간결화)이며, impact(충돌), impaction(누르기)나, dis-patch(dis=away from …을 급파하다), propaganda(접순을 떼어 접붙여 「고착」시켜 번식시키는 "선전"), propagation(증식) 등은 의미나 철자에서 basic idea를 벗어나지 않는다.

pale
n.말뚝

2) 말뚝을 쳐서 고정시키는 것은 pact의 변형인 pole(막대기), pale(말뚝), impale(꿰뚫다), palace(말뚝쳐서 방벽을 만든 "궁전")와 peace(동요없는 "평화"), pacific(평화적인), pacification(화해), appease(ap=to 달래

scribble

다), peasant(붙박이 "농부"), pay(빚지고 편히 살 수 없으므로 "갚다"), repay(돈을 갚다) 등이 모두 고정(안정)시킨다는 뜻의 일족이다.

fast
*vi.*단식하다

3) 꽉물고 안 놓는 fang(송곳니)나, 꽉쥐는 finger(손가락), fingerfish(불가사리), fingernail(손톱)을 비롯하여, fingerprint(지문), fast(빠른), fascinate(매혹하다), fast(빠른), breakfast(단식을 깨고 먹는 "아침식사"), fasten(단단히 고정시키다)처럼 p가 f로 되기도 한다.

pachyderm
*n.*후피

4) 단단히 얽어 짜는 basket(바구니), market basket(시장바구니)도 일족이며, 아주 굳어서 두꺼운 가죽으로 변한 pachyderm(derm=skin 후피 동물)도 여기서 온다.

vine
*n.*포도나무

5) 위의 propagate에서 pago, vago, vigo, vine으로 되면 vine(포도나무), vineyard(포도원), vintage(포도수확), vinegar(식초), wine(포도주), frill(가장자리 주름장식)처럼 되기도 한다.

fair
*a.*공정한

6) 딱 들어맞는 궁합이면 그 상태로 「고정」되어 기분이 좋아지므로 fair(공정한), feast(축제), festival(축제), festive(축제의), festoon(꽃줄), fane(사원)처럼 된다.

scribble

130 Pantry

어원 분석	***pan, past, pest, pap, father, food, feed, patr, pep, fost, abbot=bread*** (빵), ***nourishment*** (자양물), ***eating*** (식사), ***father*** (아버지).

leading words

pannier

*n.*빵바구니

company

*n.*교제, 회사

padre

1) 어머니 사랑이 한없이 따스하고 포근한 것이라면, 아버지 사랑(고생)은 이마에 땀흘리고 굵은 주름살이 지워질 때까지 뼈빠지게 밥(빵)을 벌어다 처자를 먹여 살여야 하는 고행의 연속임을 말해주는 pantry (bread or father)에서 새삼 우리의 삶을 되돌아 보면서 pan (bread)의 일족을 살펴보면 pannier(빵바구니), pannage(돼지의 방목권), company (com=together ; pan=bread 빵을 같이 나눠먹는 "교제, 회사"), accompany (ac=to 따라가다), pastor(가축을 먹이는 목동에서 사람들에게 정신적 양식을 주는 "성직자"로 변화), pastoral(전원 생활의), pasture(방목하다), pest(말을 방목할 때 복사뼈 사이를 잡아매어 괴롭히는 "해충"), pesky(귀찮은), pimple(여드름) 등의 용례에서 볼 수 있듯이 먹는 것과 관련된 말이 생겨난다.

2) 먹을 것을 벌어다 주는 (bring home the

scribble

n.목사

bacon) 아버지는 father(아버지), fatherland (조국), fatherly(아버지다운), papa(아빠), dad(아빠), abbey(대수도원), godfather(대부), padre(신부), papacy(교황권), pope(로마 교황)처럼 쓰인다.

pattern

n.모형

3) 역시 아버지라는 데서 또는 먹는 것과 관련되는 paternal(아버지의), paternoster(주기도문), patriarch(arch=ruler 가장), patriot (애국자), patron(powerful father or protector 후원자), patter(하나님 아버지를 외우는 주기도문 외듯이 "잽싸게 지껄이는 말"), pattern(모형), repatriate(아버지가 있는 "본국으로 송환하다"), expatriate(ex=out 국외로 추방하다) 등이 온다.

pander

n.뚜쟁이

4) 음식을 담는 그릇은 pan (bread 접시), panhandler(거지), penny(페니), penny-wise(한 푼을 아끼는)처럼 되며, 남의 등을 쳐서 먹고 사는 pander(뚜쟁이)도 일족이며, feed(음식을 먹이다), feedpipe(급수관), well-fed(살찐), bottle-fed(우유로 자란), breast-fed(젖으로 키운), fodder(사료), food(식량), food chain(먹이 사슬), food poisoning(식중독), forage(마소의 꼴), foster(기르다) 등도 먹는 것과 관련되는 일족이다.

scribble

pap
n.빵죽
pasteurism
n.예방 접종법

5) pap(빵죽), papilla(젖꼭지), pappy(빵죽모양의), pappy(아버지)도 마찬가지이며, 목사(pastor, father=eat)이자 세균학자였던 Louis Pasteur에 의하여 이루어진 업적 중 대표적인 것이 pasteurism(예방접종법), pasteurize(저온 살균하다)이다.

131 Parent

어원분석

Par, pert, port, poor, pauper, pair, part, peep, fowl, pony, ped, puer=to produce(생산하다), ***to prepare***(준비하다), ***to give birth to***(…을 낳다), ***to display***(발휘하다), ***to make ready***(준비하다), ***to procure***(획득하다).

leading words

parturition
n.분만

poor
a.가난한

1) 자식을 낳는 parent(부모)는 parturition(분만), repertory(축적), nonparous(출산경험 없는), oviparous(ovi = egg 난생의), primiparous(prime=first 초산의), viviparity(vivi=life 태생<胎生>)처럼 쓰인다.

2) 부모의 몸을 떼어서 쪼개는 것이 곧 출산이고 갓 태어난 아이(새끼)는 아직 보잘 것 없는 상태이므로 parent의 변형인 poor(가난한), poorhouse(구빈원), poorly(가난하게), poorness(가난), poverty(가난), pauper(극빈

scribble

자), impoverish(가난하게 하다), few(적은) 처럼 되며, 생산(출산)은 필요라는 원인에 의해서 이루어지므로 make ready라는 뜻이 되어 apparel(ap=to 차려 입히다), apparatus (한 벌의 기구), apparent(display or make ready 명백한), appear(출현하다), appearance(출현), peer(어렴풋이 나타나다), parachute(para=make ready or protect against 낙하산), parasol(sol=sun 여자용 양산), parry(받아넘기다), pare(껍질을 벗기다), parade(사열), prepare(pre=before 준비하다), preparation(준비), spar(스파링하다), imperative(im=against ; pera=make ready 피할 수 없는), emperor(황제), repair(re=again : produce again 수선하다), repairman (수리공), reparation(수선)처럼 대비한다는 말이 된다.

part
n.부분
party
n.당파

3) 따로 떼어 분리하는 데서 separate(se=apart 떼어놓다), separable(나눌 수 있는), inseparable(나눌 수 없는), sever(절단하다), several(몇 개의), spear(make ready 창), apart(a=on 따로따로), part(부분), parted (갈라진), partial(일부분의), participant (cip=take 관여자), participle(분사), particle(입자), particular(특수한), partisan(도

scribble

당), partner(조합원), part-time(시간제의), partly(부분적으로), party(당파), apartment(한 가족용 거처), compart(구획하다), depart(출발하다), department(부문), departure(출발), impart(나눠주다)처럼 된다.

disproportion
n.불균형

4) portion(일부), apportion(ap=to 분배하다), proportion(pro=forward 비율), proportionate(비례시키다), disproportion(dis=apart 불균형), well-proportioned(균형이 잘잡힌), jeopardous(jeo or joke=mirth 즐거움을 산산조각으로 쪼개는 "위험한"), peep(엿보다) 등도 쪼개지고 작다는 뜻이다.

filial
a.자식의
poultry
n.가금

5) 어미(어른)가 되면 새끼를 낳게 되는 데서 puerile(produce 어린이의), puerperal(산부의), puberty(사춘기), pubescent(사춘기의), pony(조랑말), fowl(young animal 닭), foal(망아지를 낳다), filial(자식의), filiation(자식임), affiliate(af=to 양자로 삼다, 가입시키다), affiliation(입적, 가입), polecat(young animal 긴털 족제비), poult(새끼), poultry(가금), poultryman(양계업자, 새고기장수), pullulate(싹트다, 번식하다), pool(공동출자, 생산자연합) 등이 된다.

pupil

6) pip(씨), pup(강아지), pupation(번데기가

scribble

n.생도

되기), pupil(생도, 동공), pupiparous(번데기를 낳은), puppet(괴뢰, 인형), puppeteer(인형을 놀리다), puppy(강아지), puppylove(풋사랑), poppet(아이) 등도 어린 동물(아이)이라는 데서이다.

pediatrician

n.소아과 의사

7) 사람은 평생토록 학덕을 쌓아도 모자라겠지만 특히 어릴 때 제대로 가르치고 이끌어주어야 하므로 pedagogic(agog=lead 교육학의), pedagogism(선생기질), pedantic(어린이를 가르치면서 "학자연하는"), pedobaptism(유아세례), pedodontics(dont=tooth 소아 치과학), pediatrician(소아과의사)처럼 되기도 한다.

132 Pathogen

어원분석

Path=to feel(느끼다), ***to suffer***(고통받다), ***to endure***(참다), ***to be unhappy***(불행하다), ***to work painfully***(괴롭게 일하다).

leading words

sympathy

n.동정심

1) 태어나서 숨쉬며 살아가는 그 자체가 고통이라고 하지만 이러한 괴로움을 떨쳐 버리지 못하고 참아내는 데서 오는 pathogen(gen=produce 병원균)에서 pathology(병리학), empathy(감정이입), sympathy(sym=same

scribble

or together 아픔을 같이 나누는 "동정심"), antipathy(anti=against 반감), apathy(a=without 냉담), neuropath(neuro=thread 신경병 소질자), psychopath(정신병자), telepathy(tele=far 정신감응), osteopath (osteo=bone 정골요법가)처럼 쓰인다.

passion
n.열정

2) 아픔은 고통이므로 patience(인내), patient (참을성 있는), impatient(성마른), impassible(im=not 둔감한), passive(susseptible to suffering 수동성의), passion(열정), passionate(열정적인)처럼 된다.

penury
n.가난

3) 마음의 아픔을 같이 하는 데서 compassion (com=together 연민, 동정), compatible(조화하는)이며, 찢어지게 가난한 서러움과 고통은 penury(가난), penurious(가난한)를 낳는다.

pain
n.고통

4) 형벌과 고문으로 아프게 괴롭혀서 pain(고통), painful(아픈), painkiller(진통제), painstaking(수고), subpoena(소환장) 등을 가져온다.

penitent
a.회개한

5) penal(형벌의), penalty(형벌), penally(형벌로), punish(벌하다), punishment(처벌), impunity(im=not 혐의 없음) 등도 마찬가지이며, 스스로 죄책감(아픔)을 느끼는 데서 penitent(회개한), penitentiary(후회의), im-

scribble

penitent(im=not 완고한), pine(사모하다), repine(투덜대다), repent(후회하다), pang (격통), prong(뾰족한 끝), pencil(연필), penetrate(…을 관통하다) 등도 유사하며 뾰족한 끝으로 아프게 찌른다는 뜻으로 발전한다.

spine
n.등뼈
spike
n.대못
pick
n.곡괭이

6) pinna(깃털조각), spine(등뼈), spinous(가시가 있는), spigot(물꼭지), spicate(이삭이 있는), spike(대못, 이삭), spire(뾰족한 꼭대기), pick(곡괭이), poke(쑤시다), poach(침입하다), pick(…을 고르다), picket(끝이 뾰족한 말뚝), pickle(톡쏘는 "간물"), picklock(도둑), pickpocket(소매치기), pickup (선발의), picky(까다롭게 구는), picnic(뾰족한 말뚝치고 야영하는 "소풍"), pike(미늘창), piker(구두쇠), piquant(톡쏘는), peak (봉우리), peak hour(최고에 달하는 시간), pecker(쪼는 것), woodpecker(딱따구리), pinch(꼬집다), pinchpenny(구두쇠), pitcher (던지는 사람), pie(파이) 등의 용례는 아프게 찌르는 날카로운 끝이라는 데서 발전한다.

pedant
n.학자연하는 사람

7) 어릴적 고생은 사서 한다지만 어릴적에 남의 밑에 잔심부름하면서 인생의 쓰라린 맛을 뼈저리게 맛보는 page(사내아이 종), pageboy (사내아이), pedagogics(agog=lead 교육

scribble

학), pedant(아이들을 가르치면서 "학자연 하는 사람") 등이 온다.

133 Petition

어원분석	**Pet=ito try to obtain**(구하려 하다), **to attack or seize**(공격하거나 붙잡다), **to meet the requirements**(요망에 부응하다).

leading words

repetition
n.반복

feather
n.깃

pen
n.펜

pinnate
a.깃 모양의

1) 온갖 어려움을 무릅쓰고, 안 되면 날개를 달고 날아가서라도 필요한 것을 손에 넣겠다고 애원하는 petition(청원)에서 petulant(성미급한), appetite(ap=toward 식욕), appetizer(식욕을 돋구는 것), compete(com=together 앞을 다투어 구하려고 "경쟁하다"), competitor(경 쟁 자), competition(경 쟁), impetuous(맹렬한), repeat(seek again 반복하다), repetition(반복)처럼 쓰인다.

2) 날개를 달고 날아가서 구하려고 애쓰는 것은 feather(fly to seek 깃털), featherbed(과잉고용의), featherbone(깃뼈), feathery(깃이 난)이 되며, 깃털의 기부(基部)나 깃털펜은 뾰족하므로 위의 pet, feather에서 변한 pen(펜), penpal(펜팔), pinnate(깃 모양의)처럼 된다.

scribble

pterodactyl *n*.익수룡	3) 날개나 깃털 모양의 fern(양치류), fernery(양치)도 일족이고, pterodactyl(익룡), ornithopter(orni=bird 날개를 퍼드덕 거리며 나는 비행기), helicopter(heli=turn 헬리콥터)에서 pter는 feather에서 변화된 날개라는 말이다.
fin *n*.지느러미	4) 줄기차게 찾아다니는 것은 perpetuate(per=throughout 영속시키다), perpetual(영원한)이며, feather, pen의 뾰족한 데서 fin(지느러미), fur, fin and feather(수류, 어류, 조류)가 된다.

134 Plane

어원분석	***Plane, flat, plat, plot, plain, please, place, plant, plastic, field=to be flat***(납작해지다), ***to widen***(넓어지다), ***to make smooth***(부드럽게 하다), ***to be straight forward***(솔직해지다), ***to beat***(때리다).

leading words	
plane n. 평면 planish vt. 대패질하다	1) 납작하고 넓고 곧장 바르고 평탄한 것을 말해주는 plane(평면)은 planemaker(비행기 제작업자), monoplane(mono=single 단엽비행기), planish(대패질하다), complanation(평면화)처럼 되며 plane이 비행기가 되는 이유

scribble

는 평지를 가듯 부드럽게 공중을 날기 때문이다.

plant
n.식물

2) 나무를 심을 때 흙구덩이를 파서 나무를 흙구덩이에 넣고 흙을 잘섞어 넣은 다음 "납작한(plane)" 발바닥으로(sole) 적당히 밟아 주어야 하므로 plant(발바닥, 식물), plantable(심을 수 있는), plantain(넓은 잎의 "질경이"), plantation(재배장), implant(심다), transplant(trans=across 옮겨심다), replant(다시심다), clan(plant의 p가 c로 "씨족") 등이 온다.

plan
n.계획
plain
a.평탄한

3) 평면이나 백지에다 설계도를 그리게 되므로 plan(계획), planless(무계획한), planner(입안자)처럼 되며, 평탄하고 단순한 것은 plain(평탄한), plainclothes(사복의), plain-spoken(기탄없는)이며, plain에서 pain, pian의 형태로 되면 평탄하고 부드러운 piano(피아노), piano system(피아노식 "월부 판매법")처럼 된다.

explain
vt.설명하다

4) 위의 plain(솔직한, 명료한)은 시야에 장애물이 없어 평탄하고 선명하게 볼 수 있다는 말이고, 이를 더욱 강조하면 explain(ex=out or int ; spread out 설명하다), explanation(설명)이며, platypus(pus=foot 오리너구리), plat(반반한 땅, 한 접시), plated(도금

scribble

plain
vi.한탄하다
plagiarism
n.표절
afflict
vt.괴롭히다

한), place(넓고 평탄한 "장소"), place hunter(구직자), placid(평온한), plaza(큰 광장), replace(교체하다), displace(dis=apart from …을 옮기다), misplace(잘못 놓다) 등도 반반하고 넓다는 뜻에서이다.

5) plate(판금), plate iron(철판), platform(승강장), platitude(단조로움), platter(큰 접시), plot(plan 책략), complot(com=together 공모)도 마찬가지이며, 평평하고 넓은 바다에서 밀려온 파도가 부딛치거나 땅을 평평하게 고를 때 망치로 흙덩이를 깨는 데서 flat(smooth)가 beat or strike으로 되는 plain(매맞고 아파서 "한탄하다"), plaint (strike 불평, 고소장), complain(불평하다), plague(맞아서 아픈 "전염병"), plage(바닷가), plagiarism(넓은 바다에서 해적질하듯 "표절"), plagiary(표절자), afflict(af=to : flict or plain=strike 괴롭히다), conflict (con=together 투쟁), infliction(시련), collision(충돌), fling(던지다), flick(살짝 때리기), flicker(날개치다, 딱따구리) 등이 되며, 의성어이지만 철자와 내용에서 plain (strike)에 가까운 plaudit(strike hand against hand 갈채), plausible(박수 받을 만큼 "그럴싸한"), implosion(내파), applause

scribble

(박수갈채), explosion(ex=out 폭발) 등이 있으며, 의성어지만 유사한 flabby(늘어진), flap(펄럭이다), flip(…을 튀기다)도 일족에 가깝다

plank
n.판자

6) plank(판자), plaque(액자), plasm(flat or smooth 원형질), plasma(혈장), plaster(회반죽), plastic(smooth out 플라스틱)도 smooth or level의 뜻이다.

placate
vt.위로하다
please
vt.기쁘게 하다

7) 마음이 태평양 바다 같이 넓다면 불평하거나 화낼 일이 있을 리 없고 언제나 기꺼이 용납할 것이므로 placate(위로하다), placid(차분한), please(기쁘게 하다), pleasing(유쾌한), pleasure(즐거움), pleasure garden(유원지), pleasant(유쾌한), displease(dis=not "성나게 하다"), complacent(자기 만족의), plead(변호하다), unpleasant(불쾌한)처럼 된다.

flail
n.도리깨
flog
vt.채찍질하다

8) plat의 p가 f로 되면 flat(판판한), flatfish(넙치), flatfoot(마당발), flattop(항공모함), flatware(접시류), flatter(자꾸만 꼭꼭 껴안아 납작해질 만큼 "아첨하다"), flatterer(아첨꾼), flail(때려서 납작하게 만드는 "도리깨"), flog(채찍질하다), flagellation(매질), flake(얇은 조각), floor(마루), floor leader(원내 총무), floor price(최저가격), floor

scribble

feel
vt.느끼다
palm
n.손바닥
planet
n.행성

space(건평), flag(깃발), flaccid(축 늘어진), flite(strike 말다툼하다), field(들판), fielder(외야수), veld(초원지), infield(내야), floe(빙원)처럼 쓰인다.

9) 납작한(flat=smooth) 손바닥으로 쓰다듬고 더듬고 때리는 데서 feel(느끼다), feeling(촉감), palm(손바닥), plamaceous(종려과의), palmist(손금쟁이), palpate(만져보다, 촉수), palpitate(고동하다), palpus(촉수) 등이 오며, plat의 p가 떨어지면 lateral(broad 옆의), latitude(위도), launch(진수〈進水〉), collateral(col=with 나란히 있는), equilateral(equi=same 등변의), dilation(팽창)처럼 역시 넓다는 뜻이다.

10) 위의 plagiarism(표절)에서 한없이 퍼진 망망대해로 지향없이 항해한다면 planet(flat or stray 행성), planetarium(천문관), planetary(행성의)처럼 된다.

scribble

135 Plenary

어원분석	**Plen, pli, ple, fill, full, people, poly, plur, plus, flock, folk=to fill**(채우다), **to be**(존재하다), **to complete**(완성시키다).

leading words

accomplish
vt.완성하다
complete
vt.완료하다

1) 부족한 빈자리를 채워서 풍부하고 완전하게 만드는 plenary(풍부한, 전원 출석의)에서 plentipotentiary(pot=power 전권을 가진), plentiful(풍부한), plenty(많음), plenum(충만)처럼 되며, 빈자리가 없도록 채워야 일을 매듭짓는 것이므로 accomplish(ac=to ; com=int ; ple=fill 완성하다), accomplishment(성취), complete(완료하다), completion(완성), compliant(유순한), incompletion(미완성)이 된다.

deplete
vt.비우다
implement
n.도구

2) 채운 것을 비우는 것은 deplete (de=away from 비우다), depletion(고갈)이며, accomplish, complete에서 보듯이 빈 곳을 채우는 것은 소임을 다하는 일이므로 implement(im=int ; ple=achieve or fulfill 도구), impletion(충만), implemental(도구의), implementation(이행)이고, 밖에 덧붙이거나 재차 채우는 것은 expletive(ex=out 단순히 부가적인), replenish(re=back 다시 채우

scribble

다), replete(충만한)이고, 밑에서 채워 보충하는 것은 supply(sup=under 공급하다), supplement(부록)이다.

polyandry

n. 일부다처

polychromatic

a. 다색의

3) 가득 채워 두둑히 많아지면 poly로 철자되어 polyandry(andr = man 일부다처), polycentric(다중심의), polychromatic(chrom=color 다색의), polygenetic(gen=produce 다원 발생의), polytheism(theos=god 다신론)처럼 되며, 많이 쌓아 올리는 데서 plural(복수의), pluralistic(겸직의), plurally(복수로), plus(…에 더하여), plutocracy(cracy=rule 부호계급), pilaster(벽기둥), compile(편집하다)처럼 된다.

public

a.공동의

publish

vt.공표하다

4) poly는 고어체인 pleb, plebs, popul, plebi 등의 형태를 거쳐 많은 사람을 가득채워 득시글거리는 people(사람들), populate(…에 살다), pop(통속적인), populace(대중), popular(서민의, 인기 있는), popularity(대중성), popularly(일반적으로), population(인구, 모집단), populous(인구가 조밀한), pub(선술집), public(공동의), public administration(행정, 행정학), publication(공표), public debt(공채), publicity(평판, 공표), publicize(광고하다), publicly(공개적으로), public offic(관공서), public school(공립

scribble

초·중학교), publish(출판하다, 공표하다), publisher(출판업자), republish(재발표하다), pueblo(푸에블로족), pleb(평민), republic(공화국), plebiscite(국민투표)처럼 된다.

full
a.충분한
fulfill
vt.이행하다

5) poly의 p가 f로 되면 fill(채우다), fill-in(대리), filling station(주유소), refill(다시 채우다), full(충분한), fullback(후위), full-blown(만발한), full employment(완전고용), full-scale(전면적인), fully(충분히), fulfill(이행하다)처럼 된다.

follow
vt.따라가다

6) people의 경우와 마찬가지로 많은 사람으로 채워져 있는 folk(사람들), folkcraft(민속공예), folk medicine(민간요법), follow(folk+go 사람들은 "따라가다"), following(다음의), flock(양떼), flockmaster(양치기) 등도 일족이다.

136 Ply

어원분석 ***Ply, pli, play, ploit, ploy, ple, ble, flect, falc, fold=to bend***(굽다), ***to fold***(접다), ***to weave***(짜다).

leading words

1) 베틀이나 방적기로 베를 짜는 것을 보면 똑같은 동작을 반복하여 철걱거리면서 짜나가는

scribble

pliancy
n. 유연성
plight
n. 곤경

데서 오는 ply(정기적으로 왕복하다)에서 ply가 짠다는(weave) 데에 연결됨을 알 수 있으며, 역시 bend or weave에서 pliancy(유연성), plication(주름), plight(fold 곤경), plait(주름), pleat(주름을 잡다), pleach(엮다)처럼 된다.

apply
vt. 적용하다

2) 자신을 얽어(접어) 묶어 배수진을 치고 열심히 전념하는데서 apply(ap=to ; ply=fold or bend ; bend oneself towards 적용하다), appliance(설비), application(응용, 적용), applied(적용된)이며, 함께 얽어짜는 데서 complicate(com=together 복잡하게 하다)이고, 강조의 뜻인 com(int)과의 결합은 compliance(pli=bend or fold 응락), comply(응하다)이다.

explication
n. 해명

3) 접힌 것을 펼쳐서 명확히 밝히는 것은 explicable(ex=out ; plic=fold 설명할 수 있는), explication(해설), explicit(명시된), display(dis=apart 펼치다), display window(진열창), deploy(전개하다), exploit(ex=out 펼쳐서 자랑하는 "공적"), exploit(개발하다)이다.

imply
vt. 함축하다

4) 안으로 접어 넣는 것은 imply(im=into 함축하다), implicate(plic=fold or weave 포함하는), employ(고용하다), employee(종업

scribble

원), employer(고용주), self-employed(자기 경영의) 등이며, 도로(re=back) 접는 것은 reply(대답하다), replica(복사), replicate (모사하다)처럼 되는데 뱀이(snake) 또아리 틀고(ply=fold) 제2의 동작을 위한 준비자세를 취하는 것을 연상하면 reply에 "응수하다, 응답하다"의 뜻을 실감할 수 있을 것이다.

simple
a.간단한
complex
a.복잡한
double
a.두곱의

5) simple(sim or same=single ; ply=fold 간단한), simpleton(바보), simplification(단순화), complexion(안색, 양상), complex (com=together 복잡한), accomplice(com=with 연주자), diploma(di=two 둘로 접었던 "졸업장"), diplomacy(외교), duplicate(du=two 중복된), duplicator(복사기), double (두곱의), double-barrel(쌍발총), double bottom(겹바닥), double-chinned(이중 턱의), double dagger(이중단검표), double personality(이중인격), reduplication(중복), triple(세배의), multiple(multi=many 다수의), multiplication(증가), perplex(per=through 당황케하다)처럼 접는 수(number)에 따라 이와 같이 쓰여진다.

flax
n.아마

6) 짜는데 필요한 실(fiber or thread)을 뽑아내는 flax(아마)나, ply(weave)의 p가 f로 되는 flex(구부리다), flection(굴곡), flextime

scribble

(시차제 근무시간), circumflex(cire=around 꾸불꾸불한), deflect(de=down or away from ; flect=bend 빗나가다), inflect(안으로 구부리다), reflect(반사하다), reflectingly (반성하여), falcon(bend 새매), fold(접다, 겹치다) 등도 마찬가지로 일족이다.

137 Pone

어원분석	**Pone, pose, post, pound, puzzle, vost=to place or set or put**(두다).

leading words
position
*n.*위치
post
*n.*기둥, 우체국

1) 원래 있던 곳에서 이탈시켜 다른 곳에 둔다는 (place or put) 뜻의 pone(물주)이라는 기본형에서 position(위치), positive(명확한), positively(단호히), positivism(실증주의)처럼 확고하게 고정시켜 둔다는 뜻이 오며, post(기둥, 우체국), postage(우편요금), postal(우편의), postbox(우체통), postcode (우편번호), poster(벽보), post office(우체국)도 군데군데 두어졌던 파발말의 역참에서 오늘날의 우체국으로 변신하였기 때문이다.

composer
*n.*구성자
compound

2) 당황해서 꼼짝못하게 하는 것은(place firmly) pose(궁지로 몰아 넣다)이며, appose(ap=to 병치하다), compose(com=

scribble

n.합성물
deposit
vt.두다

together …을 구성하다), composer(구도자, 작곡가), composite(합성의), composition (구성, 작문), component(구성하고 있는), compound(합성물), compound interest(복리), discompose(교란하다), depose(de=down …을 면직하다), deposit(두다), dispose(dis=apart 배열하다), disposition (처분), expose(ex=out ; put out 드러내다), exposition(설명), impose(im=upon 부과하다), imposing(인상적인), impost(부과금), interposition(사이에 놓기), superimpose(…을 위에 놓다) 등은 여러 가지 상용 접두어와의 결합이다.

pause
n.중지

3) 움직이지 못하게 고정시켜 두는 데서(place) pause(중지), menopause(폐경기)이며, 반대편에 놓으면 oppose(op=against …에 반대하다), opponent(반대자), opposite(반대편에 있는), opposition(반대)이며, 뒤로 늦추어 두면 postpone(post=after 연기하다)이다.

preposition
n.전치사

4) 앞에다 두면 preposition(pre=in front 전치사), proponent(제안자), propose(제안하다), proposition(제의), propound(제의하다), purpose(pro or pur=forward 의도), purposeful(목적이 있는), purposely(고의로)

scribble

이고, 있던 곳에 되갖다 놓아서 마음 편하게 해주는 것은 repose(re=back 휴식), reposely(평온하게), repository(저장소)이며, 위에 놓는 것은 superpose(…의 위에 놓다), superposition(위에 놓기)이다.

transpose
vt.바꾸어 놓다
suppose
vt.상상하다
oppose
vt.…에 반대하다

5) 저쪽 건너편에 놓는 것은 transpose(trans=across 바꾸어 놓다), transposition(전환)이고, 이론의 밑바탕을 이루는 가정은 suppose(sup=under 상상하다), supposed(가정의), supposedly(가정상), supposing(만약 …이라면), suppositional(추측의), presupposition(예상)처럼 되며, oppose(op=agains …에 반대하다)에서 pose puzzle로 되면 맞은편(반대편 또는 상대방)에게 꼼짝못할 질문을 던져서 골리는 것이므로 puzzle(알아 맞히기 놀이), puzzling(곤혹케 하는)이고, 신(god)과 사람사이에 다리(bridge)를 놓아(put) 사람이 사악해지지 않도록 노력해주는 사람이 pontiff(고위 성직자)이다.

put
vt.두다

6) 역시 set or place의 뜻으로 put(set 두다), putt(가볍게 치기), input(입력, 투입), output(생산, 출력), pother(소동, 연기하다), bother(…을 괴롭히다)처럼 되기도 하며 bother나 pother는 날카로운 끝으로 찔러넣어 「두기」 때문에 괴롭다는 뜻이 된다.

scribble

138 Power

어원분석	**Power, pot, pos=to own**(소유하다), **to master**(지배하다), **to manage**(관리하다).

leading words

powerful
a.강력한

1) 힘이 있어야 윗사람이 되고 주인노릇을 할 수 있다는 power(힘)는 powerful(강력한), powerholder(실권자), power house(발전소), empower(~에게 권한을 주다), possess(sess=sit 소유하다), possession(소유), prepossession(pre=before 선입관)처럼 쓰인다.

possible
a.가능한

2) 능력(힘)을 갖추는 데서 possible(pos=force 가능한), impossible(im=not 불가능한), potent(유력한), potential(잠재적인), potentate(유력자), impotent(무력한), omnipotent(omni=all 전능의)처럼 된다.

139 Press

어원분석	**Press, print, sprain=to flog**(매질하다), **to thrash**(타작하다), **to squeeze**(압착하다), **to trample**(짓밟다).

leading words

press

1) 때리고 누르고 짜내고 짓밟는 press(누르다)에서 presswork(인쇄), pressure(누르기),

scribble

vt.누르다
print
vt.인쇄하다

print(인쇄하다), printery(인쇄소), footprint(발자국), fingerprint(지문), compress(압착하다), depress(de=down 내리누르다), express(ex=out 표시하다), expressway(고속도로), impress(im=upon 인상지우다), impression(인상)처럼 쓰인다.

oppress
vt.억압하다

2) oppress(op=against 반대편으로 눌러 "압박하다"), oppression(압박), repress(re=back 진압하다), reprint(재판<再版>하다), reprimand(견책), sprain(삐다), suppress(sup=under 진압하다), suppressive(억제하는) 등도 마찬가지이다.

140 Pulse

어원분석	***Pul, pel, peal=to push***(밀다), ***to throw***(던지다), ***to beat or strike***(때리다), ***to drive***(몰다).

leading words
pulsebeat
n.감흥

1) 밀고 던지고 다그쳐서 맥동케 하는 pulse(맥박)는 pulsebeat(감흥), push(밀다), push button(누름단추), pushful(박력있는), pushing(활동적인), pushy(나서기 잘하는), appeal(ap=to 호소하다), appealing(호소하는), appellant(항소의), compel(강요하다),

scribble

compelling(어쩔 수 없는), compulsion(강제), compulsory(강제적인)처럼 쓰인다.

dispel
vt.분산시키다
expel
vt.내쫓다

2) 몰아내어 흩어지게 하는 dispel(dis=apart ; pel=drive 쫓아버리다), expel(ex=out 내쫓다), expulsion(배제)이나, 몰고 들어가는 (drive in) impel(추진하다), impulse(추진력), impulsive(충동적인), interpellate(inter=between 질의하다)이나, 앞으로 밀고 나아가는 propel(pro=forward 추진하다), propeller(프로펠러), propulsion(추진)이나, 되(back) 몰아내는 repel(drive back 격퇴하다), repulsion(격퇴), repeal(철회하다), polemic(논쟁) 등도 기본 골자에서 벗어나지 않는다.

polish
vt.닦다

3) 마구 두드리면 부드러워지고 광이 나게 되므로 polish(닦다), polite(정중한)이며, pelt(던지다), pelter(던지는 사람)을 던진다는 뜻이고, 이들을 확대하면 blow, ball, ballistic 등으로 되나 따로 다루었다.

141 Punch

어원분석 ***Punch, point, punct, pugn, five, quint, pent, pick, fight=to be exact***(정확하다), ***to fix***(고정시키다), ***to dagger***(…을 단도로 찌르다), ***to box***

scribble

(권투하다), ***to strike***(때리다), ***to prick***(찌르다), ***to fist***(…을 주먹으로 때리다).

leading words
punchy
a.박력있는

1) 주먹으로 때리거나 뾰족한 끝으로 정확히 찔러 움직이지 못하게 고정시키는 punch(때리다, 구타)에서 punch-drunk(얼떨떨한), puncheon(각인기), punchy(박력있는), pungent(날카로운), poignant(매서운), punctual(매우 꼼꼼한), punctuate(구두점을 찍다), punctuation(구두점), puncture(구멍을 뚫다)처럼 쓰인다.

point
n.뾰족한 끝
pygmy
n.난쟁이

2) 역시 뾰족한 끝으로 정확한 점에 찍어서 고정시키는 데서 point(뾰족한 끝), pointblank(직사의), point duty(입초 근무), pointed(뾰족한), pointless(끝이 없는), pointsman(전철수), dew point(이슬점), pug(프로권투선수), pygmy(punch 주먹만한 "난쟁이"), pugnacious(싸움 좋아하는), repugn(반대하다), repugnant(모순된), impugn(비난하다), compunction(com=int 양심의 가책), compunctious(후회하는) 등이 있다.

appoint
vt.지명하다

3) 지정된 점 (합의점)에 고정시키는 데서(bring to the point) appoint(ap=to 지명하다), appointed(정해진), appointment(지정), disappoint(dis=apart ; dismiss from an

scribble

office 실망시키다), disappointment(실망), reappointment(재임명)이다.

fist
n.주먹
five
a.다섯개의

4) punch는 주먹을 쥐고 때리는 것이며 주먹은 「다섯」 손가락으로 되어 있으므로 fist(주먹), close-fisted(구두쇠의), fist-fight(주먹 싸움), five(다섯개의), fivefold(다섯배의), fifteen(15의), fifth(제5의), fifty(50의), quinary(다섯의), pentachord(chord=thread 5현금), pentagon(gon=angle 5각형)처럼 되며, pivot(추축)도 뾰족한 때문이고, 계속하여 때리는 pound(빻다)에서 powder(가루), pulverization(분쇄), pollen(꽃가루), pollination(수분)처럼 되는 것으로 볼 수 있으나 powder 이하는 확실치 않다.

pick
vt.쿡쿡 찌르다

5) 끝이 뾰족한 끝으로 찌르거나 때리고 싸우는 데서 pick(쿡쿡 찌르다), picked(뾰족한), picket(끝이 뾰족한 말뚝), picking(파기), pickle(절임), pick-off(견제구 아웃), pick-pocket(소매치기), picky(까다롭게 구는), spike(대못), spile(쐐기못), fight(싸우다), fighter(투사), fit(발작)처럼 된다.

142 Query

scribble

어원 분석	**Quer, quest=to ask for**(구하다), **inquiry aboue to inform a person of**(남에게 알리다), **to obtain**(얻다).

leading words

querist
n.질문자

quarrel
vi.다투다

acquire
vt.얻다

conquer
vt.정복하다

inquire
vt.묻다

1) 시끄럽게 불평하고 터무니없이 무리하게 요구하고 위협해서 부당하게 빼앗는 query(질문)는 querimonious(투덜대는), querist(질문자), quest(탐색), question(질문), question mark(물음표), questionnaire(질문사항), unquestionable(확실한)처럼 된다.

2) 무리한 요구라고 생각하여 응하지 않으면 시끄러운 싸움이 생겨나서 quarrel(다투다), quarrelsome(걸핏하면 싸우는), quarreler(시비꾼)이 되며, 씩씩거리면서 마구잡이로 대드는 데서 wheeze(씨근거리다)가 온다.

3) 구하려고 찾아나서는 데서(seek to obtain) acquire(ac=to 얻다), acquisition(취득), acquisitive(욕심내는), conquer(con=int 정복하다), conqueror(정복자), conquest(정복), exquisite(ex=out ; seek out or seek carefully 정교한), inquest(배심), inquire(묻다), inquisition(조사), perquisite(per=through ; seek on all sides 부수입), request(부탁하다), require(요구하다), requisition(청구), quiz(퀴즈) 등이 되며, 구하

scribble

기만 하면 쉽게 찾는 ubiquitous(ubi=where 도처에 있는)이다.

143 Quota

어원 분석	**Quota, qual, quant, who, when, how, what, where, why, which=how many**(얼마나 많이), **who**(누가), **where**(어디로).

leading words

quote
vt.인용하다

quorum
n.정족수

1) 「얼마나」, 「어떻게」 등 일련의 의문사에서 오는 quota(할당, 분담)은 「얼마만한」 수량을 배당받았는가 라는 말이고 quote(인용하다), quotation(인용), quotation mark(인용부호), quotidian(dian=day 날마다의), quotient(비율), quorum(정족수)처럼 「할당」 또는「…한 것만큼 〈…한대로〉 인용」 등의 뜻이다.

quantity
n.수량

2) 양(量)과 질(質)이 「어느 정도」인가를 말해주는 quantity(수량), quantification(수량화), quantify(양을 재다), quantum(특정량), qualification(자격 부여), qualified(자격있는), qualify(자격을 주다), quality(성질) 등이며, 「누가, 무엇을, 어떻게, 왜」 등을 섞어가면서 잔뜩 호들갑을 떨어 남의 호기심을 불러 일으키는 quibble(재담), quip(경구),

scribble

what
pron.무엇

caliber(libr=weight 「정도」를 알아 〈재어〉보는 “직경”) 등도 여기서 온다.

3) 우리가 잘 아는 일련의 의문사를 추려보아 보면 who(quote, wote, whote, who, 누가), what(무엇이), when(언제), where(어디에), which(어느쪽), whither(어디로), why(왜), how(어떻게), whether(…인지 아닌지), deteriorate(de=down from or bad ; uter or whether=which 타락시키다), however(아무리 …일지라도), knowhow(기술정보) 등이 있다.

scribble

R

144 Raise

어원 분석	***Raise, rain, ire, run, rush, race, ori=to elevate***(…을 들어 올리다), ***to rear***(…을 세우다), ***to flow***(흐르다), ***to bring up***(기르다), ***to cause to arise***(올라가게 하다).

leading words

raise
vt.올리다

1) 한 번 올라가면 언젠가 내려 오겠지만 여기서는 주로 올라가는 쪽에 초점을 맞추는 raise(올리다)는 rise(올라가다), risen(부활한), rising(오르는), arise(일어나다), arouse(깨우다), rear(세우다), rousing(격려하는)처럼 쓰여진다.

run
vi.달리다
rain
n.비

2) 일어나서(rise) 달리면 run(flow 달리다), runaround(속임수), runaway(도망자), runway(활주로), random(달리면서 되는대로 하는 "멋대로의"), rain(flow 비), rainbow(무지개), raincoat(비옷), irrigate(관개하다), race(flow swiftly 경주), raceway(수로), rush(의성어지만 flow의 뜻 "돌진하다"), roam(flow 배회하다), romantic(낭만적인)처럼 재빠르게 움직이는 flow swiftly의 뜻이 된다.

orient
n.동양

3) rain에서 arin, ori, er의 형태로 되면 flow에서 spring up or stir up으로 되어 orient

scribble

irritate
vt.약올리다
rim
n.가장자리

(rise 해뜨는 "동양"), origin(gin=produce 근원), originality(독창성), origination(개시), abortion(ab=from 유산), meteorology(meta=beyond ; aeirein=raise 기상학), irritate(약이 올라 핏기가 〈오른〉 약올리다), irascible(성마른), irksome(지루한), ire(분노), arduous(가파른 데를 오르기가 "힘드는"), ardent(열렬한), arson(방화), rim(가장자리가 솟아 오른 "가장자리"), rend(edge 껍질을 벗기다), rind(찢다), strand(좌초시키다), orthodox(ortho or ort or rise=stir up high「곧장 솟는데서」바르다는 뜻인 "정설의"), orthography(정자법)처럼 되며 이 ortho(right)는 right에 영향 받는다.

145 Raze

어원분석	***Raze, rase, rasp, rod, rost, rat, rifle=to scratch***(긁다), ***rub***(문지르다), ***tear***(찢다).

leading words
erase
vt.문질러 지우다

1) 찢고 긁고 문질러 없애는 데서 오는 raze(…을 철저히 파괴하다)에서 erase(e=out ; rase=rub 지우다), eraser(지우개), abrade(ab=off 닳아 없애다), rasp(줄질), raspberry(나무딸기), razor(면도칼), rash(scratch 뾰

scribble

rat
n.쥐
corrode
vt.부식하다

루지), rascal(주착없이 긁적이는 "악당")처럼 쓰인다.

2) 긁는데 단연 champion 이라면 rat(쥐), rodent(설치류의)이며, corrode(cor=int 부식하다), erosion(e=out 침식), rifle (scratch 훑어 찾아 "약탈하다"), rifle (scratch 총구멍의 긁은 자국 모양의 강선에서 "소총") 등이 오고, rat와 유사한 mouse (쥐), muscle(마치 쥐가 기어가듯 울룩불룩한 이두박근의 모습에서 "근육"), muscular (근육의), mousetrap(쥐덫), musk(사향), myology(근육학)도 있다.

146 Right

어원분석

Right, rex, reg, rec, roit, ress, rule, real, rich, urce=to become a king or comanders(왕이나 지도자가 되다), ***to straighten***(곧게 하다), ***to rule***(지배하다), ***to stretch***(뻗다).

leading words
righteous
a.옳은
royal
a.왕의

1) 윗자리에 올라가서 아랫 사람을 이끌어가자면 스스로 올바른 행동을 실천해야 한다는 right (바른)에서 right angle(직각), righteous(옳은), rightful(합법적인), rightly(정확하게), downright(솔직한), upright(곧추 선), royal

scribble

rectangle
n.직사각형
regime
n.정권
rich
a.부유한

(왕은 언제나 바른 사람이어야 하므로 "왕의"), royalty(왕위), real(실제의), real estate(부동산), realize(깨닫다), dress(외양을 「바르게」 갖추는 "복장"), undress(옷을 벗기다), address(ad=on 몸의 자세를 「바로하고」 "연설하다"), redress(고치다), sovereign(super or sover=over 국왕)처럼 쓰인다.

2) 역시 「바르다」는 데서 rectangle(직사각형), rectification(개정), regime(정권), regent(섭정), regiment(연대), region(「올바르게」 다스리는 "지역"), reign(통치), regular(규칙적인), regularly(적당히, 규칙적으로), regulation(단속), irregular(불규칙한), rule(규칙), correct(cor=int 올바른), correction(수정), rectify(개정하다), erect(e=out 똑바로 선), incorrect(틀린), alert(al=to ; ert or rect=right 빈틈 없는), escort(호위하다), direct(「바르게」 "지도하다"), direction(지휘), director(관리자), indirect(간접의), surge(sur=under 밑에서 위로 「곧장」 솟구치듯 "물결치다"), insurrection(폭동), source(원천), resouree(재원) 등이 온다.

3) 「곧장」 쭉 뻗으면 reach(도착하다, 뻗다)이고, 돈만 있으면 「왕」노릇도 할 수 있으니

scribble

rogue
n.건달

rich(부유한), richly(부유하게)처럼 되며, 「왕」은 누구에게나 질문을 할 수가 있지만 마치 자기가 「왕」이나 된 것처럼 주제넘게 나선다면 rogue(건달), interrogation(질문), arrogant(건방진)이고, 애욕을 밖으로 발산시킬 것은 마치 「왕」이 명령하듯 촉구하는 erogenous(성적으로 민감한), erotic(성애의)이며, 쭉 뻗는 reach에서 rack(시렁), racking(고문하는), raisin(쭉뻗은 시렁에서 기른 "건포도")처럼 된다.

rail
n.철도

4) 일정한 「rule」에 따라 궤도 위를 달리는 rail(철도), railing(난간), railless(철도가 없는), railroad(궤도), railtrack(선도)도 right의 일족이고, rein(고삐), refrain(자제하다)도 마찬가지다.

147 River

어원분석 ***Riv, rip, rhet, rheum, word, verb, stream, ironic, rhino=to flow***(흐르다), ***to speak***(말하다), ***to swear***(맹세하다, 욕하다).

leading words
river
n.강변

1) 입담이 있는 말솜씨를 청산유수라 하는 것은 참으로 적절한 표현이라고 하겠는데, 흐른다는 뜻의 river(flow 강), river bottom(강변의

scribble

arrive
vi.도착하다

rheology
n.유동학

rhetoric
n.수사학

word
n.단어

낮은 땅), riverhead(강의 수원), riverhorse(하마), riverside(강변), rip(거센파도), arrive(ar=to 목적지인 해안이나 강둑에 "도착하다"), rife(arrive의 변형 "많은"), rivulet(let=dim 개울), rival(강을 마주본 사람들간의 경쟁의식에서 "경쟁자"), rivalry(경쟁), rivet(배를 강둑에 대고 못질하듯 정박시키는 데서 "대갈못"), derive(de=from 강물의 흐르을 따라 연원을 캐어 "끌어내다"), derivation(유도)처럼 쓰인다.

2) 피가 흘러내리는 병은 hemorrhoids(hemo=blood ; rrhoid 치질)이고, rheology(유동학), rheometer(혈류계), rhetor(flow 수사학자), rhetoric(수사학), rheum(눈물), rheumatism(루머티즘), catarrh(cata=fall 감기), diarrhea(dia=throw ; rrhea=flow 곧바로 몸을 통과해서 흘러내리는 "설사"), rhyme(물이 흐르듯 매끄러운 "시를 짓다"), rhythm(운율), stream(개울), ironic(반어의), rhinal(코의), rhinology(비과학) 등도 모두 흐른다는 뜻에서 온다.

3) 위의 rhetor에서 rhot, rhod, rwod, word로 되면 역시 입심 좋은 word(단어), word accent(낱말의 억양), wordage(어휘수), word-blind(실어증의), wordily(장황하게),

scribble

verb
n.동사

word-lore(어휘연구), wordplay(말의 응수), password(암호말)처럼 쓰인다.

4) word가 verb로 되어도 speak or talk의 뜻은 마찬가지이며 verb(문장의 주된 역할을 하는 "동사"), verbally(언어로), adverb(ad=to 동사에 붙여 뜻을 한정하는 "부사"), proverb(pro=instead of 백마디 말을 대신하는 "속담") 등이 온다.

148 Root

어원분석	***Root, race, rad, rice, rhizo, ram=wand***(막대기), ***rod***(어린가지, 막대).

leading words

rooted
a.뿌리박은

1) 막대기 모양의 쭉쭉 뻗어가는 root(뿌리)의 모양은 햇빛, 방송, 무전 등이 사방으로 퍼져 나가는 모습과 비슷하며 root crop(근채류), rooted(뿌리박은), rootless(불안정한), rootstalk(근경), outroot(근절하다)처럼 쓰인다.

ray
n.광선

2) 나무뿌리처럼 뻗어나가는 ray(광선), rayon(인조견사), radius(반지름), radix(근원), radar(레이다), radial(광선의), radiant(빛나는), radiator(방열기), radical(근본의) 등도 마찬가지다.

radio

3) 방송국을 기점으로 하여 나무뿌리 모양 사방

scribble

n.라디오

으로 전파가 퍼져나가는 radio(라디오), radio waste(방사성 폐기물), radio-broadcast(무선 방송하다), radiodust(방사능 낙진), radiophone(광선전화기), radiotoxin(방사능 독물) 등도 마찬가지다.

radish

n.서양무

4) radish(무), race(뿌리, 인종), race psychology(민족심리학), race riot(인종분쟁), racialism(민족주의), eradiation(e=out 방사), eradicate(근절하다), ramify(가지를 내다), rhizome(뿌리줄기)처럼 되기도 한다.

149 Rupture

어원분석 ***Rupt, roll, rot, rum, rur, rio, rue, rune, ripe* =*to turn*(구르다, 돌다), *to tear*(찢다), *to break*(부수다), *to cut by breaking*(부수어서 자르다).**

leading words

route

n.노정

abrupt

a.뜻밖의

corrupt

a.타락한

1) 소리나게 두드려 깨어 부수는 rupture(파열)에서 rout(풍지박산으로 깨진 "무질서한 군중"), route(잘게 깨어 다진 "노정"), routine(틀에 박힌 일), rut(바퀴자국), abrupt(ab=off 뜻밖의), corrupt(cor=int 타락한), corruption(매수), corruptly(부패하여), curse(저주), disrupt(dis=apart 분열

scribble

시키다), disruption(파열), erupt(e=out 분출하다), eruption(발진, 폭발), interrupt(inter=between 가로막다), interruption(중단), rot(break 썩다), rotten(썩은), rob(break 부수고 "…에서 강탈하다"), robber(강도), robe(뺏은 옷 "헐거운 웃옷"), reave(약탈하다), bereave(잃게 하다), bankrupt(은행이 깨어져서 "…을 파산시키다"), bankruptcy(파산)처럼 쓰인다.

reap
vt.베다
ripe
a.익은

2) 곡식이 무르익어야 수확하게 되므로 reap(cut or break 베다), ripe(익은), ripen(익다), ripeness(성숙), rip(찢다), ripoff(도둑질, 바가지 씌우기), rive(찢다)처럼 되며, 깨어지는 소리에서 rumour(소문), ruin(폐허), rumble(우르르 울리다), rune(목쉰 깨어진 소리에서 비밀스러운 작은 소리로 변한 "룬문자"), raucous(쉰 목소리의), roar(으르렁거리다), riot(소동), riproaring(떠들썩한), riotous(소란스러운), rut(발정), rue(뉘우치다), ruthless(무자비한), tumble(rumble의 변형으로 fall의 뜻 "쓰러지다"), congruent(con=with 일치하는), incongruent(in=not 합동하는), greet(환영하다), regret(후회하다)처럼 의성어가 온다.

row

3) 역시 깨어지는(breaking) 소리에서 row(말다

scribble

n.말다툼, 줄

툼), rowdy(난폭한 사람), rowdish(난폭한), ridicule(놀림), roister(야단스럽게 뽐내다), roisterous(으스대는), rude(crush or break 버릇없는), rudely(버릇없이), rudiments(원리), erudite(break or purify 박식한), rural(break or rough 때려 부수는 거친 행동을 엉뚱하게 시골사람에게 뒤집어 씌운 "시골의, 농업의"), ruralism(시골풍), ruralization(전원화), rurban(전원도시의), rustic(시골의), rusticate(시골에 살다), room(널찍한 "방"), ream(…을 넓히다), roomy(널찍한)처럼 쓰여진다.

rail
vi.욕하다

4) 화가 나서 소리를 쳐야 정신이 번쩍 들어 미친듯이 돌아다니므로 rail(욕하다), rattle(덜컥덜컥 움직이다), rattlesnake(방울뱀), ravage(파괴), ravager(약탈자), rave(헛소리를 하다, 고함치다), raving(광란의), rabid(맹렬한), rabies(광견병), rage(격노), raging(맹렬한), revery(환상), rove(미쳐서 "헤매다"), rover(유랑자) 등이 온다.

round
n.둥근
rundle
n.차바퀴

5) 이렇게 소리쳐서 혼을 빼면 제자리에서 맴돌게 되는 것이 rove 또는 rage이며, 여기서 둥글다는 뜻의 round(둥근), roundness(원만, 솔직), roundly(둥글게), round robin(리그전), round-the-clock(연중무휴의),

scribble

roundup(일제검거), roundworm(회충), around(사면에), rondo(회선곡), rotor(축차), rundle(차바퀴), prune(per+round 공 모양으로 둥글게 "소용없는 가지를 치다"), rotund(뚱뚱한), orotund(or=mouth 낭랑한 목소리), rotifer(담륜충), rodomontade (mont=mountain 산을 굴러 없앤다고 "호언장담하는"), rotate(교대하다), rotation(회전, 교대), rotary(선회하는, 로터리), rote (기계적 방식), rusk(러스크빵)처럼 된다.

roll
vi.구르다
control
n.감독

6) roll(구르다), rollback(되물리침), rollick (roll+frolic 좋아 날뛰기), rolling(구르기), rock(roll+frolic에서 온 것으로 보이는 "진동하다"), control(contr=against 구르는 것을 억제하여 <against> 조정해주는 "감독"), controllable(단속할 수 있는), conroller(감독관), control rod(제어봉), self-control(자제), scroll(scri=write or scratch 두루마리), enroll(명부에 올리다), enrollment(입대), role(두루마리에 적은 "역할"), unroll (펴다) 등도 round의 철자 변형이다.

scribble

S

150 Sacrament

어원분석	***sacr, saint, secre=to be inviolable***(범할 수 없는), ***to be holy***(신성한), ***to solemn forbid or punish***(엄중히 금하거나 벌 주다).

leading words

sacred
a.신성한

sacrifice
vt.희생하다

1) 양보와 희생의 미덕이 없다면 마음이 풍요로운 사회가 될 수 없겠지만 지나치게 특정인에게 희생을 강요하여 불공평한 경우도 있는 바, 이러한 모습을 대표하는 sacrament(성식)에서 sacred(신성한), sacrilege(leg=gather 설물을 절취하는 "신성모독"), sacrifice(perform a sacrid ceremony 희생하다), sanctify(신성하게 하다), sanction(인가), saunter(ter=earth 성지를 "산책하다"), saint(성인)처럼 된다.

sane
a.제정신의

2) sanatory(병을 고치는), sane(제정신의), sanitation(위생시설), insane(in=not 제정신이 아닌), sound(건전한), soundly(건전하게)도 holy의 뜻이다.

consecrate
vt.신성하게 하다

3) consecrate (con=int ; secr=holy 신성하게 하다), consecrator(봉헌자), desecration(de=apart from 신성 모독), execration(ex=out 몹시 미워함), obsecration(ask for religious reasons 탄원).

scribble

151 Sally

어원 분석 ***Sal*, *sile*, *sult*=*to leap***(뛰어 오르다), ***to dance***(춤추다).

leading words

sally
n.돌격

exile
n.추방

exult
vi.기뻐 날뛰다

insult
vt.창피주다

solace
n. 위안

1) 뛰어 오르거나 돌출한다는 sally(돌격)에서 salient(눈에 띄는), salmon(물을 거슬러 올라가는 "연어"), saltant(뛰는), saltatory(비약하는), somersault(재주넘기), assail(as=at 맹렬히 공격하다), assault(습격)처럼 된다.

2) 여기 저기를 뛰어다닌다면 desultory(de=down 일관성없는), desultorily(엉뚱하게)이며, 밖으로 뛰어나가도록 몰아내는 것은 exile(ex=out 추방)이고, 고무처럼 되 튀는 것은 resile(되튀다), resilent(탄력 있는)이다.

3) 너무 기뻐서 힘차게 뛰는 것은 exult(ex=out 기뻐 날뛰다), exultant(기뻐 날뛰는)이고, 버릇없이 마구기어 오르는 것은 insult(in=upon 창피주다), insulting(무례한), insolent(거만한)이며, 행동의 결과가 되 튀어 돌아오는 것은 result(re=again 결과), resultful(효험이 있는)이다.

4) 위의 insult는 말하자면 너무 자주 대하고 익숙해져서 무례하게 「기어 오른다는」 말인데

scribble

이 정도 스스럼 없이 편한 마음(행복감, 무례)이 이어지면 solace(위안), solatium(위자료), consolation(con=together 위안), console(…을 위로하다), silly(바보 같이 행복한 사람이 없으므로 "어리석은"), hilarious(유쾌한)처럼 된다.

152 Salt

Salt, salad, halo, sea, sauce=salt(소금).

leading words

salt
*n.*소금

salary
*n.*월급

sauce
*n.*소스

1) 소금이라는 간단한 뜻의 salt(소금)이지만 saltcat(소금덩이), salted(소금에 절인), saltern(염전), saltish(짭짤한), saltless(싱거운), salt mine(암염산지), salty(소금기 있는), saline(염류의)처럼 유용하게 쓰인다.

2) 월급쟁이, 특히 군인에게는 소금을 살 수 있는 월급을 지급하였으므로 salary(월급), salaried man(월급쟁이)가 되고, 반찬에는 소금이 들어가야 맛이 나므로 sauce(소스), saucer(받침 접시), saucy(건방진), saucer(받침 접시), salad(샐러드), souse(간국), sour(bitter or acid 신), sorrel(괭이밥), silt(미사), halogen(할로겐)처럼 다양한 철자와 의미로 분화되지만 원뜻에서 크게 벗어나

scribble

지 않는다.

sea
n.바다

3) 위의 sauce에서 소금물로 가득찬 sea(바다), sea bank(해안), seafarer(뱃사람), seafood(해산물), sea-haul(해상 수송), sea-maid(인어), seaworthy(바다에 견디는)처럼 된다고 할 수 있다.

153 School

어원분석	***Schol*, *schem*, *serene*, *sclera*, *scorch*, *cherub*, *shallow*, *shoal*=*to be dry*(마르다), *to burn*(타다), *to be bright*(밝다), *to be leisure*(한가하다), *to train*(훈련시키다), *to learn*(배우다), *to hold*(거머쥐다), *to be shallow*(얕다).**

leading words
schoolbag
n.가방
schoolmate
n.학우
scholarly
a.학자적인

1) 할 일 없이 놀다가 끼리끼리 붙들고 모여 앉아 토론(잡담)하는 가운데 얻어듣게 되는(배우는)바가 생기고, 이런 얄팍한 지식으로 대단한 학자인 양 뻐기는 꼬락서니에서 "얕고 마르고 밝게 불타는" 데로 이어지는 school(학교)는 schoolbag(가방), school board(교육위원회), schoolchild(학동), schoolmate(학우), preschool(pre=before 취학 전의), scholar(학자), scholarly(학자적인)처럼 쓰인다.

scribble

schema
n.설계

2) 얕은 꾀로 남을 골탕먹이려고 꿍꿍이를 꾸미는 데서 schema(hold 설계), scheme(계획), sketch(스케치), sketch map(약도), sketchy(대강의) 등이 온다.

sere
a.마른
serenade
n.소야곡

3) 모여앉아 「얕은」 지식으로 학자연하는 데서 「얕고, 마르고, 불타서, 밝아지는」 일련의 확대된 의미가 되면 serene(맑게 갠), sere(마른), serenade(소야곡), sclerosis(dry 경화증), xeric(건성인), xerox(제록스), scorch(그슬리다), scorching(태우는), cherub(방글거리고 활짝웃는 "귀엽게 생긴 어린이"), shallow(얕은), shoal(얕은 여울), skeleton(dry 해골), shoal(얕은 여울에 떼지어 모이는 "떼"), school(떼)처럼 된다.

154 Sconce

어원분석	***Ce or dat or don=to give***(주다), ***to put***(두다), ***to hide***(숨기다).

leading words
date
n.날짜
data
n.자료

1) 가만히 슬쩍해서 한 쪽에 남몰래 숨기는 데서 바람막이에 숨어 있는 sconce(돌출 촛대)가 되며, 여기의 ce(give or hide)는 dat, dit, don 등의 형태로 되면서 scoundrel(급할 때 숨는 "악당"), recondite(심오한), data(자

scribble

료), date(날짜), edit(e=out ; give out or publish 편집하다), editorial(사설), condone (con=int 용서하다), pardon(par or per= thorough 용서)처럼 되며, pardon이나 condone은 모든 것을 주어버리고 용서한다는 말이다.

render
vt.해주다
rent
n.지대

2) 도로(re=again) 주는 것은 render(해주다), rendition(인도), rent(re+dit 지대), rent-a-car(전세 자동차), renter(임차인)처럼 되고, 포기하고 넘겨주는 것은 surrender(sur or super=over 넘겨주다), abandon(버리다)이고, 한 번 먹을 약을 지어서 주는 것은 (give) dose(일회 복용량)이고, 주머니(위) 속에 치워두는 것은(put aside) abdomen(ab =away from 배)이다.

endow
vt.부여하다

3) dowry(결혼지참금), endow (부여하다), dotage(정신없이 주는 "노망"), add(보태다), addition(추가), anecdote(a=not 일화) 등도 마찬가지이며, 준다는 것은 동작을 행한다는 말이기도 하므로 do(하다), undo(취소하다), deed(심연, 대양), indeed(과연), dynamic(동력의), tool(do의 변형으로 행위에 필요한 "도구"), toolbox(연장통), tool-shed(연장광), tooling(장식조각)처럼 된다.

tradition

4) 남의 손에 건네주는 데서 tradition(tra=

scribble

n.전통

across ; hand over 전통), traitor(배신자), treason(반역), betrayal(배신) 등이 온다.

theme

n.주제

5) dit, dat, don 등은 treas, thesis, theme (put)으로 철자되기도 하며, thesis(논제), theme(a thing put 주제), treasure(보물), hypothesis(hypo=under 가설), parenthesis (para=beside 양 옆에 두는 "괄호"), synthesis(syn=same 종합)처럼 쓰인다.

fair

n.품평회

6) 휴일에는 선물을 주고(give) 받는 즐거운 날이므로 dh(or dat or don=give)가 f로 되면서 fair(dat or fair=give or put 품평회), feast(축제), festoon(꽃줄), profane(사원 밖의 "불경스런")처럼 된다.

155 Scribe

어원 분석	***to cut through***(싹 베다), ***to decide***(결정하다), ***to know***(알다), ***to protect***(방어하다), ***to cover***(덮다).

leading words

scribe

n.필기자, 작가

1) 할퀴고, 긁고, 글을 쓰고, 파고(dig), 자른다는 basic idea에서 scribe(필기자, 필경사), scribble(난필), script(손으로 쓰기), scrivener(대서인), scroll(두루마리 책), soulptor(조각가), sculpture(조각), scar-

scribble

ification(난자법)처럼 된다.

scrum
n.스크럼
conscription
n.징병

2) 맞붙어 할퀴며 싸우다가 나중에는 칼을 들고 싸우게 되면 scrum(스크럼), skirmish(소충돌)이며, 상대방의 탓(또는 공)이라고 기록하는 데서 ascribe(a=to …에 돌리다), ascription(귀속)이고, 원을 그린다면 circumscribe(circum-around …의 둘레에 선을 긋다), circumscription(제한)이며, 일정한 연령에 달하면 누구나 병적에 기록되므로 conscribe(con=together 징병하다), conscript(신병), conscription(징병)이 된다.

describe
vt.묘사하다

3) 있는 그대로 글쓰는 데서 describe(de=from 묘사하다), description(서술), indescribable(형용할 수 없는) 등이 되며, in(into)과의 결합으로 inscribe(새기다), inscription(비문)처럼 되며, 세세한 사항을 미리 기록하는 데서 prescribe(pre=completely 규정하다), prescription(처방), prescriptive(규정하는) 등이 된다.

proscription
n.금지

4) 대중 앞에 널리 알리기 위하여 쓰는 것은 proscribe(pro=forward …을 금지하다), proscription(금지)처럼 주로 금하는 내용을 공지하는 것이고, 본문 다음에 추가하여 쓰는 것은 postscript(post=after 추신)이고, 필자의 이름을 서명하여 약속을 표시하는 것은

scribble

subscribe(sub=under …을 기부하기로 약속하다), subscription(예약 구독)이고, 써서 저쪽으로 넘겨주는 것은 transcribe(trans=across …을 베끼다), transcription(베끼기)이다.

scram
vi.긴급 정지하다, 도망쳐라
scrap
n.자투리

5) scribe의 sc가 w로 되면 write(글자를 쓰다)가 되며, 금광 따위를 "박박 긁어서" 길가에 뿌린다면 서로 줍겠다고 우루루 몰려가는 꼴사나운 장면이 될 것이므로 긁는 소리에서 scram(긴급 정지하다, 도망쳐라), scramble(서로 쟁탈하다), shamble(비틀비틀 걸어가다)처럼 되고, 역시 긁는 데서 scrap(자투리), scratch(할퀴다), scrawl(휘갈겨 쓰다) 등이 온다.

screw
n.나사

6) 비비고 비트는 데서 screw(나사), screwy(인색한), scrooge(수전노), scrub(…을 북북 문지르다), rub(scrub에서 sc 탈락 "닦다"), rubber(천연고무), rubbly(잡석의), grate(문지르다), crab(할퀴다), crayfish(가재), graft(접목), grave(scratch or dig 무덤)처럼 된다.

grammar
n.문법
program
n.진행순서

7) 펜이나 붓끝을 긁적거려 글을 쓰거나 그림을 그리는 것도 마찬가지이며 graffito(긁은 그림), grammar(문법), epigram(경구), program(pro=forward 진행순서), monogram

scribble

telegram
n.전보

(전공논문), telegram(tele=far 전보), telegraph(전신기), glyptic(조각의)처럼 되며, grave(dig 묘)에서 보았듯이 긁적거리는 것은 파는 것(dig) 또는 자르는 것(cut)과 비슷하므로 engrave(새기다), grub(땅벌레), groove(홈), carve(g가 c로 되고 r의 위치 변화 "…을 새기다"), carving(조각), character(몸에 새겨진 "기질"), glamorous(글을 아는 "매력적인"), sword(검), half(cut into two 반), carnal(베어먹는 고기 "육체의") 등도 cut or scratch의 뜻이다.

scatter
vt.…을 뿌리다
cannon
n.대포

8) scratch에서 r이 빠진 scatter(…을 뿌리다)가 되면 난도질하여 (cut) 마구 뿌린다는 말이며, 바다밑 운하를 파는 데서(cut or dig) scatter의 s가 떨어진 canal(운하), channel(강바닥)이 되고, 나무의 줄기도 끊어진(cut) 마디로 이루어지며 이 나무를 잘라서(cut) 자(尺) 또는 몽둥이를 만들어 때리는 데서 canon(cut or rule 법전), cannon(대포)이 되며, 위의 scatter(split or cut)의 마구 흩어져 달아나는 모습에서 scurry(질주하다), hurry(서두르다)처럼 되기도 한다.

science
n.과학

9) 잘게 잘라서 세세히 연구분석하여 알아내는 것이 science(cut or know 과학)이고, 이어서 conscious(con=int 느끼는), self-con-

scribble

shed
vt.버리다
sail
n.돛
saw
n.톱
scission
n.절단

scious(수줍어 하는), nescient(ne=not 무지), nice(nescient의 변형으로 무지한 자가 오히려 매력있다는 뜻 "훌륭한"), omniscient (omni=all 전지<全知>의), prescience(pre=before 예지)처럼 안다는 뜻이 된다.

10) 철자가 약간 변하기는 하나 shed(베어내어 "버리다, 발산하다"), watershed(분수계), sheath(칼집), schedule(일정), ceiling(방의 높이를 한정하여 차단<cut>하는 "천장을 붙이다"), sail(cut 잘라서 만드는 "돛"), saw (톱), ship(통나무를 후벼파서 만드는 "배"), shape(cut 깎아 다듬어 만드는 "모양"), equip(ship의 변형으로 배에 필요한 "장비하다"), scissil(자른 부스러기), scission(절단), scissors(가위), schism(분열), skill(세세히 잘라 분석하는 "기술"), shell(cut 양쪽으로 쪼개지는 "조가비"), shelter(나무 잘라 <cut> 만든 방매 "보호"), skull(두개골), shield(방패), scale(비늘), scalpel(외과용 메스), slate(점판암), slab(널빤지), slice (한 조각), slugger(cut or strike 강타자), skin(잡은 사냥감의 가죽을 뜯고 살을 베어내므로 "가죽"), sky(shelter 참조 "하늘"), shoe(cover "구두"), obscure(cover 모호한), scutum(정방형방패), squire(a shield

scribble

maker 지주), skim(더껑이), shade(cover 그늘), shadow(그림자), shun(피하다), shy(수줍은), shoulder(dig 겨드랑이 아래가 패인 모양으로 "어깨"), shame(숨거나 가리고 싶은 "부끄러움") 등에서 보듯이 세상에 제일 가는 창과 방패와의 싸움에서 "모순"이라는 말이 생겨나듯 끊고 찌르는 것(cut or dig)과 덮어 가리고(cover or protect)가 함께 어울리는 것을 보면 극과 극이 만난다는 것을 실감케 한다.

scathe
n.위해
sickle
n.낫
section
n.부분, 구역
sex
n.성

11) 나무를 자르는 나무꾼들의 천국에서 Sax(cut 색슨사람)가 오며, scathe(해〈害〉), shatter(산산이 부수다), segment(분절), segregation(격리), sedge(억새), sickle(낫), sect(분파), section(부분, 구역), insect(머리, 가슴, 배의 세 부분으로 잘려진 "곤충"), sex(성〈性〉), shear(큰 가위), share(몫), sharp(날카로운), shark(날카로운 이빨의 "상어"), shave(면도하다), shred(r의 위치바꿈 "조각"), shriek(찢는 듯한 "비명"), scrotum(소변때 지퍼를 갈라〈cut〉 내리는 데서 "음낭"), scruple(세세히 잘라서 따지는 "망설임"), scrutiny(세밀한 검사), scurf(머리비듬), scurvied(괴혈병에 걸린), scut(짧은 꼬리), scar(상처), scarification(난자법)처럼

scribble

cut에서 gnaw, bite, scratch 등의 뜻으로 확대된다.

sheer
a.깎아지른 듯한
score
n.20, 득점

12) sheer(깎아지른 듯한), sherd(사금파리), score(양치기가 양을 셀 때 손가락과 발가락 20개를 센 뒤 지팡이에 칼금을 표시하고 반복하여 센 데서 "20, 득점"), score card(채점표), scorch(그슬리다), short(짧게 자른 "짧은"), shore(물과 물이 끊어지며 경계를 이루는 "기슭"), shirts(셔츠), skirt(허리부분이 잘린 옷 "치마"), curt(퉁명스러운), curtail(생략하다), cut(베다), corium(털가죽을 자르므로 "가죽 갑옷"), screen(칸막이), shine(a covered bright stage 빛나다), squirrel(다람쥐), scenic(경치의), stencil(원판), cutis(진피), hide(가죽), hideous(섬뜩한), shift(끊어서 위치를 변경시켜 "옮기다") 등도 유사한 내용이다.

saber
n.기병

13) saber(기병), scab(딱지), second(시간 단위를 잘게 끊은 "초"), second hand(초침), secondhand(전해들은), second-mark(초부호) 등도 cut의 뜻이다.

carcass
n.시체

14) 위의 carnal(cut or flesh)에서 carcass(시체), sacrcasm(풍자), sarcastic(비꼬는), sarcocarp(과육), sarcoma(육종), sarcous(살의), sarcophagus(phag=eat 석관)처럼

scribble

되기도 하고, carnal에서 gorge(목), gorgeous(화려한)으로 되면 고기(carn)를 목구멍으로 넘기는 데서 gorge가 되고 목에다 「화려하게」 장식한 데서 gorgeous가 된다.

harvest
*n.*수확
carp
*vi.*허물을 들추다

15) 베거나(cut) 꺾어서(pluck) 거두어 들이는 데서 harvest(cut or pluck 수확), harvester(수확자, 수확기), harvestless(흉작의), harvest mouse(들쥐), harvesttime(수확기), scarce(es=out 부족한), scarcely(겨우), carp(pluck 허물을 들추다), carper(잔소리꾼), carpological(cut or fruit 과실학의), endocarp(내과피), harrow(pluck or cut 써레), harrowing(마음이 아픈), excerpt(ex=out ; cerp or carp=cut or gather 발췌), carpet(양탄자)처럼 된다.

crude
*a.*날것의

16) 또한 위의 carnal (cut, flesh)에서 cran, crun, crud(엉긴 침전물)로 되면 살과 피(blood and flesh)라는 살벌한 뜻이 되면서 crude(날것의), cruel(잔인한), cruelly(무참하게), raw(날 것의), rawhide(생가죽), raw material(원료)처럼 된다.

quarry
*n.*사냥감
cortex
*n.*외피

17) 사냥을 하고 난 뒤 짐승의 가죽을 벗기고(베고) 내장을 꺼내는 데서 quarry(chase or cut 사냥감), cuirass(skin or cut 동체 갑옷), cortex(외피), cure(껍질을 벗길 때의

scribble

cure
vt.치료하다

아픔처럼 마음을 써서 "치료하다"), cure-a (만병통치약), incurable(불치의), accurat (ac=to 마음써서 "정확한"), curio(골동품) curious(호기심이 강한), scour(s or es=ou 정성을 다하여 문지르는 clean off "문질러 닦다"), procure(pro=in behalf of 남을 위 해 마음써서 "획득하다"), secure(se=with out 마음 쓸 일을 없애어 안심시키는 "안전 한"), security(안전), sure(secure, scure sure 확실한), surely(확실히), ensure(안전 하게 하다), insurance(보험), assure(as=to 보증하다) 등이 온다.

care
n.걱정

18) 너무 마음을 쓰면 부담과 근심 그리고 아픔이 되어 나중에는 아파서 소리를 지르게 되는 과정은 care(걱정), careful(주의 깊은), char ily(조심스럽게), cur(들개), garrulous(수다 스러운), sore(pain 아픈), sorrow(슬픔), sorry(측은한)처럼 된다.

cardiac
a.심장의
cordial
a.우정이 어린

19) 사냥을 한 다음 잡은 짐승의 털가죽을 벗기고 내장을 훑어내게 되는데 내장 중에는 「심장」 도 있으며 이 심장이야 말로 생명과 활력의 원천이므로 cure(치료하다)의 일족인 cardiac (cut or pluck 심장의), cardiology(심장학), cordial(우정이 어린), cordially(정성껏), core(핵심), courage(용기), encourage(기운

scribble

나게 하다), discourage(dis=away …의 용기를 잃게 하다), concord(con=with 일치), discord(dis=apart 불일치), record(re=back …을 기록하다), accord(ac=to 조화되다), accordingly(따라서)처럼 cut(or pluck)에서 center or heart라는 뜻이 된다.

heart
n.심장

20) cure, core, card에서 hard, hart, hear로 되면 heart(심장), heartbeat(심장의 고동), heartbroken(슬픔에 잠긴), heartily(진심으로), heart transplant(심장이식), hearty(마음으로부터의)처럼 된다.

ceremony
n.의식

21) 또한 cure에서 마음을(정성을) 쏟아 격식(예의)을 갖추는 ceremonial(의식의), ceremonious(매우 정중한), ceremony(의식), unceremonious(허물 없는)가 된다.

yarn
n.연사

22) 「심장」이 뛸 만큼 감동을 줄 음악을 연주하는 harpstring(하프「줄」)은 heart(심장), cordial(정중한)을 변형시켜 cord(harpstring=string 끈), cordon(장식 끈), corduroy(골덴), chord(심금, 화음), yarn(뜨개실)으로 발전한다.

156 See

어원 ***See, say, sight, sip, sap=to know***(알다), ***to***

scribble

분석	**notify**(알리다), **to taste**(맛보다).

leading words

seeing
n.보기
sight
n.시력

1) 혀에 대어 맛을 보고 눈으로 보아 내용을 감지한 다음에 남에게 알리는 see(보다)는 seeing(보기), unseen(눈에 보이지 않는), foresee(앞일을 내다보다), oversee(감독하다), sight(시력), near sighted(근시의), sightless(눈이 안보이는), sightly(보기 좋은), sightsee(구경하다), foresight(fore=in front 통찰), insight(안식), outsight(외계 사물의 관찰)에서 보듯이 사물을 보고 이해한다는 말이다.

say
vt.말하다

2) 아는 바를 남에게 알리는 데서(notify) say(말하다), saying(말하기), said(앞서 말한), soothsayer(점쟁이), saw(속담), sage(현자)처럼 되고, 혀로 맛보고 분별하는 데서 sapid(맛있는), sapience(지혜), insipid(in=not 맛없는), insipience(무지), savor(맛), savory(맛좋은), savvy(이해하다)처럼 된다.

look
vt. 보다
lookout
n. 경계

3) 이 밖에 본다는 뜻으로 어원은 다르나 우리들에게 친숙한 look(보다), lookout(경계), good-looking(잘생긴), overlook(눈감아 주다), onlooker(구경꾼)과 thaumaturge (thauma or theater=wonder or look at 마술사), theater(극장), theatrical(연극의),

scribble

theoretical(이론의), theory(이론), theorize(이론화하다), theorem(정리) 등이 있음을 참고로 들어 둔다.

157 Seek

어원분석 **Seek, sake, seech, heg, ask=to track**(탐지하다), **to lead**(선도하다), **to search**(찾다), **to perceive**(감지하다), **to contend**(주장하다).

leading words

seek
vt.찾다

1) 진리(보물)을 찾아 진실을 밝히고 이익을 챙기는 약삭빠른 seek(찾다)에서 seeker(탐구자), seeking(찾는), beseech(visit to seek 간청하다), ransack(ran=house 샅샅이 뒤지다), sake(이익, 이유) 등이 된다.

seize
vt.쥐다

sage
a.영리한

2) 쫓아가서 붙잡고 시비곡직을 따지는 것은 seize(쥐다), seizing(쥐기), seizor(점유자)이며, 진리를 찾아 헤매는 sagacious(현명한), presage(pre=before 전조), sage(영리한), sapient(슬기로운), savory(맛좋은) 등이 있으며 찾아서 체득한 지식을 남에게 알린다는 데서 sage 이하는 see(보다), say(말하다)로 연결된다고 하겠으나 따로 다루었다.

ask
vt.묻다

3) 해답(응답)을 찾아서 구하는 ask(seek, sak, ask=research 묻다), asking(질문), risk(ri

scribble

or re=back 불안해서 재차 묻게 되는 "위험"), riskful(위험성이 많은), risky(모험적인), riskily(아슬아슬하게)이며, 패권(주도권)을 추구하는 것은 hegemonism(hege, seek=search 패권주의)이다.

philosophy
n.철학

4) 그리고 seek, sage의 일족인지 확실치 않으나 「지식을 추구하는」 현자라는 데서 sophism(wise 궤변), sophisticate(복잡하게 하다), sophomore(대학 2년생), philosophy (phil=love 철학), philosopher(지식애호가 "철학자") 등이 된다.

158 Self

어원분석	***Self, sell, sale=to possess***(소유하다), ***to be alone***(혼자있다), ***to deliver***(인도하다).

leading words
self-assured
a.자신 있는
self-burning
n.분신 자살
self-defense
n.자기 방어

1) sole(유일한)에 영향을 받아 저혼자 밖에 모른다는 self(자신)는 개인의 소유로 가져갈 수 있기까지 대가를 치루어야 한다는 시장(형평)원리가 적용되며, 여기서는 self자체가 우리에게 너무 친숙한 말이고 해설이 필요없고 용례만 익히면 될 것이므로 self의 결합어원들을 몇 가지 추려보기로 하면, self-assured (자신 있는), self-burning(분신 자살), self

scribble

-centered(이기적인), selfish(이기적인), self-colored(single 단색의), self-defense(자기 방어)에서 defense는 fence(strike 울), fencer(검객), fend(막아내다), defender(방어자), offend(of=against …을 범하다), offence(위반)처럼 쓰인다.

self-hate
n.자기 혐오
self-image
n.자아상

2) self-hate (자기 혐오)에서의 hate(미워하다)는 hateful(싫은), hateless(싫어하지 않는), hatred(미움), heinous(극악한)처럼 쓰이며, self-hypnosis(자기 최면)에서의 hypnosis (sleep)는 hypnology(최면학), somnambulant(hypso, sypso, sopso, somso, somn =sleep 자면서 돌아다니는), somniferous(졸리게 하는), soporiferous(최면의), insomnia (in=not to 불면증)처럼 쓰이고, self-image (자아상)에서의 image(영상)은 imaginable (상상할 수 있는), imago(성충), imitate(모방하다), emulate(본뜨다), mimic(모의의), mime(무언극), mimosa(사람 흉내내듯 건드리면 움츠리는 "함수초"), pantomime(panto =all 무언극)처럼 쓰인다.

sell
vt.팔다

3) 대가를 치루고 「사야」자신의(self) 소유로 되므로 상대방편에서 본다면 「파는 것」이므로 self의 변형인 sell(팔다), seller(판매인), sellout(매진), unsold(팔리지 않은), sale(판

scribble

매) 등이 온다.

159 Sense

어원분석	***Sense, sent, scent=to feel***(느끼다), ***to go***(가다), ***to express a sentiment***(감정을 표시하다).

leading words
sense
n.감각

1) 앞에 장애물이 있는지 올바른 길로 가고 있는지를 「살피면서(feel)」 나아가는 sense(감각)에서 send(보내다), send-off(전송), resend(다시 보내다), godsend(횡재)처럼 되고, 느낌자체를 말해주는 senseless(감각이 없는), sensible(지각있는), sensitive(민감한), sensitize(감광시키다), sensual(육감적인), sensuous(감각적인), sensation(감각)처럼 쓰인다.

nonsense
n.무의미
scent
n.냄새

2) nonsense(무의미), sentence(느낌을 글로 표현한 "문장"), sentential(판결의), sentient(지각력 있는), sentiment(정서), sentimental(감정적인), scent(냄새), scentless(냄새없는), assent(as=to 동의하다), consensus(con=with 의견일치), consent(동의), consentaneous(일치한), dissent(dis=apart 의견을 달리하다), presentiment(pre=before 예감), resent(분개하다), sentinel(보초병),

scribble

sentry(보초) 등도 feel이라는 basic idea에서 온다.

160 Severe

어원 분석	***very*, *ver=to trust*(믿다), *to favor*(호의 보이다).**

leading words

severe
a.가혹한

persevere
vi.견디다

1) 「올바르게」처리한다는 것이 가장 바람직한 기준이기도 하겠으나 때로는 너무 매몰찬 일이기도 하므로 se(apart)+vere(truth)의 결합에서 오는 severe(가혹한), severely(엄하게), assertive(as=to 단언하는)처럼 되며, 「끗끗하게」 견디어 이겨내는 persevere(per=through 견디다), persevering(참을성 있는)에서도 융통성 없이 딱딱하게 「정직성」만 추구하는 모습을 말해 준다.

verdict
n.판정

2) very(truth 매우)에서 verdict(dict=speak 「진실」을 말하는 "판정"), veracious(진실을 이야기하는), veracity(성실), veraciously (정직하게), verify(증명하다), veriest(순전한), verifiable(증명할 수 있는), verification(입증), verily(진실로), verity(진실성), aver(a=to 단언하다)처럼 된다.

scribble

161 Sew

어원분석	**Sew=to sew**(바느질하다), **to dress**(옷을 입히다).

leading words
sew
vt.꿰매다

hymen
n.처녀막

1) 사람이 언제부터 옷을 입기 시작했는지 알 수 없으나 인간생활에 없어서는 안 될 중요한 일이며 sew(꿰매다)는 sewing(재봉), sewing cotton(바느질용 무명실), sewing machine(재봉틀), seam(솔기), seamstress(침모), suture(봉합선)처럼 쓰인다.

2) accoutre(복장을 착용시키다), hymen(seam, heam, hym 즉 "처녀막"은 솔기에 해당하며 처녀성이 없어짐을 알리는 환희의 결혼축가로 됨), hymn(marriage song 성가), hymnody(찬송가) 등도 일족이다.

162 Shepherd

sheep+herd(crowd)=to shepherd(지키다)

leading words
sheep
n.양

1) 어원만으로 따지면 재미 없으므로 Aespop의 양치는 목동이야기의 주인공들을 모아 보기로 하면 맨처음 나오는 sheep(양), sheepcote(양우리), sheepwalk(목양장) 등이 있다.

scribble

herd
n.떼, 목동

2) 다음으로 양떼를 지킬때의 목동의 모습에서 herd(목동), herdbook(혈통기록), swineherd(돼지치는 사람), cowherd(소치는 사람), goatherd(염소지기)처럼 된다.

goat
n.염소

3) sheep(양)이 착한 사람이라면 악한 사람으로 비유되는 goat(염소), he-goat(숫염소), scapegoat(도망하거나 없는 사람에게 죄를 씌우므로 escaped goat란 뜻의 "제물"), goatee(염소 수염), kid(새끼염소, 어린이), kidnap(유괴하다) 등이 온다.

wolf
n.늑대

4) 역시 Aesop이야기에서 중요한 주인공인 wolf(늑대)의 일족으로 wolfish(잔인한), vulpicide(cide=kill 여우잡기), vulpine(여우의), vulture(독수리), invulnerable(in=not 상처입힐 수 없는), lupus(이리좌), lynx(살쾡이좌) 등이 있다.

163 Sign

어원분석 ***Sign*, *seal*, *shift*, *scarlet*=*to cut***(베다), ***to follow***(따라가다), ***to make distinguishing marks***(두드러진 표시를 하다).

leading words
sign

1) 동화에나 나오던 얘기지만 깊은 숲속으로 들어갈 때면 길을 잃고 헤매게 되는 일이 십상

scribble

n.표시
sigil
n.도장

이므로 미리 지나가는 곳마다 나무에 칼금을 하여 표시를 하여 두었다가 나중에 왔던 길을 되돌아오는 데서 비롯된 sign(표시)은 saw(톱), shear(절단하다), scribe(…을 쓰다, 필경자), share(몫) 등에 연결되나 따로 다루었으므로 생략하고, sign의 가까운 일족으로는 sigil(도장), signal(암호), signaller(신호기), signally(뛰어나게), signalman(신호원) 등이 있다.

signature
n.서명

2) 이어서 signature(서명), signboard(간판), signer(서명자), signet(도장), sign language(수화법), sign-off(방송종료), significant(중요한), signify(…을 나타내다), insignificant(시시한), seal(도장), sealer(날인자), unseal(개봉하다)처럼 되기도 하며 seal도 물론 표시(도장)라는 뜻이고 도장찍어 「봉한다」는 뜻도 있다.

assign
vt.…을 배정하다
consign
vt.인도하다

3) 상용 접두어와 결합하면 assign(as=to, sign으로 약속하고 "…을 배정하다"), assignation(회견의 약속), assignee(양수인), aessign(…을 다시 할당하다), consign(con=with 서로 신뢰의 「표시」 하에 "인도하다"), consignee(수탁인), consignment(위탁), design(de=int 설계하다), designate(지시하다), designation(지시, 지명), designed(고

scribble

의적인), designer(설계자), undesignated(지정되지 않은), ensign(군기), resign(re=again 첫번째는 입사 때의 sign이고 두 번째는 사퇴할 때의 sign이므로 "사임하다"), resignation(사임)처럼 쓰인다.

shift
vt.이동하다
scarlet
n.주홍색

4) 표시(sign)가 원래 cut(꺾다, 베다)에서 왔다고 했거니와 일정한 흐름을 꺾어(cut) 방향을 전환시키면 shift(cut 이동하다), shifter(옮기는 사람), shiftless(속수무책의)처럼 되며, 천(cloth)에 도장을 빨갛게 찍어 장식으로 「표시」한 데서 scarlet(주홍색), scarlet fever(성홍열), scarlet woman(빨갛게 달군 인두로 형벌을 받던 "매춘부") 등이 온다.

164 Smoke

어원분석	***Smoke, smack, smuggle, smock, smog, smudge=to smolder***(연기나다), ***to emit smoke***(연기내다), ***to choke***(질식시키다).

leading words
smoke
n.연기
smuggle
vt.밀수하다

1) 연기나 냄새 중 별로 일족이 없는 aroma(향기), stink(악취를 풍기다), rancid(악취가 나는), reek(증기), fragrance(방향) 등이 있는가 하면, 전형적인 냄새(연기)를 대표하는 group이 smoke(연기), smoke-dried(훈제

scribble

한), smoker(흡연자), smokestack(굴뚝), smoking(흡연, 그을림), smoky(그을리는), smack(입맛다시다, 맛), smuggle(연막작전을 펴고 "밀수하다") 등이다.

smudge
n.더러움

2) smudge(더러움), smudgy(더러워진), smut(더러움), smog(스모그)에서 smog는 smoke+fog의 결합이다.

smell
n.냄새

3) 불꽃도 없이 연기가 타오르면 연기 냄새가 나므로 smell(냄새나다), smelly(냄새가 있는), smoulder(그을다), smother(choke 숨막히게 하다)처럼 된다.

165 Snow

어원분석	***Snow, snake, sneak, nevada=to be sticky***(찐득거리다), ***to creep***(기다).

leading words

snowy
a.눈이 많은

1) 찐득거려 달라붙고 맨바닥을 기어다니는 데서 오는 snow(sticky 눈)는 snowball(눈 뭉치), snowfall(강설), snowflake(눈송이), snowman(눈사람), snowstorm(눈보라), snow-white(눈 같이 흰), snowy(눈이 많은)처럼 sticky의 뜻이다.

snake
n.뱀

2) 착 달라붙어 소리없이 살살 기어다니는 snail(달팽이), snake(뱀), sneak(몰래 움직이

scribble

다), sneaky(몰래하는), sneaker(몰래하는 사람)도 유사한 내용이다.

166 Solar

어원분석	**Sol, sun, selen, helio, zeal=to be fervent**(뜨거운), **to be bright**(밝은), **to shine**(빛나다).

leading words

solar
a.태양의

sun
n.태양

selenology
n.월학〈月學〉

1) 밝게 빛나는 solar(태양의)는 sol(태양신), solstice(stice=stand 태양이 더 이상 나아가지 않는 "극점"), parasol(para=protect 여자용 양산), heliocentric(태양 중심의), heliosis(일사병), helianthus(anthus=flower 해바라기)처럼 쓰인다.

2) sun(태양), sundew(끈끈이 주걱), sundial(해시계), sundown(일몰), sunny(양지바른), sunrise(해돋이), sunstroke(일사병), suntanned(햇볕에 탄), selene(shine, moon 달의 여신), selenology(월학〈月學〉) 등도 solar의 일족이며, 밝게 빛날 때 열이 나고 이 뜨거운 열기가 경쟁 또는 질투로 이어진다고 보면 zeal(fervent or shine 열중), zealous(열심인), jealous(시기하는), jealously(질투하여), jealousy(질투)처럼 된다.

scribble

167 Sole

어원분석 **Sole, solid, solit, sul, isol, save, salut, safe, whole, calli, heal, hale, holo, child=to be alone**(혼자 있다), **to be lonely**(외로이 있다), **to be the land in the sea**(섬이 되다), **to be entire or complete**(완전하게 되다).

leading words

sole
a. 유일한

insulation
n. 고립

solicit
vt.간청하다

solemn
a.신성한

solid
a.고체의

1) 혼자 떨어져서 고독하게 있지만 내성을 통하여 완숙해져가는 sole(유일한, 독특한)은 solo(독창), solely(혼자서), solitary(혼자의), solitude(고독), sullen(〈혼자〉있는 우울과 심통에서 "뚱한"), sulky(샐쭉한), insular(바다가운데 〈홀로〉 떨어진 "섬의"), insulation(고립), isolate(격리하다)처럼 된다.

2) 혼자라는 것은 그 자체만으로 「완전한(entire)」 모습을 갖추었다는 말이기도 하며 남의 마음을 「완전히」 움직이게 하는 solicit (sole=entirely ; cit=move or call 간청하다), solicitation(간청)이고, 내성을 통하여 「혼자서」 완벽의 경지에 이르는 solemn(신성한), solemnly(진지하게)가 되면 남의 도움은 방해가 될 뿐이며, 아주 단단하게 「한 덩어리로」 결합되는 solid(고체의), solidarity

scribble

salvage
n.해난구조
salute
vt.인사하다
whole
a.모든
catholic
a.보편적인
child

(결속), solidify(응고시키다), solder(납땜), soldier(단단한 동전으로 급여를 받던 "병사"), console(establish firmly 까치발), consolidate(con=int 강화하다, 통합하다)처럼 쓰인다.

3) salvage(해난구조), salubrious(건강에 좋은), salutation(건강을 기원하는 "인사"), salute(wish good health 인사하다)에서도 혼자임(완전함)이 손상되지 않고 건전(강)하게 유지된다는 말이고, salvage의 l이 떨어진 save(…이외에는, 구조하다), saver(구조자), saving(저축), safe(무사한, 안전한), safen(안전하게 하다), safeguard(보호하다), safety(안전), hoof(safe, hafe, hoof 발을 감싸는 "발굽") 등도 마찬가지다.

4) 역시 「완전하고 건전(강)하고 아름다운」데서 whole(모든), wholehearted(진심어린), wholesale(도매의), hale(건강한), heal(낫게 하다), heal-all(만병통치약), health(건강), healthily(건강하여), holiday(휴일), holily(신성하게), hologram(입체사진), holy(신성한), hallow(신성하게 하다) 등이 온다.

5) 모든 인류에게 또는 세계적으로 통하는 catholic(cat=regarding ; holi=entire 보편적인), catholically(보편적으로), Catholicism

scribble

n.어린이

(천주교)는 완전하다는(빠짐없다는) 말이고, 손상되지 않은 완전한(아름다운) 모습에서 calligraphy(서 예), callisthenics(sthen = strong 미용체조), child(beauty or well-born youth 어린이), childhood(유년기), childlike(어린이 다운), childish(유치 한), children(어린이들) 등이 된다.

168 Sort

어원 분석 **Sort, series, seed, secu, seas, sate, side, site, silence=to attact one after another**(차례로 붙이다), **to tie together**(같이 묶다), **to arrange**(배열하다), **to fix**(고정시키다), **to provide with enough**(충분히주다).

leading words

serial

n.연속물

sermon

n.설교

1) 사람의 힘으로는 절대로 벗어날 수 없는 운명의 끈이 있고, 콩심은 데 콩나고, 팥심은 데 팥이 나서 면면히 생명의 끈은 이어져가는 이러한 쉼없는 흐름을 말해주는 sort(종류)에서 serial(연속물), seriate(연속시키다), sermon(조리있게 말을 이어가는 "설교"), answer(대답), swear(join 맹세하다), serum(혈청), hormone(호르몬), sorcerer(묶여진 운명임을 말해주는 "마법사"), assortment(구

scribble

desert
vt.…을 버리다

seed
*n.*종자

insemination
*n.*파종

season
*n.*계절

side
*n.*옆

site

분), consort(con=with 배우자), assert(as =to ; 주장하다) 등은 모두 join or fix의 뜻에서 온다.

2) 묶인 사슬을 끊고 달아나는 desert(de=apart from …을 버리다)이나, 끈으로 묶어서 끌어올려 밖으로 드러내는 exert(ex=out 쓰다, 발휘하다)나, 묶인 끈을 안으로 끌어당기는 insert(set in …을 삽입하다) 등도 fix의 뜻이다.

3) 종자가 있어야 생명이 이어져가므로(fix or join) seed(종자), seedbed(묘판), seedy(씨가 많은) 등이 오며, 이처럼 긴긴 생명이 이어져가는 속세를 secular(세속의), secularization(세속화)이며, 실제 생명이 이어지도록 파종하는 것은 sow(씨를 뿌리다), seminal(정액의), insemination(파종), dissemination(씨뿌리기)이다.

4) 씨뿌리는 적당한 시기는 season(계절)이며, 종자가 싹이 트도록 충분히 물을 주는 것은 sate(…을 충분히 만족시키다), satire(비꼼), satisfaction(만족), saturant(포화제)처럼 된다.

5) 종자가 싹터서 이삭이 되고 이삭에서 사방으로(옆으로) 퍼져나가 또다시 싹이 트기를 반복하면서 계속 옆으로 퍼져나가게 되므로

scribble

n.터

seed의 변형인 side(옆), sideboard(찬장), side dish(곁들이는 요리), side effect(부작용), outsider(외부사람), beside(…의 옆에), besides(게다가), site(터), silent(종자가 소리 없이 떨어져나가듯 "말없는"), situation(장소, 입장) 등이 온다.

169 Sound

어원분석 **sound, son, cant, cen, swan=to make a noise**(소리를 내다), ***to cause it to be heard***(들리게 하다), ***to sing***(노래하다), ***to echo***(메아리치다).

leading words

sound wave

n.음파

sonata

n.주명곡

1) 귀에 들려오는 소리인 sound(소리)는 sound box(음향실), sound effects(음향효과), soundproof(방음의), sound wave(음파), resound(re=back 반향하다), resonant(울리는), sonorous(울려퍼지는), sonata(주명곡), absonant(ab=from 음조가 맞지 않는), consonant(con=together 자음), supersonic(초음속의), absurd(어리석은), swarm(무리), swan(백조), hen(암탉), henpecked(엄처 시하의)처럼 되며, swan이나 hen은 우는 소리에서 온다.

sing

2) sing(노래하다), song(노래), sigh(한숨) 등

scribble

vi.노래하다
cant
n.은어

은 의성어지만 유사한 내용이고, sound의 s가 c로 되는 cant(은어), chant(영창), enchant(매혹하다), accent(ac=to 강세), accentuate(강조하다), canticle(기도서), incentive(자극), charm(듣기 좋은 소리의 "매력"), charming(즐거운) 등도 마찬가지이다.

censor
n.검열관

3) 공식적으로 소리쳐서 선언하는 데서(formally declare) censor(검열관), censurious(비판적인), censure(비난), census(인구조사)이며, 큰 소리로 새롭게 선포하면 recent(re=again 최근의), rinse(헹구다)이고, 같이 불러모아 의견을 제시하는 것은 counsel(co=with 조언), counsellor(고문)이다.

170 Sparce

어원분석	***Saprce, sperm, spore, sperse, spark, spring, sprinkle, speak, spread, sprout, spurt=to sow seeds***(파종하다), ***to scatter***(뿌리다), ***to strew***(뿌리다), ***to sprinkle***(뿌리다).

leading words
sparsely
ad.드물게

1) 마구 흩어 뿌리는 데서 오는 sparse(성긴, 빈약한)은 sparsely(드물게), sperm(정자), spore(아포), spoor(냄새자취), sporadic(때

scribble

sperm
n.정자

때로 일어나는), asperse(헐뜯다), disperse (dis=apart 흩뜨리다), dispersedly(뿔뿔이), dispersion(분산), spark(불꽃), sparkish(화려한), sparkle(불꽃), sparkplug(촉진시키다), sprinkle(뿌리다), spray(물보라), sprayer(분무기), spread(펴다), spread-eagle(거만한)처럼 쓰인다.

speak
vi.말하다
speech
n.언어

2) 입 밖으로 「퍼져나가는」 것은 speak(말하다), speaker(말하는 사람), speaking(말하는), spoken(구두의), spokesman(대변인), unspoken(무언의), outspoken(솔직한), speech(언어), speechify(연설하다), speechless(말을 못하는)이고, spring(튀다, 봄), springboard(도약판), springhead(수원), springless(용수철이 없는), springtime(봄철), sprout(새싹), spurt(싹트다), spur(박차), spurn(모욕하다), prick(쑤시다), pricker(spark, park, prak, prick 송곳), prig(까다로운 사람) 등도 여기서 온다.

171 Spectacle

어원분석	***Spec, spic, spit, spis, scope, spy=to see or look at***(보다), ***to perceive with one's eyes***(자

scribble

기 눈으로 감지하다), ***to observe***(관찰하다).

leading words

spectator

n.구경꾼

specter

n.유령

specimen

n.견본

aspect

n.견지

1) 자신의 눈으로 직접 보는데 도와주는 spectacles(안경)는 see라는 비교적 단순한 뜻이며, spectator(구경꾼), specter(유령), spectrogram(분광사진), speculate(마음의 눈으로 머리 속에 영상을 면밀히 검토하는 "사색에 잠기다, 투기하다"), specimen(seeing is believing 눈으로 직접 확인하는 "견본"), aspect(a=to 견지), circumspect(circ=around 주의 깊게 사방을 둘러보는 "신중한"), conspicuous(con=int 두드러지게 눈에 띄어 "똑똑히 보이는"), despise(de=down; spec=look at 경멸의 눈으로 내려다보는 "경멸하다"), despite(멸시하여 "…에도 불구하고"), spite(despite의 de 탈락 "원한"), in spite of (…에도 불구하고), expect(ex=out 조바심나서 밖을 내다보며 "기대하다"), expectation(예상), inspect(속까지 들여다보면서 "시찰하다"), inspector(시찰자), perspective(per=through 원근화법), perspicuous(명쾌한) 등이 모두 비슷한 데서 닥쳐올 일을 전망하는 것은 prospect(pro=forward 조망), prospectus(취지서)이고, 다시 한 번 우러러 쳐다보는 respect(re=again 존경하

scribble

다), respectable(훌륭한), respectful(정중한)이고, prospect는 달리 지난 일을 돌이켜 보는 것은 retrospect(retro=backward 회고), retrospection(추억)이다.

suspect
vt.의심하다

2) 수그렸던 머리를 쳐들고 경탄 또는 의심의 눈으로 쳐다보는 데서 suspect(sus=under 의심하다), suspicion(의심)이고, 정보를 구하려고 날카로운 눈으로 살피고 다니는 데서 spy(간첩), spy satellite(첩보위성), espy(e=out 찾아내다), espionage(염탐)이다.

auspicate
vt.택일하여 시작하다

species
n.종족

3) 옛날에는 새(bird)를 날려 길흉을 점쳤으므로 auspicate(avis or aus=bird 택일하여 시작하다), auspice(길조)처럼 쓰이고, 옛부터 씨도둑질 못한다는 말이 있듯이 외양이 두드러지게 어버이를 닮기 때문이며 species(종족), speciology(종족학), specious(외양뿐인)처럼 쓰이고, 구체적으로 명백히 표시하는 데서 specific(특정한), specification(열거), special(특별한), specialty(전문), especially(e=out or int 특히), spice(특이한 맛을 내는 "양념"), spicily(향기롭게)에서 보듯이 외모가 두드러진 데서 생겨난 말이다.

sceptic
n.회의론자

4) 의심의 눈초리로 자꾸만 쳐다보는 데서 sceptic(회의론자), sceptical(의심많은)이 되며, landscape(경치), scope(범위), tele-

scribble

scope(망원경), stethoscope(stetho=breast 청진기), microscope(micro=small 현미경)도 마찬가지이다.

172 Spirit

어원 분석 **Spir, sper, pneum, psych, nose, atmos, breath=to breathe**(숨쉬다), **to live**(살다), **to wind**(바람이 불다), **to have soul**(영혼을 가지다), **to get warm**(따뜻해지다).

leading words
spiritual
a.정신의
aspire
vi.열망하다
conspire
vi.음모하다

1) 숨을 쉬어야 몸에 온기(생기)가 있고 숨떨어지면 차디찬 흙덩이와 같으므로 숨(공기, 영혼, 생명, 따스함)이야 말로 활력의 근원임은 새삼스러울 것도 없는 일이며, 상당히 복잡하고 다양한 어군을 거느리는 spirit(영혼)의 용례로는 spirited(힘찬), spiritless(기운 없는), spiritual(정신의), spree(술잔치), dispirit(dis=apart …의 기력을 빼앗다), aspire(a=to 열망하다), aspiration(열망), conspire(con=together 한통속이 되어 호흡맞추어 "음모하다"), expire(ex=out 만기가 되다), inspire(breathe into 고무하다), transpire(trans=across 발산하다), perspire(per=throughout 땀이 나다), respire(호흡

scribble

pneumatics
n.기학〈氣學〉
pneumonia
n.폐렴

하다), respiration(호흡)처럼 쓰인다.

2) pneumatic(spirit의 철자 변형 "공기 작용에 의한"), pneumatics(기학〈氣學〉), pneumatometer(폐활량계), pneumonia(폐렴)에서 보듯이 호흡에 필요한 공기와 허파라는 말이 되기도 하고, 공기를 들여마시는 곳이 「코」이므로 sniff(코로 들이쉬다), sniffy(코웃음치는), snuff(코담배를 맡다), nose(코), nose ape(코가 큰 원숭이의 일종), nose count(인구조사), noser(참견 잘하는 사람), nostril(콧구멍), nosey(참견하기 좋아하는), nozzle(주둥이 끝), naze(갑〈岬〉), nasal(코의)처럼 된다.

atmosphere
n.대기
exhale
vt.발산하다
animal
n.동물

3) 위의 pneuma에서 euma, ema, atma로 되면 atmosphere(대기), atmospheric(기압의), atman(생명의 근원)처럼 여전히 「공기(호흡)」라는 뜻이 유지되며 「숨(공기)」이 있어야 활력이 있으므로 살아서 움직이는 anemone(바람〈공기〉 꽃이라는 뜻의 "아네모네"), anemograph(자기풍력기록계), halitosis(ane, hane, hali=wind or air 입냄새), exhale(ex=out 발산하다), inhale(in=into 빨아들이다), animal(breathe 동물), anima(영혼), animalism(동물성), animalize(동물화하다), animate(활기 띠게 하다), inani-

scribble

mate(생명없는), animating(생기를 주는), animism(물활론), animus(high spirit에서 bad spirit으로 개악된 "원한"), equanimity (equa=same「마음」이 변함없는 〈same〉 "평정"), magnanimity(magna=big 관용), unanimous(uni=one 의견이 같은)에서 보듯이 공기(숨)는 영혼과 마음으로 이어짐을 보여준다.

bread
n.빵
broil
vt.굽다
bride
n.신부

4) anemone, animal은 air로 이어지나 분리하여 검토하기로 하고, blow(불다), sbrow, sprer, spirit으로 변해온 spirit(영혼)에서 breath(숨), breathe(숨쉬다), breathless(숨이 가쁜), breed(숨을 불어넣어 따뜻이 "기르다"), breeding(번식), brood(한 배 병아리), broil(굽다), breeze(미풍), brew(끓이다), brewery(양조장), bourn(개천), burn(물이 끓는 것처럼 보이는 "개울"), bread(구운 "빵"), breadery(빵가게), bread-winner(가족 부양 책임자), broth(고깃국물), bribe(뇌물), bridal(bread의 변형으로 빵굽는 여자인 "신부의"), bride(신부), bridegroom(신랑), barley(빵 만드는 "보리"), barn(보리를 쌓아두는 "창고"), farinose(가루모양의), beer(맥주) 등에서 보면 숨(공기)은 따뜻한 활력이 되고 이어서 뜨거

scribble

bird
n.새
brand
n.타고 있는 나무
brandy
n.브랜디

워진다는 말이 된다.

5) 또한 숨을 불어 넣어 따뜻이 하고 부드러운 깃털로 포근히 감싸는 데서 breed, breden, bridd, brid를 거친 bird(새), birdbrain(바보), birdcall(새소리), birdy(새같은)처럼 되기도 하고, burn(타다), brand(타고 있는 나무), brandish(휘두르다), ferment(발효시키다), fever(열), febrifuge(fuge=flee 열을 식히는), fervent(불타는 듯한), brandy (burned 브랜디), effervescent(거품이 이는)에서 보듯이 뜨겁다는 뜻이 유지되며, brand에서 brown(갈색)으로 되면 타고난 뒤의 색깔이라고 할 수 있으므로 bear(brown<갈색> "곰"), beaver(해리), fiber(섬유), fibriform (섬유모양의), fibroid(섬유질의)처럼 곰과 해리털에서 섬유질이 되지만 burn or brand에서 brown의 연결은 확실치 못하다.

fume
n.연기
thyme
n.백리향

6) 위의 fever, febrifuge 등은 fume(smoke 연기), fumigate(훈증하다), fumy(연기를 내는), perfume(per=through 향수), thyme (백리향), typhoid(장티푸스의), typhoon(태풍), stew(찌다)처럼 철자에 주의를 요하는 경우도 있으며, atmosphere의 sphere(blow의 변형으로 「불어서」 부풀린 "천구, 구체")는 spherical(구형의), sphery(천체의),

scribble

sphere
n.천구, 구체
prosper
vi.번영하다
psycho
n.정신병자

hemisphere(반구체), pearl(진주)처럼 쓰인다.

7) 바람을 불어 넣어서 불룩해진 sphere(천구)는 바람을 불어넣어 「활력과 희망」을 샘솟게 하여 prosper(pro=forward : sper=breathe or hope 번영하다), prosperous(번영하는), psychic(영혼의), psycho(soul or life 정신병자), psychoanalysis(정신분석), psychodrama(심리극), psychological(심리학적인), psychopath(정신병자), despair(de=down from ; pair=soul 희망이 떨어져나간 "절망"), despairing(절망적인), desperate(자포자기의), undespairing(절망하지 않는)처럼 되기도 하며, sphere의 부푼 모양에서 spiral(나선), spire(뾰족탑), Sparta(스파르타)처럼 된다.

173 Spit

어원분석	***Spit, spot, sput, hospit, guest, host=to be safe***(안전하다), ***to receive a stranger***(손님을 맞이하다).

leading words
spatter

1) 담이 끓어 가래침을 「뱉는다면」 대단히 기분 나쁘겠지만 병약한 환자는 부득이한 일이고,

scribble

vt.튀기다

spot

vt.더럽히다

이러한 궂은 일을 마다 않고 병든 나그네들을 돌보아 주던 인정미(인술)에서 병원과 여관이 생겨나며 이러한 흐름을 말해주는 병자의 spit(뱉다)는 spittle(침), spatter(튀기다), spot(침이 튀긴 "장소, 즉석의, 더럽히다"), spot check(무작위 추출검사), spotlight(각광), spot news(긴급뉴스), spotted(얼룩진), botch(서툰일), sputter(침을 튀기며 말하다), sputum(타액), spue(분출하다), spout(내뿜다), reject(배격하다)처럼 분화된다.

hospital

n.병원

2) 이렇게 더러운 침을 뱉아대는 약골(환자)들을 따뜻이 맞이하던 곳이 여관과 병원이므로 spit의 앞에 ho가 추가된 hospital(병원), hospitalize(병원에 입원시키다), hospitable(대접이 좋은), hostage(인질), host(주인, 무리), hotel(호텔), hostel(숙박소), guest(손님) 등이 온다.

174 Stain

어원분석	***Stain=to moisten***(젖다), ***to color or dye***(채색하다), ***to dip or corrupt***(물에 담그거나 부패하다).

scribble

stainless
a.더럽혀지지 않는

1) 더러운 물에 담가 얼룩지우는 stain(얼룩)은 stainless(더럽혀지지 않는), stainer(착색공), unstained(더러움 없는), distain(dis=apart 색깔을 없애다), tinct(색칠한), tincture(색조)처럼 된다.

tinge
n.색조

2) tinge(색조), tint(색깔), attaint(at=to 더럽히다)도 여기서 오며, t가 d로 되어도 dye(물감), undyed(물들이지 않은), dunk(커피에 적시다)처럼 뜻이 변하지 않는다.

175 Stamp

어원 분석

Stamp, tuse, toil, step, tamp, tuft, tip, top, stup=to spurn(추방하다), ***to tap***(톡톡 두드리다), ***to step***(밟다), ***to beat or pound***(두드리다), ***to handle roughly***(거칠게 다루다).

leading words

stamp
n.우표, *vt*.짓밟다

step
n.걸음

1) 때리고 짓밟고 거칠게 다루는 stamp(짓밟다, 우표)는 stampede(pede = foot 쇄도), stamper(자동날인기), step(걸음), step-down(감소), stepped(계단이 있는), stepwise(한 걸음씩), stoop(움크리다), type(strike or beat 때려서 표<소인>를 남기는 "형"), typewriter(타자기), typical(전형적인), typify(…을 대표하다), typist(타자수),

scribble

stupid(얻어맞고 멍한 "어리석은"), stupefy (마취시키다), stump(beat or cut 그루터기) 처럼 쓰인다.

staple
n.주요상품
stab
vt 찌르다

2) 기둥이나 말뚝을 「때려」박고 상품을 진열하여 시장을 만드는 staple(주요상품, 꺾쇠) 등은 stand의 영향을 받으며, stab(strike or cut 찌르다), tamp(strike 마개를 「두드려」 "틀어막다"), tampion(나무마개), tamper(간섭하다), tap(꼭지), tip(끝), tip(뾰족한 마개달린 술통을 "기울이다"), top(정상), topless(유방을 드러낸), topnotch(일류의) 처럼 되기도 하며, tip이나 top에 대하여 반복하면 가볍게 「때려서(strik)」 막거나 뽑는 마개(끝, 정상)라는 뜻이다.

pierce
vt.관통하다

3) per(completely) + tuse(strike or beat) = pierce(pertuse, peruse, pierce 관통하다), piercing(꿰뚫는), parch(…을 바짝 말리다)에서 보듯 tuse(strike)의 형태가 되며, contuse(con=strongly ; tuse=strike …에 타박상을 입히다), contusion(타박상), obtund (…을 무디게 하다), stutter(말더듬다), toil (노고), toilsome(몹시 힘드는) 등도 유사하다.

'stodge
vt.배불리 먹다

4) 호되게 얻어맞아 정신나간 것처럼 꼼짝 못하거나 매우 열중하여 마치 얻어맞은 것 같이

scribble

보이는 것은 stodge(배불리 먹다), stooge(대역), study(공부하다), student(학생), studied(계획적인), studious(학구적인)처럼 되며 stand에 영향 받는다.

176 Stand

어원분석	**Stand=to stand**(서다), **to pause or rest**(쉬다), **to put or set**(두다), **to guide or direct**(안내하다), **to establish**(설립하다).

leading words

standard
n.표준

assist
vt.돕다

desist
vt.그만두다

1) 확고한 기반 위에 힘있게 일어서는 stand는 standard(표준), standing(서 있는), stand-by(찬성자), standstill(정지), standfast(고정된 위치), understand(이해하다), outstanding(눈에 띄는)처럼 쓰인다.

2) sist도 stand의 철자 변형이며 assist(as=to ; cause to stand 돕다), consist(stand firm …으로 이루어지다), consistent(양립하는), desist(그만두다), exist(ex=out stand forth or emerge 존재하다), insist(stand upon 주장하다), persist(per=through 고집하다), resist(stand against 저항하다), subsist(sub=under ; stay still or endure 생존하다), transistor(트랜지스터)와 같이 된

scribble

static
a.정지한

stay
vi.머무르다
circumstance
n.사정
constant
a.부단한

다.

3) static(정지한), histology(조직학), histogram(막대그래프), stamina(지구력), stage(무대), ecstasy(ec=out ; put out of place 무아의 경지), system(sys=same ; stand together 조직), stall(마구간), install(취임시키다), stool(의자), still(조용한), stoop(현관), stanchion(기둥), stunt(발육저지), station(역), statue(소 상), stature(키), status(신분), estate(e=out ; stand out 재산), state(국가, 진술하다), restate(복직시키다) 등은 별로 어렵지 않게 stand의 일족임을 알 수 있다.

4) 역시 cause to stand에서 statute(성문율), stay(머무르다), stoic(극기의), stabilization(안정화), stableboy(마부), establish(설치하다), constable(the person in charge of the stable 순경), circumstance(circum=around 사정), constant(부단한), cost(stand firmly 대가), costly(값비싼), constitute(con=together 구성하다), destitute(de=away from 결핍한), distance(dis=apart 거리), extent(ex=out ; stand out of 현존하는), instance(stand in or over against 예), instant(즉시의), institute(설립하다), inter-

scribble

prostitute
n.매춘부
rest
vi.쉬다
stead
n.대리
stagnate
vi.괴다

stice(inter=between 빈틈), obstacle(ob=over against ; stand in the way 지장), obstinate(끈덕진), oust(out+stand 내쫓다) 등이 있으며 합성어원들과 결합시켜보면 모두 이해할 수 있는 내용이다.

5) 여자가 남의 앞에 상품으로 진열되어 나서(stand out) 있다면 prostitute(pro=forward 매춘부)이며, 뒤에 처져 쉬면서 나아가지 않는 것은 rest(re+stand 휴식, 나머지), arrest(체포하다)이며, 눈에는 안보이지만 밑에 깔려 있는 것은(stand under) subsistence(sub=under 물질), substitute(put in the place of something 대체하다)이며, 위에다 세우면(두면), superstition(stand over or dominate 미신)이며, 반대편에 서면 contrast(contra=against 대조)이고, 설 곳이 확고해지면 destination(de=int 행선지), destiny(운명)이다.

6) stead(대리), steadily(확실히), stud(종마), stale(가만히 있으면 썩음 "신선하지 않은"), stalemate(막다른 골목), stanch(지혈시키다), stagnate(괴다), star(stand fast 별), starch(전분), stellar(stel=star 별의), constellate(con=together 성좌를 형성하다), aster(a=to 성상체), asterisk(별표), astrol-

scribble

oger(점성가), disaster(dis=off 별이 궤도를 벗어난 "불행"), disastrous(재앙의), consider(con=int ; sider=star 별을 헤아려 점치며 "숙고하다"), consideration(고려), desire(de=apart ; sire=star 별이 이탈해서 안 보이면 찾으려 애쓰는 점성술에서 "원하다") 등도 마찬가지다.

tank
n. 연못
stern
a. 엄격한

7) 위의 stagnate에서 s가 떨어진 tagn, tang에서 tank(물이 정지한 채 고여있는 "연못")가 오며, 이밖에 withstand(버티다), armistice(휴전), restitution(복구), sterile(solid 불임의), stern(엄격한), stop(멈추다), stuff(물질), stuffy(숨막히는), stupe(찜질), stupid(어리석은), stub(꽁초), stubborn(완고한), type(타입), stone(돌) 등이 모두 정지한다는 말이다.

steer
vt.조종하다
store
n.가게

8) 배의 조정은 확고해야 하므로 steer(조종하다), stern(선미)가 되며, 창고를 세워 물건을 비축하는 store(가게), storeroom(저장실), instauration(회복), restaurant(give back something lost "음식점"), restore(복귀시키다), austere(엄한), stare(응시하다), stork(황새), steep(험준한)처럼 굳어져서 꼼짝 안 하거나 쓰러지는 것을 다시 일으켜 세운다는 말이 된다.

scribble

steel
n.강철
stiff
a.뻣뻣한

9) 위의 어느 경우에나 확고히 일어서거나 경직(고정)된다는 말이고, 역시 steel(강철), stow(stuff와 마찬가지로 꼼짝못하게 단단히 "집어 넣다"), story(층), stiff(뻣뻣한), stifle(질식시키다), steeve(기중장), stipe(줄기), stipulate(확고히 "약정하다"), constipation(con=int 변비), consternate(간담을 서늘하게 하다), staff(막대기), stave(막대기), staunch(충실한), stove(난로), stem(줄기), stereo(입체 음향), stereotype(틀에 박힌 문구) 등 어느 경우에나 stand의 뜻이 유지된다.

start
vi.출발하다

10) 깜짝놀라 벌떡 일어서서(stand) 빳빳한 채 후닥닥 뛰는 것은 start(출발하다), startle(깜짝놀라게 하다)이며, 굶어서 꼼짝못하는 starve(굶어죽다), torpedo(starve, tarp, torp 어뢰), torpid(굼뜬), torpify(마비시키다) 등이 모두 안움직인다는 말이다.

stress
n.압박
stretch
vi.뻗다
straight
a.똑바른
strict

11) 위의 start, starve, stereo 등의 r의 위치가 바뀌어도 stand에서 hard or strong or spread로 이어지는 basic idea는 변하지 않는 너무 뻗으면 경직된다는 말이며 stress(압박), stretch(뻗다), strew(뿌리다), stride(큰 걸음), strife(불화), straight(똑바른), straggle(퍼지다), strict(엄한), string(끈),

scribble

a.엄한

strand

vt.좌초시키다

strenuous(격렬한), astringent(a=not 수렴성의), constrain(강요하다), strain(잡아당기다), straiten(괴롭히다), strand(좌초시키다), stratagem(진용을 펼치는 "전략"), stratify(층을 이루다), straw(지푸라기), stray(길을 잃다), street(거리), strut(지주), distress(dis=away from ; tress=pull 고통), district(dis=apart 구역), string(실), restriction(제한), sturdy(튼튼한), prestige(pre=before ; string으로 눈을 묶고 요술부리는 데서 얻은 "명성"), strong(강한), strafe(질려서 다리가 뻣뻣한 채 달아나게 "기총소사"), strive(노력하다), structure(구조), construction(건설), reconstruction(재건), destruction(de=down 파괴), instruction(in=into 교육), instrument(thing to build with 도구), industry(산업), obstruction(ob=against 방해) 등이 있으며 thorn(가시), stalk(가만히 다가가다), steal(훔치다) 등도 동족이다.

stoop

vi.구부리다

study

vt.공부하다

12) 꼿꼿이 선 자세에서(stand upright) 엎드리는 것은 stoop(구부리다), steep(물 속에 꼿꼿이 서서 "적시다"), steeple(뾰족탑)이며, 호되게 얻어 맞고 정신나간 것처럼 꼼짝하지 않고 공부하는 study(공부하다), studious(학구적

scribble

인), studio(일터), steady(안정된), staple (settled market 주요상품)도 정지(stand)라는 뜻에서 이다.

stallion
*n.*종마

13) 위의 stale에서 stallion(종마), install(취임하다), still(조용한), stool(의자), apostle(apo=off or away 사도), epistle(epi=around 편지), stolid(둔감한)처럼 locomotive(기관차), couch(co=int ; uch or loc=place 잠자는 의자), allow(장소를 주어 "허가하다"), allowance(할당액), allocation(할당), lieu (장소)처럼 쓰여진다.

177 Stick

어원분석

Stick, stim, etio, sting, stak=to pierce(꿰뚫다), ***to prick***(찌르다), ***to excite***(자극하다), ***to goad***(자극하다).

leading words

sticker
*n.*찌르는 사람

tiger
*n.*호랑이

1) 뾰족한 끝으로 쿡 찔러 꼼짝못하게 하는 stick(지팡이)는 stickily(끈적끈적하게), sticker(찌르는 사람), stick-out(뛰어난), unstuck(붙어있지 않은), sticky-fingered(손버릇 나쁜)처럼 되고, s가 떨어진 tiger(호랑이)도 호랑이의 날카로운 이빨과 화살(지팡이)같이 빠른(arrow-swift) 행동에서 이다.

scribble

stigma
n.오명

2) 불에 달군 막대기로 낙인을 찍는 것은 stigma(오명), stigmatization(오명씌우기)이고, 막대기로 찔러 자극하는 instigate(추기다), instigation(선동)이나, 막대기(말뚝)을 박아 표지하여 구획(구분)하는 distinct(dis=apart 독특한), distinction(구별), distinguished(뚜렷한), indistinct(in=not 분간할 수 없는) 등도 유사한 내용이다.

style
n.문체

3) 날카로운 끝(펜끝)으로 찌르거나 글을 쓰는 데서 style(문체), stylet(탐침), stylist(문장가), stylish(현대식의), stiletto(단검)처럼 되며, 막대기로 슬쩍 찔러 자극하는 stimulate(자극하다), stimulus(고무), overstimulate(너무 강하게 자극하다)나 비슷하다.

astigmatic
a.난시의
etiquette
n.예절

4) stick(point)을 잃게 되면 astigmatic(a=not 난시의), astigmatism(난시)이며, 쪽지(label) 또는 표(ticket)를 푯말에 붙였던 데서(stick or post)이며 이러한 ticket에다 매일 지켜야 할 규정과 절차 등을 고시하여 알린 데서 etiquette(예절)가 오며, 역시 뾰족한 데서 stitch(한 바늘), stitchwork(바느질), unstitch(…을 풀다), steak(뾰족한 외꼬챙이에 꿰어 구운 고기 "두껍게 썬 고기") 등이 되며, etiquette에서 e가 탈락되면 ticket

scribble

(표), ticket agent(매표소), tick(외상)처럼 된다.

stag
n.수사슴

5) 사슴의 뿔도 말뚝처럼 뾰족하므로 stag(수사슴), stag party(남자들만의 파티)이며, sting(찌르다), stingo(독한 맥주), stingy(날카로운), stingily(째째하게), stipple(점각) 등도 뾰족하다는 뜻이다.

title
n.표제

6) stick의 변형이라 할 수 있는 title(표제)은 막대끝에 권위의 표시를 새겼던 데서이며 title holder(선수권 보유자), title match(선수권 쟁탈전), titlist(선수권 보유자), entitle(칭호를 주다)와 같이 되며 dot(점), daughter(딸) 등으로 연결되나 따로 다룬다.

stake
n.말뚝
stockbroker
n.주식 중매인

7) stake(말뚝), stack(건초더미), stagger(막대기로 밀어서 "비틀거리다"), stock(줄기), stockbreeding(목축), stockbroker(주식 중매인), stock exchange(증권거래소), stockfish(건어), stockholder(주주), stocking(말뚝박듯 찔러넣는 "스타킹"), stock list(증권시세표), stockman(목축업자), stock market(증권시장), stocktaking(재고조사), stocky(땅딸막한), stoke(thrust with stock 화부노릇을 하다) 등도 말뚝, 그루터기, 원둥치 등의 뜻이다.

tag

8) 이와 같이 말뚝을 때려박는 데서 tag(꼬리

scribble

n.꼬리표

tack

n.납작한 못

표), tack(납작한 못), tacker(압정박는 기계), tackle(달라붙다)처럼 되고, 말뚝을 치거나 치고 찌르고 들어가는 데서 attack(at=to 공격하다)이 되고, 말뚝을 뽑아 근거지를 옮기는 데서 detach(de=away 떼어내다), detachable(분리할 수 있는), detachment(분리)와 같이 되며, 막대기(말뚝)가 모두 타면 불이 꺼지므로 extinct(꺼진), extinction(소화), unextinguished(꺼지지 않은)처럼 된다.

178 Strap

어원분석	***Strap, trope, trophe, strophe=to turn***(돌리다), ***to twist***(비틀다), ***to plait***(엮다).

leading words

strophe

n.좌측 전회

tropic

n.회귀선

1) 가죽끈은 둥글게 사려서 감은 것이므로 strap(turn 가죽끈), strop(칼가는 가죽끈), strophe(좌측전회), apostrophe(apo=off ; turning from 대이변), catastrophe(cata=down ; overturning or ruin 큰 재앙), strobile(구과)처럼 turn이라는 뜻이 된다.

2) 지구는 자전할 때 한계선(turning point) 이상 기울지 않으므로 tropic(turn 회귀선), tropical(열대의), subtropical(아열대의)처럼 되고, 적을 패주시켜 돌려보내고(turn about)

scribble

적이 남긴 전리품을 안고 돌아오는 데서 trophy(전리품), triumph(승리), trump(으뜸패)가 된다.

contrive
vt.고안하다
retrieve
vt.되찾다

3) trope(turn 형용사구)는 직접 표현대신 「빙돌려서(turning)」 표현한 운치있는 수법이고, 이러한 적절한 표현을 찾아 작품화하는 contrive(turn or find or compose 고안하다), contriver(고안자), retrieve(find again 되찾다, 검색하다), retrieval(회복) 등이 온다.

179 Strike

어원분석	***Strike=stroke, strip, stria, streak=to go***(가다), ***to rub***(문지르다), ***to flow***(흐르다), ***to move***(움직이다).

leading words

strikeout
n.삼진

stricken
a.타격을 받은, 비탄에 잠긴

1) 쓰다듬으려고 손을 내밀었지만 얻어 맞았다고 엄살대는 strike(때리다)는 strike pay(파업수당), strikeout(삼진), striking(현저한), restrike(…을 다시치다)처럼 쓰인다.
2) stricken(타격을 받은, 비탄에 잠긴) strickle(평미레), stroke(타격, 쓰다듬다), streak(왔다갔다 하는 길처럼 선이 있는 "줄무늬"), backstroke(역타)도 앞뒤로 왔다갔다 하며

scribble

strip
n.길고 가느다란 조각

움직인다는 말에서 온다.
3) 역시 움직이는 선로(line)라는 데서 strip(길고 가느다란 조각), strip mining(노천광산), stripper(벗기는 사람), outstrip(…을 능가하다)처럼 된다.

180 Sumptuous

어원분석 **Sumpt=to take for granted**(당연한 것으로 여기다), ***to take upon oneself***(책임을 떠맡다), ***to take charge of***(담당하다), ***to spend***(쓰다).

leading words
consume
vt.소비하다
assume
vt.…을 가정하다

1) 손에 잡히는 대로 써서 없애야 하는 sumptuous(값비싼)의 일족으로 assume(as=to ; sume=take …을 가정하다), consume (con=completely ; sume=take or spend 소비하다), consumer(소비자), time-consuming(많은 시간을 요하는), presume(pre=before ; take in advance for granted 가정하다), presumably(아마), resume(다시 차지하다), subsume(sub=under 포함하다) 등은 비교적 식별하기 쉬운 형태이다.

example
n.예증
premium

2) 위의 sume은 s가 탈락된 emere, empt, xempt, ampt의 형태로도 되어 exemption (ex=out 면제), example(ex=out 예증),

scribble

n.할증금	sample(s or ex=out 견본), peremptory(절대의), premium(pre=before ; emium=take 할증금), preemption(선매), prompt(take in good time 신속한), redeem(take back 되사다), dilemma(di=two ; em=take 진퇴양난) 등의 형태도 있다.

181 Supper

어원분석	**Sup=to drink**(마시다), **to wail or complain**(소리치거나 불평하다), **to steep**(물에 담그다), **to trickle**(졸졸흐르다), **to cleanse**(깨끗이 하다), **to scatter**(뿌리다).

leading words	1) 저녁밥에 안빠지고 나오는 국이나 물은 마실 때 나는 소리를 흉내낸 의성어인 supper(저녁식사)는 sup(훌쩍훌쩍 마시다), soup(국), suck(빨다), seep(스며나오다), sob(흐느끼다), soak(적시다)처럼 쓰이며, soap(비누), sap(수액), sieve(빠져나가 흩어지는 "체"), dissipation(소실) 등도 관련된다고 할 수 있다.
soup *n*.국 sob *vi*.흐느끼다	
gossip *n*.잡담	2) 말이(speech) 입 밖으로 빠져나가는(seep) 소리에서 seep의 변형인 sibilance(치찰음), gossip(god+sip 하나님의 복음에서 평가절하

scribble

된 "잡담"), gospel(복음), spell(철자하다)처럼 된다.

sponsion
n.보증

3) 엄숙히 지킨다는 약속아래 술을 따라 주는 데서 sponsion(보증), sponsor(보증인), spontaneous(자발적인), despond(de=down 낙담), respond(undertake in retrun 응답하다), responsibility(책임), correspond(cor=with 일치하다), spouse(배우자)처럼 된다.

182 Swag

어원분석 ***swag, swallow, sway, swash, whistle, sweep, swig, swim, swing, switch, squander =to move swiftly***(재빨리 움직이다), ***to walk unsteadily***(불안정하게 걷다), ***to rove***(헤매다), ***to bend***(굽다), ***to soar or dart***(솟구치거나 돌진하다).

leading words
swagger
vi.뽐내며 걷다
sway
vi.흔들리다

1) 다리가 뻣뻣한 채 비틀거리며 걷는 swagger(뽐내며 걷다), swaggering(뽐내며 걷는)에서 잽싸게 날으는 swallow(제비), swallow(…을 삼키다) 또는 sway(잽싸게 달리다가 무리하여 "흔들리다"), swash(큰 소리를 지르다), whisk(털다), whisper(속삭이다), whistle(휘파람을 불다)으로 되는 이 일족은

scribble

sweep
vt.청소하다
swift
a.재빠른

너무 빨리 달리다가 모양 사납게 흔들고 떨고 꼴불견을 연출한다는 말이고 의성어와 의태어적인 말이기도 하다.

2) 역시 재빠른 동작에서 sweep (청소하다), sweeper(청소부), swipe(강타하다), swoop(급습하다), swift(재빠른), swim(헤엄치다), swimming(수영), swimmingly(순조롭게), swing(흔들어 들어올리다), downswing(경기하강), switch(change 개폐기), switchboard(배전반), switchman(전철수), swindle(속이다), squander(낭비)처럼 되고, 이와 유사한 dwindle(줄다), skip(줄넘기를 하다, 깡충뛰기) 등이 있다.

scribble

T

183 Tact

어원분석	***Tact***, ***touch***, ***take***, ***tax***, ***task***, ***tag***, ***tam***, ***tang***, ***aint***, ***teg***, ***tire=to touch***(만지다), ***to handle***(다루다), ***to feel***(만지다), ***to estimate***(평가하다).

leading words

tactful
a.재치 있는

tangle
vt.얽히게 하다

1) 손으로 직접 만져서 맵시있게 처리하는 tact(솜씨, 감촉)에서 tactful(재치 있는), tactical(전술의), tactile(촉각의), tangent(접하는, 접면), tangible(유형의), intangible(만질 수 없는), tangle(얽히게 하다), entangle(…을 얽히게 하다), taste(feel or touch 맛), tasty(맛나는), task(일), taskwork(강제노동), distaste(dis=apart 싫음)처럼 쓰인다.

tax
n.세

2) 손으로 세게 만져서 일을 처리하면 맵시있게 정리가 되지만 일의 처리에 부담되는 무거운 짐(조세)이 부과되는 바 tax(세), taxation(과세), tax collector(수세 관리), tax-free(면세의), taxi(택시), taxpayer(납세자), taxidermic(taxi=handle on arrange ; derm=skin 박제의)처럼 된다.

attain
vt.이루다

contact

3) 손에 잡힐 정도라면 이미 목표를 달성한 것과 같아서 attain(at=to 이루다), attainable(도달할 수 있는), attainment(도달)이며, 서로

scribble

n.접촉 | 접촉하면 contact(con=with 접촉), contagion(감염), contagious(전염성의), contaminate(접촉으로 "…을 더럽히다"), contamination(더러움), contingent(…에 의존하는)이며, in or en(not)과의 결합은 entire(손대지 않은 "전체의, 온전한"), entirely(완전히), intact(손상되지 않은), integral(전체를 구성하는), integrate(통합하다), integration(집성), integrity(성실)처럼 손대지 않은 완전한 상태로 보존(통합)됨을 말해 준다.

take

n.포획물

4) take(쥐다, 붙들다, 포획물), taking(취득, 어획량), retake(…을 다시 취하다), partake(한 몫 끼다), intake(흡입구, 섭취물), mistake(실수), mistaken(틀리는), touch(만지다), retouch(가필하다), tackle(도구, 달라붙다), tacky(끈끈한)도 일족이다.

184 Tell

어원 분석

Tell*, *tele*, *toll*=*to carry(전하다), ***to narrate***(이야기 하다), ***to count***(간주하다), ***to say***(말하다), ***to cut***(베다), ***to support or endure***(지지하거나 허용하다), ***to take away***(가져가다).

leading words

1) 셈을 할 때 목청 높여 수를 세고, 몇 개인지

scribble

tellable
a.말할 수 있는

기억하기 위하여 나무에 칼금을 하여 표시하며, 주어진 몫을 뚝잘라 어깨에 메고 낑낑대며 나아가는 일련의 고통스러운 과정을 말해주는 tell(말하다, 헤아리다)는 tellable(말할 수 있는), untold(말하지 않은), tale(이야기), fortuneteller(점쟁이), tale-teller(밀고자)처럼 된다.

tall
a.키가 큰

2) 큰 소리로 숫자를 세어나간 데서 말하는(say) 것으로 된 tale에서 talk(말하다), talky(수다스러운), talkie(발성영화), talk show(대담프로)처럼 되며, 숫자를 셀 수 있을 만큼 키가 자라나서 무엇이나 배울 수 있는 능력에 달하며 tall(키가 큰)이다.

tally
n.계정
entail
n.상속

3) 셈을 기록하기 위하여 막대기나 나무판에 칼금을 한 데서 cut이라는 뜻이 오고 tally(계정), tally sheet(계산서), tally system(월부판매법), entail(agree to cut 한정 상속), detail(cut off into pieces 세부), detailed(상세한), retail(re=back ; cut back into pieces 소매), retaliate(pay back 보복하다), retaliatory(보복적인), tailor(cut 양복감을 끊어서 재단하는 "재단사"), tailor-made(양복점에서 지은)처럼 된다.

toll
n.운임

4) 셈이 끝나면 자기 몫을 챙겨서 가지고 힘들게 어깨에 메고 가는 데서 오는 toll(운임), toll

scribble

telecast
n. TV방송
telepathic
*a.*정신감응의

bar(차단봉), talisman(부적)은 셈이 끝났지만 아직 세금을 더 낸다는 말이고, 셈을 치루는 것은 일을 마무리 짓는 일이므로 멀고 어려운 여정(목적)이므로 teleology(bring to pass 목적의), telecamera(망원사진기), telecast(TV방송). telecommunication(원거리통신), telegenic(TV로 잘 나오는), telegram(전보), telepathic(정신감응의), telescope(망원경), teletype(텔레타이프통신)처럼 된다.

extol
*vt.*칭찬하다

5) 셈을 할 때 값을 높이 쳐주어서 남을 칭찬해주는 것은 extol(ex=out tol=raise ; lift out 칭찬하다), extolment(칭찬)이며, 무거운 짐을 지고 나르면서 참고 견디는 데서 tolerate(묵인하다), tolerable(참을 수 있는), intolerance(참을 수 없음)이다.

ablative
*a.*탈격의
dilatory
a. 느린

6) 이제 철자가 변형된 '가지고 간다'는 뜻의(carry away) 여러 형태를 보면 ablative(ab=from ; tol, or late=carry 탈격의), collation(대조), dilatory(di=apart ; carry oneself from one side 느린), elate(e=out ; carry away 고무하다), illation(il=into ; bring in 추리), legislate(leg=law 법률을 제정하다), oblate(ob=forward 수도생활에 몸을 바친), oblation(봉납), translate(번역

scribble

relate
vt. 관계시키다

하다) 등이 있다.

7) 관심이나 관련이 있으면 도로(re=back) 가져가는 데서 relate(관계시키다), relation(관련), relative(친척), relay(역마), correlation(cor=with 상호관계), unrelated(관계가 없는)처럼 되고, superlative(super=over 최상의)는 어깨(머리) 위에 얹힌다는 말이며, 돈이 없는 사람에게 필요한 것은 재주로 한 몫 보는(셈을 치루는) 셈이므로 talent(재능), untalented(재주 없는)처럼 되며, relation에서의 관련성에서 당사자의 수에 따라 unilateral(uni=one 일방적인), bilateral(bi=two 양면의), multilateral(multi=many 다변의)처럼 되기도 한다.

185 Tenable

어원 분석	***Tend, ten, tin, tain, thin, tone, thund, dance, tape=to hold***(거머쥐다), ***to endure***(참다), ***to stretch***(뻗치다), ***to make an effort***(노력하다).

leading words

relaton
n. 관련

1) 쭉 뻗어서 붙잡아 끈기있게 참고 이겨나가는 모습의 tenable(지킬 수 있는)에서 팔을 뻗어 보살피는(보호하는), tend(돌보다), tendency(경향), tender(제출하다), tender(너무

scribble

continue
vt.이어지다
contend
vi.겨루다
detain
vt.억류하다
attend
vi.출석하다

뻗어 실같이 가늘어져 "부서지기 쉬운"), tendril(덩굴손), tenet(ten=hold 교의), tenant(hold 차용자), tenement house(빈민가의 아파트), tenor(방침), tenacious(고집하는) 등이 된다.

2) 각종 접두어와의 결합은 continual(con=together or with 끊임없는), continuance(계속), continuative(연속적인), continue(이어지다), continuity(연속), continuous(연속의), contain(hold together 함유하다), content(내용물), content(만족한), contend(겨루다), continent(극기의), continental(대륙의), detain(de=from 억류하다), entertain(enter=between 한 패에 끼워 넣어 "즐겁게 하다"), attend(at=to 출석하다), attention(주의), maintain(main=hand 지속하다), obtain(ob=toward 얻다), pertain(per=through ; reach to 관련되다), sustain(sus=under 떠받치다), détente(de=not ; tent=stretch 누그러진 "긴장"), extend(ex 펴다), extent(넓이), intend(stretch into or be directed at 작정이다), intendant(감독자), intensification(증대), ostensible(os=toward 표면상의), portend(por=in front of ; stretch into the future …의 전조가 되

scribble

다), pretend(pre=before 앞에 펼쳐 연막작전 쓰는 "가장하다") 등이 있다.

tenuous
a. 얇은

3) 쭉 뻗으면 가늘고 약해져서 tenuous(얇은), attenuate(at=to 묽게 하다), extenuate(ex=out 가볍게 하다), extenuation(정상참조), thin(얇은), thinner(용제), stenograph(sten=light or short 속기), tennis(공 받기 경기인 "정구")처럼 되기도 한다.

tone
n. 음조

4) 목소리가 뻗어나가는 것도(stretch) 마찬가지여서 tone(raise the voice 음조), tone-deaf(음치의), intonation(억양), tune(가곡), thunder(천둥), detonate(폭발시키다), astonishment(놀람), stun(기절시키다), tent(stretch 천막)처럼 된다.

abstain
vi. 절제하다

5) 먹고 싶어도 손을 뻗어 집어먹지 않고 절제하는 것은 abstain(abs=from ; tain=stretch 절제하다), abstemious(절제하는)이며, 악마가 손길을 뻗어서(stretch) 유혹하는 것은 tempt(유혹하다), temptation(유혹), tentacle(촉수), attempt(꾀하다)이다.

dance
vi. 춤추다

tape
n. 납작한 끈

6) 팔다리를 오므렸다 폈다(stretch) 하면서 춤추는 데서 dance(tend or dance=stretch 춤추다), dance drama(무도극), dancer(무용가), dangle(매달리다), gondola(undulate 곤돌라), dandle(안고 어르다)처럼 되며, 얇

scribble

고 길게 퍼지는 tape(tape=stretch 납작한 끈), tape measure(줄자), taper(차차 가늘어지다), tapeworm(촌충) 등이 온다.

186 Terse

어원 분석

***Terse, trans, term, throw, trouble, turn, tort* =*to rub off*(문질러 없애다), *to scrape*(문지르다), *to cause to turn*(돌게 하다), *to plow*(쟁기질 하다), *to go across*(건너가다).**

leading words

deterge

vt.깨끗이하다

1) 박박 문질러서 껍질은 없어지고 알맹이만 남게 되면 terse(간결한)이며, 녹로를 돌려(turn) 깎아내거나 땅을 갈고, 굴을 파서 산너머 저쪽까지 나아가는 이러한 과정의 일부를 보면 absterge(abs=away from ; targe=rub off 깨끗이 하다), deterge(de=down or away 깨끗이 하다), try(rub 시험하다), trial(시련), trying(화나는)이 있다.

throw

vt.던지다

2) 문지르는 것은 비트는 것이고 이것은 곧 회전시키는 일이기도 하므로 물체를 던지면 빙글빙글 돌면서 날아가므로 여기서 twist or cause to turn이란 뜻이 되어 throw(h가 추가 되고 r의 위치변동 "던지다"), throwback(되던지기), throw-off(개시), thread(twist

scribble

실), thready(가느다란), unthread(…의 실을 빼다)처럼 된다.

trituration
n.분쇄

3) wear away, rub way, beat grain이라는 데서 termite(흰 개미), tribometer(마찰계), trituration(분쇄), trite(닳고 닳아 "진부한"), attrite(at 마멸된), contrite(con-int 회오하는), detriment(de=away from 상해), detrition(마모), teredo(좀조개), troutlet(송어) 등이 된다.

turn
vt.돌다
return
vi.돌아오다
tour
vt.여행하다

4) throw의 경우처럼 회전하는 데 촛점을 맞추면 turn(돌다), turnaround(방향전환), turncoat(변절자), turnover(전복), turnpike(통행세 받는 문), turnsole(sole=sun 해바라기), turnstile(회전식문), return(돌아가다), returnless(보수가 없는), return trip(왕복여행), attorn(at=to ; 양도하다), contour(con=together ; tour=rotate 윤곽), detour(우회로), tour(여행하다), tourist(관광객), tournament(선수권 쟁탈전), tort(불법행위), tortile(뒤틀린), tortoise(발이 뒤틀린 "거북"), torment(고통), tornado(선풍), torsion(비틀림), torch(twist 뒤틀린 "횃불"), torch race(횃불 경주), turtle(거북), contortion(con=with 뒤틀기), distortion (dis=apart 비틀림), extortion(ex=out 비

scribble

traduce
vt. 중상하다
transact
vt. 처리하다
transfuse
vt. 옮겨붓다

틀어 짜내는 "강요"), retort(대꾸하다), tart(시큼한), truck(트럭), stroll(거닐다), torque(목걸이) 등이 있다.

5) 일정한 한계를 넘어서 비비고(twist) 뚫고 들어가서 저쪽으로 건너가버리면 traduce(tra=across ; duce=lead 중상하다), trajectory(ject=throw 탄도), tram(전차), trance(ce=go 열풍), tranquil(quil=rest 조용한), transact(act=do or drive 처리하다), transect(sect=out 횡단하다), transfer(fer=carry 나르다), transfigure(변형시키다), transfuse(fuse=pour 옮겨 붓다), transgress(gress=step 지나가다), transmarine(marine=water 해외의), transport(port=carry 수송하다), traffic(fic=make ; carry across 교통), traffic jam(교통체증), traffic light(교통 신호등), traffic sign(교통 표지)처럼 쓰인다.

term
n. 용어
terminal
a. 맨끝의

6) trans와 마찬가지로 tarn, tern, term으로 되면 경계선을 넘을락 말락 하는 한계선에 도달하여 term(범위 한정의 "용어"), terminal(맨 끝의), termination(종료), terminology(술어학), term paper(학기말 논문), determination(결심), extermination(ex=out 근절), thorough(완전한), thrill(전율), drill

scribble

(송곳), through(통하여) 등이 된다.

tragedy
*n.*비극

7) 풀을 갉아 먹는(rub) 동물인 염소가 우는 소리는 웬지 구슬픈 장송곡 같이 들리는데 이는 scapegoat(희생양)이 온갖 죄를 억울하게 뒤집어 쓰고 죽음의 길로 가는 데서이며 trag (rub)+edy(song)=tragedy(비극)에서 tragic(비극의), thorn(가시), turn의 뜻에서 stir(움직이다), disturb(소란하게 하다), storm(폭풍)이 되고, turbid(흐린), turbine (터빈), trouble(고민), perturbation(당황), torque(회전력), queer(별난) 등이 된다.

virose
*a.*악취나는
vary
*vt.*바꾸다

8) 빙글빙글 회전하면서 원을 둥글게 그리면 swell or bend or crook으로 이어져서 queer (이상한)의 변형인 virose(악취나는), virus (바이러스), vascillate(turn or change 동요하다), vary(바꾸다), variable(변하기 쉬운), variation(변화), variety(다양성), variola(천연두), various(각종의), prevaricate(pre=before ; vari=crook 어물어물 넘기다), divarication(dis=apart 분기점), invariable(in=not 불변의)처럼 쓰인다.

ooze
*vi.*스며나오다

9) vacillate의 vac나 variety의 var는 water에서 waer, vaer, var로 된 것이고, 또한 wet (젖다), wot, ot를 거쳐 ooze(스며나오다)에서 vas, vac의 형태로 된 것이라 할 수 있는

scribble

데, 여기서 ooze는 뾰족한 물꼭지에서 물이 흐른다는 말이고 물꼭지는 툭 불거져 마치 입(주둥이) 모양이므로 odd(이상한), oddball(괴짜), odds(차이)에서 보듯이 ooze에서 odd로 되는 과정은 water와 turn 양쪽의 영향을 받는 것으로 볼 수 있다.

oral
a.구두의
adore
vt.경모하다

10) 중뿔나게 튀어나온 이상한 odd에서 역시 불거진 입(주둥이)이 되면 oracle(mouth or speech 신탁), oral(구두의), orate(연설하다), oratorio(성담곡), orifice(구멍), adore(ad=at ; pray to 경모하다), adoration(예배), oscular(입의), oscillate(입을 가린 mask가 바람에 떨려 "진동하다"), oscillation(진동), usher(mouth or gate 수위)처럼 쓰인다.

trumoil
n.혼란

11) 위의 turn에서 소용돌이가 심해지면 무서워서 떠는 꼴과 같으므로 turn의 변형인 trumoil(혼란), terror(겁), terrible(무서운), deter(de=away 방해하다), tremble(떨리다), tremendous(무서운), tremor(떨림), trepidation(공포), intrepid(용기있는) 등이 온다.

187 Test

어원	***Te*(*or three*)＋*st*(*stand*)＝*threestand*(즉 제 삼자**

scribble

분석	적 중립의 입장에서 공평하게 평가한다는 뜻), ***treest***, ***teest***, ***test***(시험)에서 보여주듯 ***three***와 ***stand***의 결합이므로 여기서는 주로 ***three***에 대하여 다룬다.

leading words

testify

vi.증명하다

contest

n.경쟁

threefold

a.3배의

trio

n.3중주

1) 남성 (virility)다운가의 증거(시험)으로 testicle(고환)이나 test drive(시운전), test paper(시험지), test run(시운전), untested (시험받지 않은), testify(증명하다), testimonial(증명서), testament(유언), attest(증명하다), contest(con = together bring together the witness for both sides 경쟁), detest(de=from 몹시 싫어하다), obtest(ob =toward 증인으로 부르다), protest(pro= forward 단언하다) 등은 모두 test의 활용이다.

2) 사심 없는 제삼자에서의 three(test에서의 te 에서 the, three)는 three-bagger(3루타), threefold(3배의), threesome(삼인조), third (셋째의), third-rate(삼류의), ter(세 번), terzetto(삼중창), ternary(셋으로 된), trine (3배의), trio(3중주), triangle(삼각형), tricar(삼륜차), trimonthly(3개월마다의), triple(3배의), tripod(pod=foot 삼각대), triunity(3위일체), triweekly(3주마다의),

scribble

triumph(타가닥타가닥 세 박자로 된 "승리"의 말발굽소리에서), trump(으뜸패), travel (three+val〈stake〉 즉 말뚝 셋을 친 형틀에 매달려 고문당하는 만큼이나 괴로운 "여행하다") 등은 r의 위치 변동에 유의한다면 쉽게 식별된다.

trifle
n.시시한 일
tribe
n.종족

3) 세 갈래 길에서 시시껄렁한 잡담이나 나누는 것은 trifle(fle or via=way 시시한 일)도 여기서 오며, 옛날 Rome시대에 세(three or tri) 종족(be or bu=exist)을 대표한 정치가 합리적이고 공평한 과세(assessment)를 하여 거두어들인 데서 tribute(tri+be 공물), tribe (종족), attribute(at=to …의 탓으로 하다), contribute(con=together 기부하다), distribute(dis=away or apart 분배하다), redistribution(재분배) 등을 낳는다.

188 Thigh

어원분석 ***Thigh, thimble, tomb, tuber, trifle, thumb, cumulate, tempt, thick, thieve, throat=to swell***(부풀다), ***to be fat***(살찌다), ***to be knotted***(마디가 생기다).

leading words

1) 불룩하게 부푼 thigh(넓적다리)의 일족으로

scribble

thighbone
n.대퇴골

tuber
n.괴경

cumulation
n.쌓기
accumulation
n.축적

thief
n.좀도둑

thighbone(대퇴골), thigh boot(넓적다리까지 오는 "장화"), thimble(골무), tomb(묘비), tumefaction(부어오름), tumid(부어오른), tumor(종양), tumult(큰 소동), tumultuous(시끄러운) 등이 있다.

2) 마찬가지로 tuber(괴경), tubercular(결핵의), tub(통), tube(튜브), tubebaby (시험관아기), tube train(지하철), protuberant(pro=forward 돌기한), trifle(부풀기만하고 내실 없이 "시시한 것"), trifling(시시한), turgid(부풀은), turgor(팽압), thole(놋좆), thumb(엄지손가락), thumbtack(압정) 등이 있다.

3) 수북히 쌓아올리면(heap up) 역시 부풀어 오르므로 tum의 t가 c로 되는 cumulate(cum or tum=swell …을 쌓아 올리다), cumulation(쌓기), cumulative(누적적인), accumulate(ac=to …을 축적하다), accumulation(축적)이며, contempt(con=int 경멸)은 헛배만 부르고 실속 없는 데 대한 경멸이며, thick(두꺼운), thicket(덤불), thickset(울창한), thick-skulled(머리가 나쁜) 등도 부풀어 두껍다는 말이다.

4) 살며시 숨어서 몸을 웅크리고(swell or bend) 들어가서 슬쩍하는 데서 thief(crouch 좀도둑), thieve(도둑질하다), thievish(도벽이 있

scribble

는)으로 되며, 둥글고 부푼 모양의 windpipe (숨통)인 throat(swell 목구멍), throaty(후음의), throttle(목구멍)도 여기서 온다.

189 Threat

어원 분석	***Threat, trude, thrust=to push***(밀다), ***to press***(압박하다).

leading words

thrust
vt.밀다

extrude
vt.쫓아내다

obtrude
vt.강요하다

1) 세게 밀어 붙여 간이 오그라지게 겁을 주는 threat(위협)에서 thrust(밀다), thrustful(적극적인), threaten(협박하다), threatening(위협하는), throng(군중)처럼 쓰인다.

2) extrude(ex=out 쫓아내다), extrusion(밀어냄), intrude(들이 밀다), intrusion(침입), obtrude(ob=upon ; thrust forward 강요하다), obtrusion(강요), protrude(pro=forward …을 내밀다), protrusion(돌출)처럼 trude로 철자되어도 같은 뜻이다.

190 Tome

어원 분석	***Tome=to cut off***(잘라내다), ***to hew off***(잘라내다), ***to despise***(멸시하다), ***to dissect or divide***

scribble

(가르다), **to dig**(파다).

leading words

microtome

n.현미경검사용 절단기

atom

n.원자

temper

n.기질

1) cut의 뜻인 tome(한 권)은 entomology(en=into 곤충학), microtome(micro=small 현미경 검사용 절편 절단기), gastrotomy(gastro=stomach 위 절개)처럼 쓰인다.

2) 지금 생각하면 격세지감이 있지만 옛날에는 어떤 물질이고 원자(atom)보다 더 작게 쪼갤 수(cut) 없는 것으로 생각했던 데서 atom(a=not ; tom=cut 원자), atom-bomb(원자폭탄으로 공격하다), atomizer(분무기)처럼 되며, 거두 절미하여 단축시키는 것은 epitome(epi=upon 개요)이며, tomogram(단층 X선 사진), tonsorial(이발사의) 등도 cut의 뜻이다.

3) 절도있게 맺고 끊어서(cut) 지나침이 없도록 조정하는 데서 temper(기질), tempest(폭풍우), tense(time indication in grammar 시제), tempo(박자), temporal(현세의), temporary(덧 없는), extemporaneous(동시적인), temple(cut off 속세와 절연된 "사원"), temple(tempo의 변형 "관자놀이"), contemplate(con=int ; temp=cut 달관의 복점관이 세상사를 꿰뚫어 "응시하다")처럼 적당히 끊어 놓는다는 뜻이 된다.

scribble

tide
*n.*조류
tidy
*a.*단정한

4) 시간도 계량단위로 잘라서 구분해주는 데서 tidal(조수의), time(시간), time bomb(시한폭탄) 등이 오며, 사람의 떼를 개개인으로 분할한(cut) 개인주의 사상에서 democracy (demos=cut or people 민주주의), demography(인구통계학), deal(나누어주다), dole (구호품), damn(저주하다), damnation(저주), damage(손해), condemn(…을 비난하다), diet(dia=through or cut 규정식)에서 보듯 여전히 cut or divide가 유지됨을 알 수 있다.

tunnel
*n.*굴

5) 땅속을 깎아내는(cut or dig) 것은 tunnel (굴), tun(굴처럼 텅빈 "큰 술통"), ton(톤), tonnage(총톤수) 등도 마찬가지이다.

191 Tooth

어원분석	***tooth=to eat***(먹다), ***to have teeth***(이가 나다), ***to scratch***(할퀴다), ***to gnaw***(갉아먹다), ***to be lively or greedy***(명랑하거나 탐욕스럽다).

leading words
tooth
*n.*이

1) 먹는데 쓰이는 tooth(이)는 toothcomb(살이 가는 빗), toothpick(이쑤시개), tush(송곳니), tusk(어금니), teething(이가 남)처럼 쓰이며, toothcomb의 comb(빗)은 combing

scribble

(tooth 빗질), comb jelly(빗살 해파리)를 비롯하여 jam(bite 쑤셔넣다), champ(소리내어 씹다) 등의 유사어가 있다.

dent
n.톱니의 이

2) tooth의 t는 d로 되어 dent(톱니의 이), dental(이의), dentist(치과의사), indent(톱니모양으로 만들다), redan(철각보), trident (tri=three 삼지창), dandelion(사자 이빨모양의 꽃 "민들레"), odontoid(이 모양의), orthodontia(ortho=right 치열교정), tine(가랑이), tiny(자그마한)처럼 쓰인다.

eat
vt.먹다
etch
vt.식각하다

3) tooth에서 ooth, oot, eat로 되면 치아가 있어야 먹을 수 있다는 것을 알 수 있으며 eat (먹다), obese(ob=into ; ese=eat 살찐), etch(식각하다), edible(먹을 수 있는), edacious(식욕이 왕성한), esculent(식용품), estaminet(작은 식당)처럼 먹는다는 뜻이 된다.

fret
vt.애태우다

4) 속을 파 먹어 들어가면 남 몰래 애태우게 되므로 fret(fre=completely 애태우다)가 되며, 소금기 없이 신선한 음식을 마음껏 먹고 신나게 까불고 다니는 데서 fresh(신선한), refresh(신선하게 하다), fresco(프레스코화법), frisk(뛰놀다)처럼 된다.

192 Tract

scribble

어원 분석	***Tract, trail, train, draw, draft=to pull***(끌다), ***to carry along***(끌고가다), ***to handle***(다루다), ***to draw along***(끌고가다), ***to work hard at***(열심히 일하다).

leading words

trait
n.특성

trace
n.자취

1) 끌어 당기면서(줄을 그으며) 나아가는 tract (draw or write 소책자)는 tractate(논문), traction(pull 견인), tractor(끄는 사람), trait(an act of drawing 특성), trace(자취), tracing(투사), track(지나간 자국), tracker(추적자), trek(이주하다), trigger (pull 방아쇠), retrace(되돌아 가다), retract(수축시키다), dirt track(이로를 깐 경주로)처럼 pull or draw에서 follow or run에 이르는 basic idea를 가진다.

trail
n.질질 끈 자국

2) trail(질질 끈 자국), trailer (추적자), trailing(질질 끌리는), trawl(트롤 어업을 하다), train(pull 열차), trainer(훈련자), trainsick(기차멀미 하는), entrain(기차에 태우다), treat(대우하다), treaty(조약), trick (계략), treacherous(배반하는), treachery (배반) 등도 pull or draw(describe or wirte)의 뜻에서 온다.

abstract
a.추상적인

3) 실체(entity)는 끌려가서 없고 허울만 남는 것은 abstract(abs=away from 추상적인),

scribble

abstraction(추상)이며, 주의를 끄는 것은 attract(at=toward 끌다), attrative(매혹적인)이며, 모두 다 끌어 당겨 오그라 들거나 모두 끌어모아 약정하는 데서 contract(con=together ; tract=handle or draw 계약), contracting(수축성이 있는)이며, 원래의 상태에서 밑으로 끌어내리면 detract(de=down from 떨어뜨리다), detraction(감손)이다.

extract
vt.뽑다
portrait
n.초상화
retreat
n.후퇴

4) 다른 데로 끌고 가면 distract(dis=apart 전환시키다)이 밖으로 끌어내는 것은 extract (ex=out 뽑다)이며, 이 밖에도 entreat(en=int 간청하다), protract(pro=forward 질질 끌다), portrait(pro or por=forward 앞에 있는 그대로 그리는 "초상화"), portray(그리다), retreat(pull back 후퇴), trick(인형극에서 막후에서 끈을 당겨 조종하듯 못된 짓을 꾀하는 "책략"), treachery(배반), tyro (pulled or drawn에 끌려간 "초심자"), tirade(pull 긴연설), retire(물러나다), tired (피곤한), tear(pull …을 찢다), trash(쓰레기), derm(pull or pluck 털가죽을 벗기는 데서 "피부"), trend(pull 일정방향으로 끌고 가는 "경향"), subtraction(sub=under 공제), dirty trick(비겁한 속임수) 등이 있다.

draw

5) 위의 t가 d로 되는 draw(끌다), drawback

scribble

vt.끌다

(약점), dredge(준설기), drudgery(힘든 일), drag chain(장애물), withdraw(움츠리다), draft(설계도), draft beer(생맥주), drink(입안으로 끌어당기는 행위 "마시다"), drunk(술취한)도 마찬가지이다.

193 Tramp

어원분석	***Tramp, tread, trip, trap, drome=to run***(달리다), ***to walk heavily***(무겁게 걷다), ***to travel on foot***(도보로 가다).

leading words

trample
vt.짓밟다
trap
n.함정

tread
vi.걷다
trade
n.무역

1) 여기 저기 걸어(뛰어)다녀야 겨우 그날 벌어 그날 먹는 형편이라도 되겠지만 너무 서두르다보니 헛발을 디디기도 일쑤인 tramp(걸어 다니다)는 trample(짓밟다), tramper(도보여행자), trap(무심코 걸어 다니는 희생자를 옭아매는 "함정"), entrap(함정에 빠뜨리다), trappy(함정이 있는)처럼 쓰인다.

2) 가벼운 발걸음으로 걷는 trip(짧은 여행), tripping(걸음이 가벼운), tread(걷다), trot(빠른 걸음), untrodden(밟지않은), trade(원래 「걸어다니며」 장사하던 "무역"), trademark(등록상표), trade-off(공평거래), trader(상인), trade union(노동조합), air-

scribble

drome(drome or trade=run or flow 비행장), dromedary(단봉낙타) 등도 일족이고, thrift(grasp oneself 자제하면서 번창하게 나아가는 "검약, 무성"), thrifty(알뜰한), thrive(번성하다), drive(…을 몰다), drove(가축), drift(표류) 등은 flow or run or step이라는 데서 trip 또는 trap 등에 연결시킬 수 있겠으나 확실치는 않다.

194 Tree

어원분석	***Tree=wood***(나무), ***wooden beam***(들보재목), ***shaft***(자루, 전광), ***spear***(창), ***cutting***(베기), ***drying***(건조), ***getting hard***(단단해짐).

leading words

treenware
n.나무그릇

1) 나무는 튼튼하고 거짓이 없고 우리 생활에 없어서는 안 되는 필수품이며 treenware(나무그릇), rooftree(마룻대), tar(타르), tray(쟁반), ash tray(재떨이), trim(나무 가지를 "가지런히 하다"), trough(길쭉한 나무통)처럼 쓰인다.

true
a.진정한

2) 거짓 없고 절개 곧은 tree에서 true(진정한), truly(참으로), truth(진리), truce(휴전), trust(신임), distrust(의심하다), trig(건전한), betrothal(약혼), trow(믿다)처럼 믿음

scribble

durable
a.항구적인
obdurate
a.고집 센

이란 뜻이 된다.

3) 또한 tree는 단단하고 질겨 오래간다는 데서 true, ture, dure로 되어 durable(항구적인), duramen(목질의 붉은 부분), duration(지속), during(…동안), obdurate(고집 센), perdure(계속하다)처럼 되며, 원시인들의 눈에는 땔감으로 쓸 수 있는 마른 나무만을 생각했으므로 dry(마른), dry-clean(드라이클리닝하다), dried(건조한), drought(가뭄), drain(배수하다), drug(마른 나무상자에 넣었던 "약"), druggist(약종상)처럼 된다.

torrid
a.그을은
terrain
n.지형
country
n.지방

4) 물에 잠기지 않은 마른 곳이 육지(땅)이며 그을려 말리거나 물을 끓이는 것도 dry or parch의 뜻이므로 tree에서 변한 torrid(그을은), torrential(boil 급류의), thirst(목마름), terrace(dry land 대지), terrain(지형), territory(영토), extraterrestrial(extra=out 지구 밖의), country(count=across 지방), toast(토우스트), roast(불고기) 등이 되며, 나무가 아름드리 기둥감으로 자라면 베어서 쓰게 되므로 trench(cut 참호), trunk(나무줄기), retrench(삭감하다), truncation(절단)처럼 된다.

geology
n.지질학

5) 마른 땅이라는 terra는 geo로 철자되기도 하여 geology(지질학), geomancy(mancy=

scribble

trim
vt.…을 정돈하다
tyrant
n.폭군

mind 흙점), geometer(자벌레), geometry (땅을 측량하는 "기하학")처럼 쓰인다.

6) 나무를 잘 다듬어 손질하면 단정하고 강한 인상을 주게 되므로 trim(strong or firm …을 정돈하다), tower(fortified or firm 높고 튼튼한 망루인 "탑"), turky(강인한 사람인 Turky 원산의 가금 "칠면조"), tyrant(힘센 "폭군"), tyrannical(폭군적인), tyranny(폭정), tutor(힘센 보호자 "가정교사"), tuition (지도), intuition(직관)처럼 튼튼히 보호한다는 말이 된다.

195 Two

어원분석	***Two, twig, twine, twist, tween, twin, di, dis, bi, duo, dou, bin=two***

leading words
two-faced
a.위선적인
twelve
a.12의

1) two(둘)는 「둘」이라는 단순한 뜻이지만 용도가 매우 다양하므로 충분히 익혀둘 필요가 있으며, two-faced(위선적인), twofold(두겹의), two-sided(두 변의), two-time(배반하다), two-tongued(두말하는), twelve(elve=left ; two left over ten 12의), twelfth (제12의), twenty(ty=ten 20의), twentieth

scribble

(제20의), twibill(양날 곡괭이), twice(두 번), twilight(two+light 아침과 저녁 「둘 사이의」 "땅거미"), twin(쌍동이), twig(두 가지 난 "잔 가지"), twine(두 가닥으로 "꼰 실"), twain(둘), twinkle(반짝이다), twist(꼬다), twisty(꾸불꾸불한), untwine(un, anti=against 꼬인 것을 풀다), between(by+two …의 사이에), go-between(중매인), in-between(중간에)처럼 쓰인다.

duo
n.2인조
dual
a.둘의
duet
n.이중창

2) two의 t가 d로 되더라도 duo(2인조), duodecimo(deci=ten 12절판), duodenum(12지장), duologue(대화극), duorail(2궤 철도), deuce(2의 패), dual(둘의), dualism(이중성), duel(two+belli<fight> 둘이서 싸우는 "결투"), duet(이중주, 이중창), dozen(duo+deca<ten> 12개), duple(ple=fold 2배의), duplicate(중복된), duplicator(복사기), doubt(bt=be ; be in two minds 의심하다), doubtful(의심스러운), double(두곱의, 두곱), double bottom(이중 밑창), double-cross(배신하다), double-park(딴 차와 나란히 주차시키다), double-reed(혀가 둘 있는), double play(병살), double-tongued(거짓말 하는), doubly(두 배로)처럼 간추린 용례에서 보듯이 「둘」이라는 뜻이 유지된다.

scribble

dichotomy
n.이분법
dilemma
n.양도논법
binary
n.이원체

3) di, bi, dis(apart)와 같은 상용 접두어로 되기도 하는 two는 예컨대 diarchy(arch=rule 양두정치), dichotomy(tom=cut 이분법), differ(fer=carry 둘로 나누어 가져가므로 "다르다"), diffuse(fuse=pour 뿌리다), dilemma(em=take 둘 중 어떤 것을 골라 잡을지의 "양도논법"), diplex(이중 통신의), dwindle(vanish 분리하다), divorce(이혼), divide(di=two or apart 줄다), diploma(둘로 접은 "졸업장"), diplomat(외교관), combination(com=together 둘의 "결합"), bicuspid(쌍두치), bicycle(자전거), bigamy(중혼), billion(십억), binary(이원체), binomial(이항식의), biweekly(격주의)에서 보듯이 two의 두 개씩 있거나 둘 중 하나씩 이탈되는(dis, two=apart) 결과가 되고 나중에는 부정(dis or di or de=not)의 접두어로 되기도 한다.

scribble

U·V

V·U

196 Use

어원분석	***Use, Util=to make use of***(…을 이용하다), ***to have relationships with***(…와 관련을 가지다), ***to put into action***(실행하다), ***to avail oneself of***(…을 이용하다).

leading words

usage
n.용법
usual
a.평소의
utility
n.유익
peruse
vt.정독하다
overuse
vt.남용하다

1) 주어진 것을 잘 이(활)용하는 use(사용)에서 usage(용법), used(익숙한), useful(유용한), useless(무익한), usable(이용할 수 있는), user(사용자), usual(평소의), utensil(기구), utility(유익), utilize(이용하다), usufruct (fruct=enjoy 용익권)처럼 쓰이며, 참고로 usufruct의 fruct는 fructify(열매를 맺다), frugal(알뜰한), fructose(과당), frugivorous (과실을 주로 먹는), fruit juice(과즙), fruitage(결실), fruit(열매), fruitful(다산의), fruitless(보람이 없는)처럼 쓰인다.

2) 책에 쓰인 내용을 철저히 이용(정독)하는 것은 peruse(per=completely 정독하다)이며, inutile(in=not 무익한), reusable(다시 쓸 수 있는), overuse(남용하다), disuse(사용을 중지하다), nonuse(사용하지 않음), abuse (ab=away 남용), abusive(모욕적인) 등도 상용 접두어와의 결합이고, usurp(urp=take

scribble

빼앗다), üsurper(횡령자) 등도 use의 일족이고, usurp의 urp(or rapt)의 용례를 보면 rapture(rapt or urp=take 황홀경), rape(강탈하다), rapacious(탐욕스러운), rapid(빠른), reptile(파충류의 동물), serpent(뱀)처럼 쓰인다.

scribble

197 Vacancy

어원 분석	***Vac, van, want, vaunt, void, vast, wast=to be empty***(텅비다), ***to lack***(모자라다), ***to ravage***(파괴하다), ***to be trifling***(시시하다), ***to be silly***(바보짓하다).

leading words

vacant
a.텅빈
vacation
n.휴가
vacuum
n.진공

1) 실속 없이 텅빈 모양의 vacancy(공허, 공터)는 vacant(텅빈), vacation(휴가), vacationland(관광지), vacuous(공허한), vacuum(진공), vacuum cleaner(진공소제기), vacuum tube(진공관), evacuate(e=out 배설하다), evacuee(피난자), vain(실속 없이 텅빈 "허영적인"), vainglory(허영심), vainly(헛되이), evanesce(e = out 사라져가다), vamoose(빽소니 치다), vanish(사라지다), vanity(허영), vaunt(허풍떨다)처럼 쓰인다.

void
a.무효의

2) 마찬가지로 void(무효의), avoid(a=out of 피하다), unavoidable(피할 수 없는), devoid(de=down from 결핍된), inane(in=int ; ane or vane=empty 공허한), vesical(방광의), vessel(그릇, 배), vase(꽃병), vasectomy(tom=cut 정관수술) 등이 모두 empty의 뜻에서 온다.

wane

3) wane(이지러지다), want(lack or empty 원

scribble

vi.이지러지다
vast
a.광대한

하다, 부족하다), wanting(모자라는), wan(창백한), vast(텅비고 "광대한"), waste(실속 없이 "낭비하다"), wasteland(황무지), wastebasket(휴지통), devastation(de=int 황폐)에서의 waste나 vast가 모두 vacant(empty)의 변형이다.

198 Van

어원분석 **An, anti, ante, end, ancient, antique, un=before**(앞에), ***in front of***(…의 앞에), ***against***(반대하여).

leading words
advantage
n.유리
advance
vt.나아가게 하다

1) 앞서서 나아가는 van(v or ab=from ; an or ante=before 대형 유개트럭)에서 advantage(앞서 나아간 "유리"), advantageous(유리한), disadvantageous(dis=apart from 불리한), prance(pre=through 도약), advance(나아가게 하다), advanced(진보한), advancement(진보), vanguard(선봉), vamp(등가죽) 등이 된다.

antebellum
a.전쟁 전의

2) ante(before or in front of 패를 돌리기 「전에」 거는 돈), antebellum(belli=war 전쟁 전의), antecedent(cede=go 선행자), antemeridian(오전의), anterior(먼저의),

scribble

anteroom(대기실), antetype(대형), antique(고대의), antiquarian(골동품 애호가), antiquate(낡게 하다), ancient(before 옛날의), anticipate(cip=take 미리 거머쥐면 "예기하다"이다), anticipation(예상)는 전형적인 앞(in front)이라는 말이다.

end
n.끝
answer
vi.대답하다

3)「앞쪽(맞은 편)」은 「반대편」이기도 하므로 end(beyond or against 끝), end-all(종말), end consumer(최종소비자), ending(종결), endless(끝없는), endlong(세로로), endmost(맨 끝의), unending(끝이 없는)처럼 되고, 「반대의」 소리, 즉 항의의 소리에서 보통의 응답으로 변하여 answer(an or anti=against ; swer=voice 대답하다), answerable(책임이 있는), unanswered(대답이 없는)처럼 쓰인다.

antagonism
n.반대
anti
n.반대자

4) 역시 against라는 뜻에서 antagonism(ant=against ; ag=drive 반대), antarctic(남극의), anti(반대자), antiaircraft(방공의), antialien(배타적인), antibody(항체), antibomb(방탄의), anticancer(항암성의), anticlimax(점강법), anticrime(방범의), antidumping(덤핑방지의), antigovernment(반정부적인), antimonopoly(독점 반대의), antipollultion(공해방지의), antisatellite(인

scribble

공위성 요격용의), antisepsis(sept=rot 방부제), antitoxic(tox=poison 항독소의)처럼 되며, 더 나아가 un, in, ir, il, im, ne, not처럼 일련의 부정어로 되기도 하나 따로 다루었으며, 일일히 용례를 들기 보다는 사전을 참고하는 것이 나을 것이다.

199 Vicar

어원분석 ***Vic*, *vis*, *weak*, *wick*, *ig*, *week*=*to turn or change***(변하다), ***to replace***(대체하다), ***to lack***(부족하다).

leading words

vice
n.대리자

1) 제 구실을 제대로 못하기 때문에 다른 것으로 바꾸는 데서 오는 vicar(change 교황대리)에서 vice(대리자), vice-chairman(부회장), vicarious(대리직의), vice-governor(부총독), vice-president(부통령), vice versa(vers=turn 거꾸로), viscount(자작)처럼 쓰인다.

week
n.주
weak
a.약한

2) week(주)도 매일 날짜가 바뀐다는(change) 데서 이고, 줏대없이 마음이 잘도 변하는 weak(약한), weakling(약골), weakly(줏대없이)에서 사악한 일로 쉽게 빠지는 wicked(부도덕한)으로 발전하며, wicker(버들가

scribble

지), wicket(쪽문)도 약하거나 회전(turn)한다는 데서 온다.

virgin
*n.*처녀

3) 약해서 남성다움이 결여된(ig=lack) 묘령의 처녀는 virgin(vir=man ; vic or ig=lack 처녀), virginal(처녀의), devirgination(욕보이기)처럼 되며, 또한 허약하고(feeble) 잘 휘어서(bend) 악에 물드는 vice(악덕), vicious(악덕의), vitiate(손상시키다) 등도 일족이다.

200 Victim

어원분석	***Vic, witch, wile, vanq, viva, viv, vit, viol, vir, were, wor, vig, veg, wait, wake, watch, quick, zoo, bio, vibr, whip, wave, gain=to be holy***(신성해지다), ***to sacrifice***(희생시키다), ***to conquer***(정복하다), ***to be strong***(강해지다), ***to exist***(존재하다).

leading words

victimology
*n.*피해자학

witch
*n.*여자마법사

1) 완력으로 남을 희생시켜 놓고서는 성스러운 희생이라느니 하여 미화시키는 victim(희생자)은 활동적으로 움직여야 살아남을 수 있다는 생존경쟁 그 자체를 말해주고 있으며, victimology(피해자학), witch(여자 마법사), witching(매혹적인), bewitch(희생자에게

scribble

"마법을 걸다"), wile(농간), guileful(교활한), beguile(속이다), victor(승리자), victorious(승리를 거둔), vincible(이겨낼 수 있는), convict(죄수), convince(확신시키다), vanquish(정복하다)처럼 힘이 있어야 함을 말해주며 witch, guile처럼 철자가 약간 변해도 희생을 강요하는 데는 마찬가지이다.

vivacious
a.활기 있는
vivid
a.약동하는

2) 남을 제물로 희생시키려면 활력과 힘이 있어야 하므로 vivacious(활기있는), vivarium(동물 사육장), vivid(약동하는), vivifiaction(부활), vivisect(sect=cut 생체해부를 하다), vital(생명의), vital statistics(인구통계), vitamine(비타민), convivial(con=with 반복적인), revival(재생), survival(sur or super=over 생존), survivor(생존자), vim(힘), violation(완력에 의한 "위반"), inviolate(신성한)처럼 되기도 한다.

virtual
a.실제상의
virgin
n.처녀

3) 남자는 힘의 상징이고 덕행도 힘과 여유가 있어야 베풀 수 있으므로 virtual(virt or viv=strength 실제상의), virtue(덕행), virtuoso(대가), virile(남자다운), virgin(g or eg=weak 남성다운 힘이 결여된 "처녀"), world (wor<man>+old=world 인류생존과 같이 세상이 생겼다고 믿어왔던 데서 "세계"), verdant(green or strength 초록의)처럼 된

scribble

vigil
n.철야
vegetable
n.야채

다.

4) 활동적으로 움직이는 데서 vigil (철야), vigorous(튼튼한), invigorate(기운나게 하다), vegetable(야채), vegetarian(채식자), vegetation(초목), wait(be on guard 기다리다), waiter(급사), await(기다리다), wake(깨어 있다), awake(잠을 깨다), watch(손목시계, 불침번을 서다), watchman(야경꾼), watchtower(망루)처럼 된다.

zoo
n.동물원

5) 활력이 넘쳐 움직이는 위의 vict에서 qict, qick을 거쳐서 quick(quick=alive, strong 빠른), quicken(빠르게 하다), quicklime(생석회), quick-scented(후각이 예민한), quicksilver(수은)처럼 되기도 하며, q에서 z로 되어 zodiac(quick or zod=alive 황도대), zoo(동물원), zoology(동물학), zootomy(tom=cut 동물해부)처럼 쓰이기도 한다.

biochemical
a. 생물학의

6) 위의 q, z는 b로 되기도 하여 biochemical (bio or quick=alive 생화학의), biocide (cide=kill 생물의 파괴), bioconversion(생물 쓰레기의 이용), bioengineering(생물공학), biorhythm(생체주기성), aerobics(에어로빅 운동), antibiotic(anti=against 항생물질)처럼 쓰이고, 너무 활동적이어서 후들후들

scribble

떨릴 지경에 이르는 vibrate(move nimbly or shake rapidly 흔들리다), vibration(진동), viper(alive or quick 살모사), viperous(표독스러운) 등도 생기넘쳐 활발하게 움직이는 데서 비롯된다.

whip
vt.매질하다
wipe
vt.씻다

7) vibrate 또는 viper의 v가 w로 되는 whip(move smartly 매질하다), whipping(채찍질), whippy(휘청휘청한), wipe(씻다), wiper(행주), wave(파도), waver(흔들리다), waive(손을 흔들어 "포기하다"), wife(vibrate에서 wive, wife로 되면 「부들부들 떨리는 면사포 쓴 여자」라는 뜻의 "아내"), housewife(주부), fishwife(입심 사나운 여자), midwife(산파), woman(wife + man= female 여자), woman hater(여자를 싫어하는 사람), weave(짜다), weapon(coat-of-arms 무기), web(직물), webfoot(물갈퀴발)와 같이 쓰인다.

veer
vi.방향을 바꾸다

8) veer(vibrate or veer=shake 방향을 바꾸다), wear(바람을 등지게 돌리다), environment(주위), vie(경쟁하다), invite(초대하다), violin(victory 승리의 환호가 노래와 음악으로 변한 "바이올린") 등도 일족이다.

gain
vt.얻다

9) 힘이 있어야 임자가 될 수 있는 비정한 현실은 vim(활력)에서 vin, gin, gain으로 되어

scribble

gain(strong 얻다), gainful(이익이 있는)처럼 쓰이기도 하고, gain에서 ain, oin으로 되어 own(자기 자신의), owe(possess 신세를 지다), owing(빚지고 있는), owner(소유자), disown(dis=apart from 의절하다), freight(fre=carry 운임, 화물)처럼 되기도 한다.

201 Video

어원분석 ***Vid*, *view*, *guide*, *hist*, *wise*, *idea*, *vise*, *voy*, *vid* =*to see*(보다), *to understand*(이해하다), *to conceive*(상상〈착상〉하다), *to lead*(선도하다).**

leading words

videocast
n. T V방송

visible
a.보이는

1) 장님이 장님에게 길을 안내하거나 장님들이 코끼리를 만져보고 코기리의 모양을 설명하는 따위의 제대로 못보고, 몰라서야 지도자는 커녕 자기 앞가림도 못할 일이므로 자기 눈으로 직접 보는 것을 말해주는 video(영상)에서 videocast(TV방송), videoplayer(비디오 플레이어), videotape(비디오 테잎), vidiot (video+idiot, TV광), visible(보이는), vision(시각), invisible(눈에 보이지 않는), envisage(관찰하다), visage(눈에 보이는 외

scribble

양 "얼굴"), visa(사증), vista(원경, 추억) 처럼 쓰여진다.

view
n.전망

2) view(전망), viewer(관찰자), viewing rate 시청율), viewpoint(견해), review(재조사하다), visit(it=go 방문하다), visiting card (명함), visitor(방문객)에서 보듯이 view로 되어도 유사한 내용이다.

wit
n.재치
wise
a.영리한

3) 자꾸 보는 것은 견문을 넓혀 지혜(지식)을 쌓아가는 일이므로 video의 v가 w로 되는 wit (재치), witless(어리석은), witty(기지 있는), wise(현명한), wizard(마법사), right -wise(올바르게)처럼 되며, 장님이 아닌 견문이 있는 안내인이 길을 이끌어 가는 것은 video의 v가 g로 되는 guide(안내), guideboard(길 안내 판), guideline(지 침), guidepost(이정표), guy(lead or go 도망), guise(겉치레), disguise(dis=apart from 변장시키다)에서 보듯이 제대로 된 안내역을 말해주지만 guise(겉치레)의 경우 허울만 그럴듯하게 눈발림으로 오도한다는 말이다.

history
n.역사

4) 위의 vision(시각), vista(조망)에서 vist, hist로 되면 기록이나 유물 등의 자료를 통하여 옛 조상들이 쌓아오던 모습을 볼 수 있는 history(vist or hist=understand or see 역사), historic(역사의), prehistoric(유사이전

scribble

idea
n.관념
advice
n.조언
revise
vt.고치다
vestige

의), story(history에서 hi탈락 "이야기"), storiology(민화연구) 등을 낳는다.

5) seeing is believing일뿐 아니라 Seeing is knowledge이기도 하므로 video에서 v가 떨어진 idea(관념), ideal(관념에 부합하는 "이상적인"), ideogram(표의문자), ideology(관념론), idol(우상), idyll(전원시)처럼 되며, v가 그대로 있더라도 advice(ad=to ; vise=wisdom 조언), adviser(충고자), revise(재차보고 잘못을 찾아내어 "고치다"), evident (e=out ; seen out clearly 명백한), evidence(증언, 증거), interview(inter = between 회견), invidious(in=not ; vid=see 속이 메스꺼워 못봐 줄 "비위에 거슬리는"), envy(en=not 질투), enviable(샘나는), preview(pre=before 시사회), previse(예고하다), provide(pro=forward ; 미리 통찰하여 "준비하다"), provident(조심성 있는), prudent(pro+vident에서 vi탈락 "조심성 있는"), purview(범위), supervision(super= over 감독), survey(측량하다, 내려다보다), clairvoyant(clear=pure ; voy or vid=see 천리안의)처럼 철자가 약간씩 변하여도 본 뜻에서 크게 벗어나지 않는다.

6) 자신의 눈으로 직접 보고 조사하는 것은 auto

scribble

n.흔적

(self) + vis (look at) = vestige (흔적), investigate (…을 조사하다), investigation (조사), investigator (조사자) 이다.

device

n.궁리

divide

vt.나누다

7) 닳게 하고 망가뜨리려 (waste=spoil) 내실 없는 공허한 것으로 되는 데서 vast (광대한) 또는 waste (낭비하다)의 영향을 받지만, 사물을 위에서 내려다 보아야 가장 잘 보이므로 device (de=down ; vice=see 궁리, 고안물), divide (di=apart 뚝뚝 떼어서 상세히 들여다 보려고 "나누다"), dividend (나뉨 수, 배당금), division (분할), divider (분배자), individual (in=not 나눌 수 없는 "개인의"), widow (미망인 "과부"), wide (쪼개져 활짝 열린 "폭이넓은"), widespread (널리 퍼진), width (폭), idiom (vid, id=see 혼자 떨어져서 보고 배우는 것이 고작이어서 혼자만 쓰는 "관용어"), seldom (sel or se=apart 좀체로 …않다), idiot (바보)에서 볼 수 있는 것은 di (apart) 또는 de (down)의 영향을 받아 뒤에 붙은 vide (see)는 본다는 뜻이지만 세세히 쪼개어서 상세히 들여다보거나 계획을 세운다는 뜻이 된다.

with

prep.…와 같이

8) 이와 같이 쪼개져서 「같이 몰려가거나 따로 반대 방향으로」 가기도 하므로 with (…와 같이), weed (곱사리끼어 같이 가는 "잡초"),

scribble

vest
n.조끼
invest
vt.투자하다
wear
vt.입다

without(…외에), within(…이내에), withstand(against 버티다), withdraw(draw=pull 철수하다)처럼 되기도 한다.

9) 본다는 데서 (vide=see) 엉뚱하게 분리(separate)한다는 쪽으로 흘러간 device에서 의복(garment)이라는 뜻으로 발전하는데, 물론 옷이란 입고나면 언젠가 벗게 되어 있으므로(vide=see or separate or remove) 생겨나는 말이고, vest(조끼), vested(기득의, 제복 입은), vestibule(「separate」 from living room 현관), vesture(의복), divest(di=away …에게 벗게 하다), invest(in=on 옷 입혀 보호 육성해야 수확〈보답〉이 기대되므로 "…에 투자하다"), investiture(의복, 수여), investment(투자), revet(덮다), transvestite(trans=across 복장 도착자), travesty(곡해, 변장), wear(입다), wearily(지쳐서), weary(지친), worn(낡은, 지친)처럼 쓰인다.

202 Volition

어원분석 ***Vol, will, weal, gala, wild=to intend***(의도하다), ***to hope***(바라다), ***to command***(명령하다),

scribble

to choose(고르다), **to wish**(바라다).

leading words

benevolent
a.자애로운

will
n.의지
well
ad.만족하게

gala
a.축제의
wild
a.야생의

1) 소망을 이루기 위하여 불굴의 의지로 나아가는 volition(결단)에서 benevolent(bene=good ; vol=wish 자애로운), malevolent(mali=bad 악의 있는), volitive(의지에서 나온), volunteer(지원자), voluntary(자발적인) 등이 온다.

2) vol에서 will(or would)로 되어도 「의지」라는 뜻은 그대로 이며 will(의지, 원하다), would-be(자칭의), willy-nilly(좋든 싫든), well(according to one's will 만족하게), welcome(환영), welfare(행복), well-connected(집안이 좋은), well-earned(자기 힘으로 얻은), well-known(잘 알려진), well-nigh(nigh=near 거의), well-off(부유한), weal(번영), wealth(재산)처럼 바라던 대로 부귀영화를 누리는 모습을 보여준다.

3) 위의 v나 w가 g로 되어 gala(축제의), gallant(용감한)처럼 목표달성을 위한 의지와 달성 후의 환희를 볼 수 있으며, 산과 들에서 제멋대로(of one's own will) 자라는 wild(야생의), wild boar(야생돼지), wildcat(살쾡이), wilder(당황하게), bewilder(당황케 하다), wildwood(원시림), wild pitch(폭투)

scribble

등도 여기서 온다.

203 Voluble

어원분석	***Vol, heli, weal, walk, wall, wallow, weld, vale, valve, vel, labor=to slide***(미끄러지다), ***to roll***(구르다), ***to fold***(접다), ***to turn rapidly***(빨리 구르다).

leading words

volume
n.서적
vault
vi.도약하다

1) voluble(유창한)은 마치 혀가 구르는 것처럼 달변이라는 말이고, volume(roll or fold 서적), voluminous(권수 많은), volute(소용돌이꼴), vault(도약하다), convolute(con=with 포선형의), convolve(둘둘말다), circumvolve(circ = around 회전시키다), devolve(de=down 양도하다), evolute(e=out 발전하다), evolution(발전), evolve(발전시키다), involve(포함하다), revolt(re=against or back 반란), revolting(반역하는), revolution(혁명), revolve(회전하다), revolving(회전하는)에서 보듯이 roll or fold의 뜻이 된다.

helical
a.나선형의

2) vol은 heli로도 철자되어 helical(나선형의), helicopter(pter=wing 헬리콥터), helix(나선)처럼 되기도 하고, 관할 구역을 순회

scribble

(circulate or turn or roll)하는 데서 vol (turn), wol, wal, walk으로 되는 walk(걷다), walkaway(낙승), walking dictionary (만물박사), rope-walking(줄타기)처럼 되기도 한다.

wall
n.담벽
well
n.우물

3) 막대기(말뚝)도 「둥글게」 둘러쳐서 관할 구역을 표시하는 데서 둥글다는 뜻의 enclosure가 되고 wall(담벽), interval(inter=between ; val or wall=enclosure or beam 시간의 간격)처럼 쓰이며, 물이 샘솟을 때 「둥그런」 거품이 일면서 「소용돌이(turning)」를 일으키므로 well(우물), weld(용접하다)처럼 된다.

vale
n.골짜기

4) 경사가 급해야 잘 구르므로 vale(골짜기), valley(계곡), avalanche(사태), vaudeville (돌이 잘 구르는 골짜기에서 생겨난 "소규모 연예")처럼 되고, valve(fold 밸브), envelop (vel=fold or roll 싸다), envelope(봉투), develop(de=from 발육시키다), developing (발전하는) 등은 주로 roll or fold의 뜻이다.

labor
n.노동
lapse
n.실수

5) 위의 vale에서 val, vla, lav, lab로 되면 「미끄러져 굴러」 떨어진다는 labor(무거운 짐을 감당 못하고 미끄러져 떨어지게 되는 "노동"), laborer(노동자), laborious(힘드는), collaborate(col=together 합작하다), elaborate(achieve by hard work애써서 만든),

scribble

lapse(to glide or fail 실수), collapse(col= together 무너지다), elapse(경과하다), relapse(되돌아가다), lap(fold 무릎), overlap(겹치다), label(folded cloth 쪽지)처럼 쓰이며 역시 roll or glide or fold의 뜻이 유지된다.

lobar
a.귓볼의
sleeve
n.소매

6) lobar(fold 귓볼의), lobe(둥근 돌출부), lubber(미련한 사람), landlubber(풋나기 선원), lop(늘어지다) 등은 주로 fold의 뜻이고, sleeve(glide 스르르 입고 벗는 "소매"), slope(미끄러지는 "경사"), aslope(a=on 경사져서), slop(엎질러 더럽히다), slough(진창), slim(날씬한), lubricant(glide 윤활유), lubricate(기름을 치다), slush(진창), slut(말괄량이), slide(미끄러지다), slight(slippery 사소한), sleek(윤기있는), sled(썰매), sledge(썰매), slick(매끈매끈한), slob(진흙)처럼 미끄럽거나 찐득거린다는(미끈거린다는) 뜻이 되기도 한다.

sleep
vi.잠자다
slum
n.빈민굴

7) 힘 없이 미끄러져 그대로 잠이 들면 sleep(glide 잠자다), sleepyhead(잠꾸러기), asleep(a=on 잠이들어), oversleep(너무 자다), slum(쓰러져 잠자는 곳 "빈민굴"), slumber(자다)처럼 되고, slant(경사), slip(미끄러지다), slipper(슬리퍼), sling(투석

scribble

wench
n.처녀
vagabond
n.방랑자

기)에서 발전하면 「슬며시」 다가가서 사람을 찌르거나 때리는 slink(살금살금 걷다), slang(gliding or furtive or bend 속어), slip(접지), slice(조각), slit(째어 가르다), slay(살해하다), slaughter(도살)처럼 되는데 slay처럼 죽인다는 뜻이 된 것은 sleep에서 변화한 말하자면 잠재운다는(찔러 죽인다는) 뜻이기도 하다.

8) 위의 walk에서 wench(공 모양으로 둥글게 「움츠리고 걷는」 "처녀"), wince(움츠리다), wink(눈을 깜박이다), vagabond(방랑자), vagarious(엉뚱한), vagrant(유랑하는), vague(애매한), vaguely(막연하게), extravagant(extra=out 낭비하는)처럼 되면 실체는 도망가고(walk or flee) 내용물이 없다는 뜻이 된다.

scribble

W · Y

Y · W

204 Wag

어원분석	***Wag, way, weigh, vehe, vex, via, voy, viate, vious, voice, vein, venue, come, bat, base, bone=to move***(움직이다), ***to convey***(전달하다), ***to come***(오다), ***to transport by cart***(짐마차로 나르다).

leading words

waggon

n.짐마차

1) 짐을 싣고 길을 가는 데서 오는 움직임(movement)에서 시작되는 wag(흔들다)에서 wain(4륜 마 차), waggon(짐 마 차), way(move 길), wayfarer(나그네), anyway(어쨌든), always(on everyday way 항상, 늘), away(a=apart from 떨어져서), subway(sub-under 지하도), otherwise(그렇지 않다면), expressway(고속도로)처럼 움직여 나아가는 길을 뜻하게 된다.

weigh

vt.무게를 달다

weight

n.무게

2) 무게가 있는 짐을 나르는 데서 (bear or move) weigh(carry or move 무게를 달다), weight(무게), weightless(무게가 없는), weightlifter(역도선수), overweight(과중), vection(carry or transport 병원체 전염), vehement(veh = carry ; ment = mind 격렬한), vehicle(운송차량), convection(con=together ; vect=carry 전달), convex(광선

scribble

을 한 군데 모을 수 있도록 "볼록한"), via (…을 경유하여), viaduct(duct=lead 육교), voyage(항해), convoy(con=together ; voy =move or go 위험한 여행에 동반 호위하는 "호송하다"), convey(운반하다), traffic(tra =across ; 교통)처럼 나아간다는 뜻이 된다.

deviate
vi.빗나가다
invoice
n.송장〈送狀〉

3) 길에서 이탈해 나가면 deviate(de=apart from ; via=way 빗나가다), deviation(탈선)이며, 앞서간 길은 previous(pre=before ; leading the way or in the way before 먼저의)이며, envoy(외교사절), invoice(송장〈送狀〉), obvious(ob=on 길 가운데 놓여 너무나 명백한 "분명한"), obviate(ob=off 미연에 방지하다), pervious(per=through 투과성의), trivial(tri=three 혼해 빠진 삼거리에 모여 앉아 시시한 객담을 나누는 데서 "하찮은"), trifle(하찮은 것), vex(수레에 태우고 정신없이 왔다 갔다 하며 "괴롭히다"), vexing(애태우는), vein(피나 수액이 지나가는 "정맥"), venation(엽맥) 등도 way의 일족이다.

convene
vt.소집하다
advent
n.출현

4) 움직이는 것 중에도 오는데(come) 중점을 두면 convene(con=together ; ven=come or move 소집하다), convenient(desire and means come together 소망과 방법이 같이

scribble

venture
n.투기, 모험

오는 "편리한"), advent(출현), venture (come or happen 모험, 투기), adventure(ad =to 모험), avenue(대로), circumvent(circ =around 일주하다, 우회하다), convention (con=together 총회), conventional(전통적인), contravene(contra=against 위반하다), event(e=out 사건), eventuate(일어나다), intervene(inter=between 사이에 들다), intervention(중재), invent(in=upon ; come upon or discover 발명하다), inventory(in= into ; vent=come 들어와 있는 "재고"), parvenu(par or per=completely 원하던 것이 완전히 손아귀에 들어온 "벼락부자"), prevent(pre=in front of 앞으로 나가 "방해하다"), prevention(저지), revenue(re= back 국민의 손에서 국고로 되돌아 오는 "세입") 등이 있다.

come
vi.오다
become
vi.…이 되다

5) venue(재판지), vein(정맥) 등의 고어체인 ven, guen, kwem, cuman을 거쳐 come(오다), come-and-go(왕래), come-outer(탈퇴자), become(어울리다, …이 되다), income (수입), income tax(소득세), outcome(결과), shortcoming(단점), welcome(소망한 대로 오거나 이루어지므로 "환영하다"), overcome(정복하다) 등이 된다.

scribble

acrobat
n.곡예사
diabetes
n.당뇨병

6) venue의 v가 b로 되면 acrobat(acro=sharp ; bat or vene=come or go 곡예사), diabetes(dia=through 몸을 곧장 통과하여 나가버리는 "당뇨병"), arbitrate(ar=to ; bit=come 조정하다), base(움직이는데 필요한 발<foot>은 밑<bottom>에 있으므로 base=step or bottom 기초), baseball(야구, 야구공), landbased(지상 발진의), base hit(안타), basely(천하게), basement(지하실), bass(저음), basic(기초의), basis(기초), abase(떨어뜨리다), debase(de=down 논쟁하다), abyss(a=without 바닥없는 깊은 "심연"), bathos(점강법), bone(moving leg 뼈) 처럼 된다.

205 Ward

어원분석 ***Ward*, *war*, *gar*, *guard*, *wary*, *ware*, *vere*, *ver*, *pert*=*to protect***(보호하다), ***to keep safe***(안전하게 지키다), ***to watch***(지켜보다), ***to parry***(피하다), ***to warn***(경고하다).

leading words
warden
n.파수꾼

1) 재산과 생명을 지키기 위하여 빈틈 없이 경계하는 ward(병동, 시의 행정 구획)에서 warden(파수꾼), wardrobe(고유의상, 양복

scribble

장), aware(a=on 감지한), beware(조심하다), award(가치 있는 일에 "수여하다") reward(보수)처럼 되는데 award나 reward는 지킬 가치가 있는데 대한 보답으로 상을 준다는 말이다.

ware
n.상품
warn
vt.경고하다

2) 가치가 있는 재산이라면 주의를 기울여 아끼고 지키게 되는 것이므로 가치있는 재산이라는 뜻의 ware(상품), metalware(철물) warehouse(창 고), silverware(은 그 릇) brassware(쇠제품), woodenware(목제품) leatheware(피혁제품), tableware(식탁용기구)처럼 되며, 꼭지키겠다는 결의의 표현인 경고에서 warn(경고하다), warning(충고) unwarned(경고 없는)처럼 되며, 보호의 보장이라는 데서 warrant(권능, 정당한 이유). warranter(보증인), weir(protect 둑)처럼 된다.

cover
vt.덮다, 싸다

3) 덮어 가려져 보호되어 있는 데서 cover(co=utterly ; ver or war=protect or hide 덮다. 싸다, 가리다), coverage(보호, 적용범위), covering(덮개, 덮기), coverlet(덮개, 덧이불), covert(은밀한), uncover(…을 폭로하다), discover(dis=apart from …을 발견하다), discoverer(발견자)처럼 되고, 아끼고 존경하고 싶은 마음에서 revere(…을 우러러

scribble

공경하다), reverence(공경), reverend(존귀한)이다.

garrison
*n.*수비대
guard
*vt.*보호하다

4) warn과 마찬가지인 경고 또는 방어의 뜻에서 garnish(…에게 채권압류의 통고를 하다), garret(protect 다락방), garrison(수비대), guarantee(보증), garment(의복), guard(보호하다), guardian(보호자), guardless(무방비의), regard(중요시하다), regardful(주의깊은), rear guard(후위), disregard(…을 무시하다), safeguard(보호), garage(자동차차고)처럼 된다.

war
*n.*전쟁

5) 적에게 굴복이 싫다면 전쟁을 해서라도 지켜야 하므로 war(전쟁), warfare(전쟁), warhead(탄두), warrior(군인), wartime(전시), prewar(전쟁 전의), guerrilla(게릴라), defensive war(방위전), postwar(전후의)처럼 된다.

greed
*n.*탐욕

6) 탐나는 것을 아끼거나 손에 넣고 싶은 욕망에서 greed(탐욕), greedily(탐욕스럽게), greedy(욕심사나운)가 된다.

206 Warm

Warm, therm=to be hot(덥다).

scribble

leading words
warmer
n.난방기구

1) 덥다는 뜻의 warm(따뜻한)은 warmer(난방기구), warmhearted(인정 많은), warming-up(준비운동의), warmish(좀 따뜻한), warmth(따뜻함), bench warmer(대기선수)처럼 쓰인다.

thermal
a.열의

2) 철자가 therm(열량의 단위), thermal(열의), thermal pollution(열 공해), thermal spring(온천), thermolysis(열 분해), thermos(보온병), thermostat(자동온도조절장치), thermotherapy(열 치료법), diathermy(dia=through 투열 요법), electrothermal(전열의)처럼 되어도 동족이고, 어원이 다르나 역시 덥다는 뜻의 tepid(미온의), tepefy(미지근해지다)와 sultry(무더운), swelter(더워먹다), sweat(땀) 등이 있다.

207 Water

어원분석	***Wat, White, wet, wash, aqua, vad, wade, ud, und, drop, hydr, humid=to flow***(흐르다), ***to wet***(젖다), ***to be humid***(습해지다).

leading words
watermark
n.수위표

1) Water(물)은 단순히 물이라는 뜻이지만 매우 요긴하게 쓰이는 다양한 용법을 가지며 water culture(수경법), water cure(물고문

scribble

wet
a.젖은

법), waterfall(폭포), watermark(수위표), water pollution(수질오염), waterworks(상수도), wet(젖은), wet-blanket(…의 흥을 깨다), winter(눈이 많이 오는 철인 wet season이란 뜻의 "겨울"), wintry(쌀쌀한), white(겨울에 "흰" 눈이 온다), wheat(흰색의 "밀가루"), vitreous(물 같이 맑은 "유리 같은"), wash(씻다), washbasin(세면기), washboard(빨래판), washer(세탁기), washing(빨래), washroon(세면실), whiskey(위스키), vodka(보드카)처럼 된다.

veal
n.송아지고기
veteran
n.노련가

2) 우리는 세월(나이)의 흐름을 흔히 춘추라고 하듯이 눈(물)이 내리는 계절인 winter(나이, 춘추)에 비유하기도 하므로 wether(한살짜리 "거세한 양"), veal(송아지 고기), veteran(해묵은 "노련가"), veterinarian(수의사), inveterate(뿌리 깊은)처럼 나이를 먹어가는 가축 병을 고치는 "수의사", "동물", 해묵은 "고질병" 같은 뜻이 된다.

aqua
n.액체
oasis
n.오아시스
abundant
a.풍부한

3) 이제 철자에서 약간 다양화되어 aqua(water, wa, aqua 액체), aquaculture(양어), aquamarine(남록색), aquarium(수족관), aquatic(물의), aqueduct(duct=lead 수로), eau(물), ewer(물항아리), oasis(사막의 녹<물>지대 "오아시스"), sewage(하수), undu-

scribble

udder

n.젖통

late(파동하다), abound(ab=int 물 같이 "풍부하다"), abundant(풍부한), redundant(여분의), superabundant(남아도는), surround(sur=over 둘러싸다), otter(수달), wade(개울을 "걸어서 건너다"), evasion(e=out ; vas or vad or water=go 도피), evade(…을 교묘히 피하다), udder(젖통), udometer(우량계), exuberate(무성하다), sweat(water에 s가 추가된 것으로 볼 수 있음 "땀"), sweaty(힘드는), sudatory(땀나는), exude(ex=out 삼출하다), sod(물이 끓는 모양의 "잔디"), seethe(들끓다)처럼 되며 sweat 이하와의 연결에는 확실치 못하다.

hydracid

n.수소산

drake

n.수오리

humour

n.익살

4) hydracid(수소산), hydrant (소화전), hydraulics(수력학), hydrodynamic(수력의), hydroelectric(수력전기의), hydrogen(수소), dehydration(탈수), drake(hydro에서 hy탈락, 물에 익숙한 "오리의 수컷"), dropsy(수종증), drop(물방울), dropout(학교중퇴자), dropsical(수종의), drip(뚝뚝 떨어뜨리다), droop(축 늘어지다), drivel(침을 흘리다), drizzle(가랑비), dribble(뚝뚝 떨어지다), drear(따분한), drowse(drop의 변형으로 고개 떨구고 "꾸벅 꾸벅 졸다"), hygrology(습도학), humid(습한), humour(사람의 체액 〈물〉

scribble

속에 희로애락을 좌우하는 물질이 있다고 믿은 데서 "익살"), humoral(체액의), humorous(해학적인) 등도 water에서 hater, hyter, hyder, hydr로 변한 것이며, 의성어지만 water에 영향받아 gutter(하수도랑), gutta(방울), gout(피가 빠져서 생긴다고 믿었던 "돌풍") 등이 있다.

208 Wield

어원분석	***Wield, val, vail=to be strong***(강해지다), ***to rule***(지배하다).

leading words

valor
n.용기

value
n.가치

1) 완력을 마구 내어 휘두르는 wield(…을 휘두르다, 행사하다)에서 valence(원자가), valiant(용감한), valor(용기), valid(유효한), validity(정당함), value(가치), value-added tax(부가가치세), valueless(하찮은), revalue(재평가하다), equivalent(equi=same 같은), ambivalent(ambi=both 양면가치의)처럼 w나 v가 구분 없이 쓰인다.

avail
vi.유용하다

convalescent

2) a(to)와의 결합은 avail(유용하다), available(유용한)이며, con(int)과의 결합은 convalesce(새로 힘을 얻어 강해지는 "회복하다"),

scribble

a.회복기의

convalescent(회복기의)이고, 이밖에 evaluate(e=out 평가하다), invalid(in=not 병약한, 무효인), valediction(dic=speak 고별사), devaluation(de=down from 평가절하), prevail(pre=before 이기다), herald(힘센 우두머리인 "선구자") 등도 일족이다.

209 Wind

어원분석

Wind, winnow, van, fan, vent, window, weather, wither, wing, asthma, aerate, aero, air=to blow(불다), ***to breathe***(숨쉬다), ***to fly***(날다).

leading words

windmill

n.풍차

windy

a.바람 부는

1) 바람에 떠서 날리는 wind(바람)는 windbag(공기주머니), windbreak(방풍림), windfall(뜻밖의 횡재), windmill(풍차), windpipe(숨통), windy(바람부는), winnow(키질하다), fan(부채), vent(구멍), ventilation(환기), window(wind+eye 바람구멍 〈눈〉인 "창문"), weather(「바람에」 영향받는 "날씨"), weatherforecast(일기예보), weatherproof(비바람에 견디는), wither(바람에 "시들다"), wing(날개)처럼 쓰인다.

air

2) wind, and, anemone(아네모네)를 거쳐 air

scribble

n.공기
aerate
vt.공기에 쐬다

(공기), aerate(공기에 쐬다), aerial(공기의), aerification(기체화), aero(항공의), arterial(맑은 「공기」를 운반하는 "동맥의"), air cleaner(공기 정화기), air conditioner(공기 조절 장치), aircraft(항공기), airhead(낙하 교두보), airily(경쾌하게), airline(정기 항공), soar(s or es=ex ; expose to the air 날아 오르다), soaring(높이 나는), meteoric(mete=beyond 유성의), meteorite(운석), meteorology(기상학), aurora(오로라, 처음)처럼 되기도 한다.

210 Wool

어원분석 **Wool**, **vel**, **fel**, **file**, **fleece**, **vetl**, **vulse**, **pull**, **pluck**, **peel**, **pile=down**(솜털), **hair**(머리카락), **tuft**(작은 타래, 작은 언덕), **to plunder**(약탈하다), **to pound**(두드리다).

leading words
flock
n.털 부스러기
veil
n.베일

1) 사람이 산다는 것은 다른 생물들의 생명까지 앗아가는 큰 희생을 매일같이 강요하고 있는데 의·식·주에서의 옷감도 예외가 아니어서 wool(양털)의 일족으로는 wool의 w가 p, f, b처럼 되는 flannel(플란넬), fleece(한 뭉치의 양털), fledge(깃털이 다 나다), flock(털

scribble

부스러기), veil(베일), unveil(덮개 벗기다, 제막식하다), velvet(벨벳), villus(융모), avulsion(a=to 머리끄덩이를 "무리하게 떼어 냄, 잡아채기"), convulse(pluck violently 큰 소동을 일으키다), divulge(di=apart 폭로하다), evulsion(e=out 뽑아내기), revulsion (pull back 격변), reveal(폭로하다)처럼 털가죽을 확끌어 당겨 벗겨내어 옷을 지어 입는 다는 말이 된다.

pull
vt.끌다
pluck
vt.잡아뜯다, 뽑다

2) 짐승을 잡으면 털을 뽑는 것이 순서이기에 tear off, or pluck이란 뜻이 되면서 pull(끌다), pullout(철수), pully-haul(힘껏 잡아당기다), pluck(잡아뜯다, 뽑다), plucky(사냥감의 내장을 긁어낼 때 「활력」의 근원인 심장이 있으므로 "용기있는"), peel(…의 껍질을 벗기다), pelage(모피), pill(약탈하다), pile (솜털), depilate(de=away from 털을 뽑다), plush(플러시천), pelt(생가죽), caterpillar(cater=cat ; pill=hair 쐐기벌레)처럼 된다.

flesh
n.살
fell
n.모피

3) 털은 가죽(피부 또는 살)에 붙어 있으므로 flesh(살), flesh-eating(육식성의), fleshly (육체의), fleshpot(고기남비), flesh traffic (인신매매)처럼 w, v, p가 f로 되기도 하며, felt(중절모), fell(모피), filter(천으로 거르

scribble

는 "여과기"), infiltrate(침윤시키다), film(엷은 껍질), filmize(영화하하다), filmy(hair or skin 가는 실 같은), filamentary(섬유상의), filature(실뽑기), filose(실 모양의), pamphlet(file or phl=thread 실로 꿰맨 "소책자"), profile(실 같이 가늘게 보이는 "옆모습"), nihilism(ni=not ; hil=thread or trifle 허무주의), fiber(섬유), funicle(thread 배주병)처럼 가늘고 얇다는 뜻이 된다.

211 Worship

어원분석 ***Wer, wor, wre, vert, vers, vort, verg, wri, wre=to turn***(돌리다), ***to twist***(비틀다), ***to desire***(소망하다), ***to value***(중요시하다).

leading words

worth

a.…의 가지가 있는

backward

a.뒤쪽의

1) 위수 강가에서 낚시질하던 강태공이나 초가삼간에서 세상사를 탄식하는 마음으로 걱정만 하며 지내던 제갈량의 진가를 알아주고 고생을 마다 않고 끝내 스승(신하)으로 모셔온 주문왕이나 유비의 옛일이 말해주듯 가치가 있는 일에는 사람의 주의가 쏠리게 마련이어서 (turn one's attention) turn과 value(or price)의 결합으로 이루어지는 worship(value

scribble

or turn 숭배, 예찬), worshipful(존경할 만한), worth(…의 가치가 있는), worthless (가치없는), worthwhile(훌륭한), worthy(가치있는), seaworthy(항해에 적합한), noteworthy(주목할 만한), backward(ward or worth=turn or twist 뒤쪽의), downward (아래 쪽으로), forward(앞으로), homeward(귀로의), inward(속으로), toward(…쪽으로), upward(상향의), weird(turn or flow 운명의, 별난), awkward(turn the wrong way 서투른), awkwardly(꼴사납게, 서투르게)처럼 쓰인다.

vermicide
n.구충제
worm
n.벌레
carmine
a.양홍색의

2) worth의 w는 v, c, q 등으로 변할 때가 있으며 vermicelli(worm, verm, worth=turn 꿈틀대는 벌레모양의 "국수"), vermicide (cide=kill 구충제), vermicular(벌레 모양의 "꾸불꾸불한"), vermiform(연충모양의), vermigrade(grade=step 벌레처럼 움직이는), vermin(해충), vermilion(붉은색의 벌레처럼 "주색을 칠하다"), worm(벌레), woodworm(나무굼벵이), carmine(carm, worm=turn 양홍색의), crimson(벌레색인 "진홍색"), squirm(꿈틀거리다), swarm(기어오르다)처럼 꿈틀대는 벌레와 붉은색깔의 벌레색이 된다.

scribble

wrong
a.틀린
wrench
n.비꼬임

3) worm에서 wro, wre처럼 되기도 하여 wrong(twist or turn 틀린), wrongly(틀려서), wrangle(언쟁하다), wrap(싸다), wrath(마음이 비틀린 "분노"), wreathe(둥글게 만들다), wrench(비꼬임), wriggle(꿈틀거리다), wrest(비틀다), wrestle(맞붙어 싸우다), wrinkle(주름, 묘안), wrist(비트는 "손목"), wry(비뚤어진), awry(구부러져), rickets(구루병), wharf(뱃머리 돌리는 "부두"), warble(turn 반복하여 "노래하다"), whirl(소용돌이치게 하다), whirlwind(선풍), whorl(윤생체), carpal(손목뼈의)처럼 약간 다양화 된다.

chore
n.허드렛일

4) chore(turn 허드렛일), char(잡일), ajar(a=on ; jar=turn 조금열려), charcoal(turn 나무가 숯으로 변한"숯"), dorsal(de=down ; ors, ver, wer=turn 등을 아래로 돌려 드러누으므로 "등의"), endorse(이서하다), dormant(잠자는), tergiversate(turn 변절하다)처럼 다양화되기도 하며 dorm(기숙사)는 vert(turn)와 직접 관련은 없더라도 등을 아래로 하여(turn down) 드러누워 자는 데서 dorsal(등의)에 영향을 준다고 할 수 있다.

vertebral
a.척추의

5) 이제 본래의 turn으로 돌아와서 뼈와 뼈가 이어져「회전축」모양으로 된 척추를 말해주는

scribble

vert
n.개종자

vertebral(척추의), invertebrate(척추가 없는)가 있으며, vert(turn 개종자), vertex(절정), vertical(수직의), vertiginous(빙빙도는), vertigo(현기증), vortex(소용돌이), vortical(선회하는), verse(turn 마음을 글로 변화<turn>시킨 "시의 한 줄"), versify(시로 짓다), vers-librist(자유시 작가), version(원래의 언어를 다른 언어로 turn하는 "번역"), verso(turn, page를 turn하는 "왼쪽 페이지"), versatile(capabe of being turned 재주 많은) 등도 turn에서 온다.

converse
vi.이야기를 나누다
advertisement
n.광고

6) 다같이(con=together) 머리(얼굴)을 돌려(vert=turn) 이야기를 주고 받는 것은 converse(이야기를 나누다), conversant(친교가 있는), conversation(담화)이며, 상대방 쪽으로 몸을 돌려 주의를 환기시키는 것은 advertize(ad=to 선전하다), ad(광고), advertisement(광고), advert(언급하다), adversary(ad=to ; vert=warn or notify 적), adverse(반대의)처럼 주의를 환기시켜 주거나 뒤틀려 되돌아 오는 adverse처럼 된다.

controvert
vt.논쟁하다
convert

7) 반대 방향으로 돌리는 것은 controvert(contr=against 논쟁하다), incontrovertible(in=not 논쟁할 여지가 없는)이며, 아주(entirely)

scribble

vt.개조하다

돌아버리면 converse(거꾸로의), conversion(전환), convert(개조하다), inconvertible(in=not 교환할 수 없는), inverse(반대의), inversion(전환), invert(뒤집다), inverter(변환장치)이며, 여러 방향으로 돌리면 diverse(di or dis=two or apart 다른 종류의), diversification(다양화), diversion(기분전환), divergent(분기하는), diverge(di=two 갈라지다), divorce(이혼)이다.

extrovert

n.외향적인 사람

pervert

vt.곡해하다

8) 바깥 쪽 또는 안 쪽으로 틀리는(turn or twist) 것은 extrovert(ex=out 외향적인 사람), extroversion(외향성), introvert(intro=into 내성시키다), introversion(내향), ambivert(ambi=both 양향성의), ambiversion(양향성)이며, 완전히 틀어지면 pervert(per=thoroughly 곡해하다), perversive(곡해하는), perverse(괴팍한)이며, 앞 쪽으로 돌리는 것은 prose(pro=forward 산문)이다.

reverse

n.역

transverse

a.횡단의

9) 반대로 돌리는 것은 reverse(역), reversely(거꾸로), reversion(복귀), revert(회상하다)이며, subvert(sub=under 전복하다), transverse(trans=across 횡단의), universe(uni=one 한 덩어리가 되어 돌아가는 "우주"), universal(우주의), university(대학교), varsity(종합대학), vervain(마편초속의

scribble

다년초), reverberate(strike in return by sound 반향하다), reverberation(반향), warp(꾸부리다, 날실), rhombus(마름모형), verge(관할구역 순시〈turn〉 때 쓰이는 "권표, 경계, 변두리"), whisk(verge의 변형으로 staff의 뜻인 "다발") 등도 일족이다.

scribble

212 Yearn

어원분석	**Yearn, char, gra, gear, gree=to desire**(바라다), **to urge**(다그치다), **to show favor**(호의를 보이다), **to rejoice**(기뻐하다).

leading words

yearning
a.사모하는

charitable
a.자비로운

1) 혼자 좋아서 욕심사납게 구하러 다니고 좋아하다 보니 모든 일에 너그러워지는 yearn(동경하다), yearning(사모하는), cherish(귀여워하다), eucharistic(eu=good 성체의), charitable(자비로운), caress(애무하다), exhort(ex=out ; hort=rejoice or urge 권유하다), hortation(장려), whore(헤프게 사랑받는 "갈보") 등은 yearn, char, car, hort 등의 형태를 취하지만 모두 좋아서 하는 행위임을 알 수 있다.

greed
n.탐욕

disgrace
n.불명예

2) 철자나 의미에서 유사한 greed(desire 탐욕), greedy(탐욕스러운)이나, grace(praise or receive with favor 세련), graceful(우아한), disgrace(dis=apart 불명예), grateful(감사하는), gratify(즐겁게 하다), gratis(무료의), ingratiate(in=into 비위맞추다), ingrate(in=not 배은망덕한), congratulation (con=together 축하) 등은 cherish(귀여워하다)에서 cher, gurtas, grut, grat의 형태로

scribble

yare
a. 준비된

발전한다고 하겠다.

3) 품위 있게 외양을 갖추는 것은 grace에서 변화하는 garb(복장), yare(준비된), gear(기어), agree(동의하다), disagree(싸우다) 등을 낳는다.

213 Yoke

어원분석 ***Yoke, zeug, just, jure, yoga, join, junct, junk=to work together***(같이 일하다), ***to marry***(결혼하다), ***to bind***(묶다).

leading words

yokel
n.시골뜨기

yoga
n.요가

conjoin
vi.결합하다

1) 혼자서는 안될 일도 힘을 합해서 여럿이 할 때 큰일을 이루어 낼 때가 많지만, 때로는 묶는다는 것 자체가 부자연스럽고 고통스러워서 차라리 혼자이고 싶을 때도 많겠지만 아무튼 묶는다는 yoke(멍에)에서 yokebone(광대뼈), yokel(시골뜨기), yoga(스스로 멍에 맨 고행의 수련 "요가"), jugal(광대뼈의), join(bind 결합하다), joinery(끼워 맞추는 "가구류"), joint(관절, 접합), junction(접합)처럼 쓰인다.

2) conjoin(con=with 결합하다), conjugal(부부의), conjunction(결합), subjugate(정복하다), subjunctive(가상법의), disjoin(dis=

scribble

jury
n.배심
just
a.바른

apart 분리시키다)도 마찬가지다.

3) 구속이란 싫은 것이지만 부득이한 경우가 있으니 대표적인 경우가 법이고 그러기에 법은 엄정하고 공정한 올바른 것이어야 하기에 「묶음 자체가 법으로」되는 jural(법률상의), jury(배심), jurisdiction(dic=speak 사법권), injure(in=not ; jur=bind or law 정당하지 못하거나 법에 어긋나게 "상처 입히다"), injurious(해로운), justice(정의), judge(판사), just(바른), justification(정당화), justly(올바르게), unjust(불공정한), judicial(사법의), adjust(조정하다), zone(bind 구역)처럼 쓰인다.

214 Young

어원 분석	***Young=a child***(어린 아이), ***a young bull***(어린 수소), ***a helper***(조수).

leading words
younger
n.손아래 사람들

1) 아직 어려서 너 자랄 때까지 남의 조수 노릇을 하면서 어른이 되기를 기다리는 young(어린)은 younger(손아래 사람들), youngish(좀 젊은), youngster(젊은이), youth(젊음), youthful(젊은), yeoman(youngman의 변형인 "자유민")처럼 쓰인다.

scribble

junior
a.연소한
juvenile
a.젊은

2) young의 y가 j로 되면 junior(연소한), juvenile(젊은), juvenocracy(소년정치), juvenile(젊은), rejuvenation(re=again 다시 젊어짐)이 되며, 어린 시절에는 모든 것이 서툴러서 남의 조수(a helper) 노릇을 거쳐야 제 구실을 하게 되므로 adjutant(부관), adjuvant(도움이 되는)을 거쳐 축약형인 aid(돕다)가 된다.

dine
vi.정찬을 먹다
dinner
n.정찬

3) dis(apart) + june(thin) = dine(disjune, diune, dine)에서 보여 주듯 허약함(june=weak)을 면하기(dis=apart) 위하여 영양가 있는 식사를 하는 데서 dine(정찬을 먹다), diner(식사하는 사람), dinner(정찬), dinner party(만찬회) 등이 오며, day와 june의 결합에서 jejune(je=day ; june=weak 빈약한)이 온다.

scribble

Index

A

scribble

scribble

B

scribble

C

scribble

scribble

scribble

scribble

D

scribble

E

scribble

F

scribble

scribble

G

H

scribble

I

scribble

J

K

L

scribble

scribble

M

scribble

scribble

N

scribble

O

P

scribble

scribble

scribble

Q

scribble

R

scribble

S

scribble

scribble

scribble

scribble

T

scribble

U

scribble

V

scribble

W

scribble

X

Y

Z

scribble

편찬 김 명 진

◆ 영어학박사(중앙대)
◆ 前 고려외국어학원 전임강사
◆前 Korea Herald 외국어학원 전임강사
◆現 한림대학교 강사
◆한림대학교 외국어교육원 강사
◆한림정보산업대학 강사

홀로서기 영어 어원 · 어휘 특강 정가 20,000원

2009年 07月 05日 1版 印刷
2009年 07月 10日 1版 發行
편 찬 : 김 명 진
발행인 : 김 현 호
발행처 : 법문 북스
공급처 : 법률미디어

152-050
서울 구로구 구로동 636-62
TEL : 2636-2911~3, FAX : 2636-3012
등록 : 1979년 8월 27일 제5-22호
Home : www.bubmun.co.kr

ISBN 89-7535-152-5 13740

최단시간에 사전을 완전히 암기하는 길잡이

- 언어와 관련된 인류문화와 역사를 재미있게 연관시켜 이해력과 기억력 증진
- 동일계열의 단어들을 체계적으로 정리 · 배열, 10배 이상의 암기능력 제고
- 국내 최다의 용례수록, 낯선단어에도 응용할 수 있는 추리력 배양
- English word Origins에 따른 단어의 발생과정분석

ISBN 978-89-7535-152-5 13740

정가 20,000원